Ｂ円（奄美市立博物館所蔵）

署名録（奄美市立博物館所蔵）

集団断食（奄美市提供）

ダレス声明感謝郡民大会（吉良写真館提供）

日本復帰を呼び掛けるデモ。横断幕を持つのは女子生徒（奄美市提供）

復帰の決起大会。会場の前部を占めるのは高校生（奄美市提供）

泉芳朗議長（奄美市提供）

高千穂神社に集まった復帰を願う人々。境内を小学生が埋め尽くす（奄美市提供）

生徒会提灯行列（吉良写真館提供）

奄美の復帰運動と
保健福祉的地域再生

田畑洋一　編著

南方新社

はしがき

第二次世界大戦後の一九四六年二月、奄美群島は突如として米国の占領下に置かれ、日本から分離された。これにより、本土への渡航や交易は厳しく制限されたため、慢性的な食糧・物不足で人々の生活は困窮し、戦後復興どころか経済発展の見通しも立たない状況に島民の危機感は増していた。換金作物、物産の販路は途絶え、人々は困窮にあえぎ、仕事を求めて沖縄に渡った人も多かった。こうした困窮の極限状態と異民族支配を脱するため、祖国日本への復帰を希求する動きが出てくるのは当然のことであった。

当初から活発だった復帰運動は一九五一年、詩人の泉芳朗を議長に奄美大島日本復帰協議会が結成され本格化した。復帰を求める署名活動、断食祈願、天皇への電報での要請、密航しての陳情、本土の教育情報の入手など、群島ぐるみの非暴力運動が功を奏して、奄美群島は一九五三年一二月二五日、悲願の日本復帰を達成した。復帰当時、八歳であった筆者もそうであるが、大人たちだけではなく、子どもたちも提灯行列や集会に参加し、復帰祝賀の歌「朝はあけたり」を歓喜し合唱したのを憶えている。あれから六五年余を経た今日、奄美では新たな時代を切り拓く取り組みが始まっているが、本書では今一度、奄美の日本復帰運動を客観的に分析し、それに邁進した先人たちの情熱や連帯の基軸に学び、奄美の地域再生、ひいては保健福祉の充実化の可能性を考えることとする。

奄美群島の日本復帰運動に関する文献には、村山家國の『奄美復帰史』、中村安太郎の『祖国への道』、奄美郷土研究会の『軍政下の奄美』『名瀬市誌』等があるが、これらは当時の状況を知る上での古典的意義があり、学ぶべき点が少なくないが、必ずしも体系的な書とはいえない。本書はこれらの文献と日本復帰に関連する多数の文献・資料に依拠しつつ、復帰運動をできるたけ体系的に整理し、現在および将来の地域再生の可能性を考究する。第一部「軍政下の奄美」、

第二部「日本復帰の実現とその後」、第三部「奄美の保健福祉―復帰運動を教訓にして」の三部構成とし、各部に章を連番で置いた。

まず第一部第Ⅰ章では占領下の奄美群島の状勢、とくに民族の分断と封鎖の二・二宣言、行政機構の変遷、経済的窮乏と島民生活、究極の断絶・隔離のハンセン病患者への処遇等を分析し、第Ⅱ章では軍政下の生活・教育・文化・報道について、シマの暮らしと密航・渡沖、教育・教科書問題、奄美ルネサンス、復帰前後のメディアの光芒を取り上げ検討する。第Ⅲ章では奄美の日本復帰運動の動因が異民族支配の屈辱と精神的・物理的苦境にあったという観点から、それを民族運動として昇華させ得た横軸基層、たとえば、政党・労働組合・青年団・婦人会の結成と活動、全国奄美会としての本土・沖縄郷友会の意義と役割等について考察する。

奄美の復帰運動は、幾多の弾圧にもかかわらず、非合法の奄美共産党をはじめとする民主的団体によりその基盤が固められたが、第二部第Ⅳ章では、復帰運動の胎動、奄美大島日本復帰協議会の結成と活動、講和条約調印と奄美、二島分離情報、講和条約の発効と第二次署名、返還交渉等を経て日本復帰実現までを検討する。第Ⅴ章では巨費を投じた特別措置法による振興策の実施により、社会的資本の整備が進み生活水準も向上してきたが、そうした縦軸強化の補助金政策の流れをとりあげ、その意義と限界を分析する。ここでは、とくに特別措置法の概要、「奄振」事業の弊害、補助金政策の意義と限界について考察する。

わが国の地域社会の在り方として、コミュニティ（地域共同体）の解体・消失が指摘されて久しいが、とりわけ奄美の人口減、少子化・核家族化の進行、一人世帯の増加等を踏まえ、新時代にふさわしい人と人との関係性の再構築が求められる。ましてやグローバル化により文化の多様性や地域性が失われる観のある現在、地域で生活する一人ひとりに居場所と出番のある社会、支え合いと活気あふれる社会、したがって福祉を基本にした地域づくりの必要性がますます高まってきている。そこで、第Ⅵ章では復帰運動を単に美談として聞くだけでなく、その息吹を感じとり、今を生きる指針及び将来の奄美の在り方を検討する。地域づくりの原点は復帰運動期にあるとの立場から、復帰運動期の奄美社会、

「全国奄美連合」と現地運動との連携・協働、「自律」「自立」と抵抗権、自立的発展―全国奄美人大会、地域づくりの視点と課題等を考究する。

第三部では私どもの過去一〇年に及ぶ奄美における科学研究費補助金の助成による保健福祉調査を踏まえ、集落＝シマをキーワードとして、地域力の源泉を公共事業ではなく地域文化に求め、復帰運動で学んだ縦横無尽の連携・協働を糧に奄美の地域再生、したがって保健福祉の充実化の可能性を検討する。そこで、第Ⅶ章では奄美諸島（以下「奄美」という）のシマの暮らしから、そこに伝わる「はなし」やシマの自治と共助の習俗を確認し、奄美のシマの地域力（結びつき）の源泉、支えあう文化について、第Ⅷ章ではこれまでの集落＝シマを対象にした調査を踏まえ、「限界集落」や「消滅集落」なる言葉に対するアンチテーゼとしての、「発達余地集落」への変容の可能性について、第Ⅸ章では社会心理学の理論の一つである社会的アイデンティティ・アプローチの視点から奄美のシマ・アイデンティティについて検討し、日本復帰運動におけるアイデンティティの変動についても考察を試みる。第Ⅹ章では介護資源の地域化の可能性の検討ならびに島嶼型地域医療・福祉のモデル開発への示唆を得ることを目的に、集落＝シマで実現可能なサービスの検討と、保健・医療・福祉サービス提供者および住民の互助力を活用した人的サービスのシステムについて考察し、第Ⅺ章では集落に存在する地縁団体である自治会と地域支え合い活動グループによる活動の現状を分析し、互助の現状と課題を明らかにし、地域の特性を生かしたさまざまな活動を通じて、シマ＝島嶼集落における保健福祉的地域づくりの可能性を検討する。

本書は以上のような構成であるが、ここに収められている論考は個性的で、少なくとも今後の奄美研究ないし地域づくりに対する問題提起になっていると思う。執筆者は現地奄美で復帰運動の研究ならびに発信をされている方、復帰運動・米軍政府下の奄美の語り部として活躍されている方、地域づくりや環境問題に取り組まれている方、郷友会の方、マスコミ関係者、科学研究費補助金の調査研究チーム他、多彩な顔ぶれである。これら各執筆者は奄美の復帰運動の現代的意義を評価し、そこで得た教訓を地域づくりに活かしたいという点で共通の認識をもっている。その視点は、これまでの仕組みの改善というよりは、新たな仕組み、すなわち福祉を基本にした地域づくりへの志向である。それ故、本書は福祉を拓き、住みよい地域づくりをしたいという愛郷精神に満ちた多くの方々のご理解とご協力により発行することができた。ここに改めて感謝申し上げるとともに、読者のみなさまに本書をひもといていただき、奄美だけではなく、それぞれが生きている地域やそれぞれの郷里の在り方を考えるうえでの手がかりを得ていただければ幸いである。

最後になったが、出版状況が厳しい折、本書の刊行を快くおひき受けいただいた南方新社の向原祥隆社長に深く感謝申し上げたい。

二〇一九年九月二五日

編著者　田畑洋一

奄美の復帰運動と保健福祉的地域再生——目次

第二部 日本復帰の実現とその後 ……131

第三部　奄美の保健福祉―復帰運動を教訓にして―……193

第一部　軍政下の奄美

第Ⅰ章　行政分離と奄美群島

はじめに

一九四六年一月二九日付け連合国最高司令官総司令部覚書（ＳＣＡＰＩＮ六七七号）「若干の外郭地域を政治上行政上日本から分離することに関する覚書」により、奄美を含む北緯三〇度以南のトカラ列島および琉球列島を日本国から除外する旨の通告を日本政府に対し発した。これが奄美に伝わったのが一九四六年二月二日であったことから「二・二宣言」と呼ばれる。この行政分離が戦後奄美史の大きな転機となった。ここでは、①「二・二宣言」、②行政機構の変遷、③経済的窮乏と島民生活、④分断・隔離政策―奄美和光園を取り上げる。

一、「二・二宣言」

1　ポツダム宣言の受託

第二次世界大戦の末期、日本本土に対する攻撃が激しくなるにつれ、南方現地軍は完全に孤立していたが、一九四五年二月の米英ソの三国首脳によるヤルタ協定、ソ連の日ソ中立条約不延長通告等により、小磯國昭内閣が倒れて鈴木貫太郎内閣がこれに代わった。ドイツが五月八日に無条件降伏し、六月には沖縄地上部隊が全滅、これにより日本は全くの四面楚歌状態に追い込まれた。同年七月、アメリカ合衆国大統領トルーマン、イギリス首相アトリーの二カ国首脳に、中国の蔣介石が同意して、三国首脳名で日本に対する無条件降伏を勧告する宣言を発表した。それがポツダム宣言であり、当初は「三国共同宣言」とも言われていた。全文は一三項目からなり、そのうち一～四項が主文にあたり、日本に対し戦争を終結させることをうながし、五項以下で具体的な条件を提示している。そのまとめである一三項で、「日本国政府が直ちに全ての日本国軍隊の無条件降伏を宣言すること」、つまり日本に対する無条件降伏を勧告した。また、降伏の条件として、①軍国主義勢力の排除、②一定期間の占領、③カイロ宣言の履行による植民地の返還と領土の制限、④軍隊の武装解除、⑤戦争犯罪の処罰、⑥民主主義と言論宗教思想の自由、基本的人権の尊重の確立などをあげている。

ポツダム宣言を知った日本政府首脳は、戦争継続が困難という見方も強まっており、一部には受諾やむなしとの空気もあったが、ソ連を介しての講和に一縷の望みある以上、静観（受諾とも拒否とも回答しないこと）すべきであるという判断に立った。しかし、軍の要求もあって態度を表明することとなり、鈴木首相は「黙殺する」と明言した（中村一九九五：三三七）[1]。

ポツダム宣言の受託を巡って首脳部が激論を戦わせている間、八月六日に広島、続く八月九日に長崎に米国による世界最初の原子爆弾が投下され、ソ連も八日に突如宣戦布告し、満州に侵攻したため、政府としては最早なす策はなかった。ここに至って政府は閣議を経た上で昭和天皇の聖断としてポツダム宣言の受諾、つまり無条件降伏を決定した。八月一五日の「終戦の詔書」で天皇の名で「ポツダム宣言」の受諾が表明され、九月二日、外務大臣重光葵らが天皇の代理、および日本政府代表として署名した「降伏文書」にも、ポツダム宣言を受諾し、日本軍が無条件降伏することが明記された。

この無条件降伏により、それまで鹿児島県に属していた奄美諸島は、沖縄県とともに日本から分離され、米軍政府下

1　鈴木首相の「黙殺」という発言は「拒否」と訳され、連合軍に次の軍事ステップである原爆投下に踏み切らせる口実を与えた。

に置かれることとなった。同年九月二二日に行われた現地守備隊と米第一〇軍とで交わされた降伏調印式の際、日本軍守備隊は米軍側が用意した降伏文書に奄美群島が「Northern Ryukyu（北部琉球）」と書かれていることを発見、日本から分割する意図を悟り、「ここは琉球ではなく、九州・鹿児島県に属する奄美群島である」として署名を拒否し、すったもんだの押し問答の末、結局、米軍側はこれに譲歩し、地名の訂正を了解した。降伏文書の中で「北部琉球」が「Amami Gunto Kagoshima Ken（鹿児島県奄美群島）」に書き改められた（村山一九七一：三六）。

2　プライス通告

一九四六年一月二九日、米国海軍沖縄地区司令官兼軍政府長官プライス少将一行は、正午ごろ名瀬市を訪れ、大島支庁で池田保吉支庁長に面談、奄美大島は近日中に日本本土から分離され、米国海軍軍政府下に置かれるから島民にその旨を伝えるよう口頭通告、午後二時ごろ沖縄に戻っていった。口頭通告は翌三〇日、官公庁代表と各界各層代表者に池田支庁長より報告された。このプライス通告の内容は次の七項目からなり、行政分離の予告となるものである（村山一九七一：四六―四七）。

①奄美諸島は近く鹿児島県から分離し、米軍政官監督の下に単独行政管区に切り替えられる。
②軍政官は沖縄地区から派遣されるが、この事は沖縄への直属を意味するものではなく、独自の管理を受ける。
③分離は二月か三月中に行われるが、米軍はその前に宣言を行う。
④行政機構は現在の大島支庁の機構が認められる。
⑤法律は軍関係を除き日本の法律を適用する。
⑥通貨は日本貨が使用される。
⑦食料は米軍が直接斡旋する。

プライス通告の通り、連合国最高司令部は「日本の領土」を定義し（SCAPIN六七七号）、北緯三〇度以南のトカラ列島、奄美諸島および琉球列島を日本国から除外する旨の通告を日本政府に対し発した。この指令（覚書）は、日本の降伏文書の内容を実行に移すため、日本領土と施政権が及ぶ範囲を決定するもので、「①日本国外の総ての地域に対し、又その地域にある政府役人、雇傭員その他総ての者に対して、政治上又は行政上の権力を行使すること、及、行使しようと企てることは総て停止するよう日本帝国政府に指令する。②日本帝国政府は、巳に認可されている船舶の運航、通信、気象関係の常軌の作業を除き、当司令部から認可のない限り、日本帝国外の政府の役人、雇傭人其の他総ての者との間に目的の如何を問わず、通信を行うことは出来ない。③この指令の目的から日本と言ふ場合は次の定義による。日本の範囲に含まれる地域として日本の四主要島嶼（北海道、本州、四国、九州）と、対馬諸島、北緯三〇度以北の琉球（南西）諸島（口之島を除く）を含む約一千の隣接小島嶼。日本の範囲から除かれる地域としてA欝陵島、竹島、済州島。B北緯三〇度以南の琉球（南西）列島（口之島を含む）、伊豆、南方、小笠原、硫黄群島、及び大東群島、沖ノ鳥島、南鳥島、中ノ鳥島を含むその他の外廓太平洋全諸島。C千島列島、歯舞群島（水晶、勇留、秋勇留、志発、多楽島を含む）、色丹島」となっており、以後、民族は分断され、北緯三〇度線以南の南西諸島は日本政府から行政分離されることが明らかにされ、アメリカ海軍軍政府の直轄支配下におかれることになる。

3 自由渡航の禁止

奄美諸島は東経一二八度～一三〇度、北緯二七度～二九度に位置し、鹿児島から台湾までおよそ一二〇〇キロに及ぶ南西諸島のほぼ中央に位置し、鹿児島の南南西約三八〇キロ、沖縄から二八〇キロに主島である奄美大島があり、他に喜界島、徳之島、沖永良部島、与論島、加計呂麻島、請島、与路島の有人八つの島々から成り立っていて、戦前までは日本本土との交流も海上交通によって、経済活動が行われていた。

一九四六年二月二日、奄美諸島は連合軍最高司令部の覚書「若干の外郭地域を政治上、行政上日本から分離することに関する」によって、既述の通り、奄美諸島は鹿児島県から分離させられ、米軍支配下に組み込まれ、奄美に対する日本政府の政治・行政上の権限は停止された。同年二月四日、沖縄米軍政本部より奄美と本土間の「海外封鎖」に係る三項目、すなわち、「①本土、奄美間の一般旅行は、この指令の日から禁止する。②本土、奄美間を渡航しようとする者は、永住の目的をもつ者に限られる。③渡航を許可された者は、計画輸送に従わねばならない」が指令された（村山一九七二：五〇）。

これにより、鹿児島と奄美大島の海上二〇〇海里が国境線で閉ざされ「海上封鎖」で自由渡航も禁止となった。戦前には日本本土の消費を目的に生産されていた黒糖は、販路を閉ざされて市場を失い、戦前には生活必需品から学用品に及ぶ物資は日本本土から流入していたが、以後極度の物資不足に陥り、島民生活は困窮した。

二、行政機構の変遷

「二・二宣言」以降、奄美群島の行政機構は島民の意志とは無関係にめまぐるしく変遷した。米国の命令により本土出身者は公職から追放され、本土に強制送還となり、奄美人による行政が始まった。しかし、奄美は日本とはもちろんのこと、沖縄との交通も制限され、完全に孤立し、米国軍政下での独立小国家の様相を呈していた（西村一九九三：一七三）。ここでは占領下における行政機構の変遷を時期により三区分しその概要を述べておきたい。

1 臨時北部南西諸島政庁（一九四六年一〇月三日～一九五〇年一一月二四日）

一九四六年一月二九日、「二・二宣言」の予告のため来島した米国海軍沖縄地区司令官兼軍政府長官プライス少将一行は、池田支庁長と会談し、北部南西諸島の統治方針を指示した。三月一三日には初代軍政長官ポール・F・ライリー海軍少佐以下総人員一九名が名瀬に進駐し、奄美群島二〇余万人の事実上の統治にあたった。米軍政府は翌三月一四日、大島支庁内に「北部南西諸島米国海軍軍政府」の看板を立て、三月二〇日には日本本土に籍を有する官吏を本土に送還する旨を明らかにし、池田支庁長を解任して、かわりに加計呂麻島出身の豊島至氏を新支庁長に起用した（『名瀬市誌』下巻、一九七三：九〇）。

一九四六年三月に軍政が施行されて以来、大島支庁では多くの機構改革が行われたが、一〇月三日、大島支庁は臨時北部南西諸島政庁と名称変更され、支庁長は知事、支庁次長は副知事と呼称されることになった。ここに行政機構として一九二六年七月から機能してきた大島支庁の名称は廃止され、鹿児島県の出先機関ではなくなり、政治機能及び活動は知事の行政権内に置かれた。このように行政上はあたかも一国の形を整えていたのであるが、自治権は与えられず、知事は行政機関である軍政府の政策命令に従い、政庁は軍政命令によってその政策を代行する機関にしか過ぎなかった（『名瀬市誌』下巻、一九七三：九三）。

2 奄美群島政府（一九五〇年一一月二五日～一九五二年三月三一日）

一九五〇年一一月二五日には臨時北部南西諸島政庁は、奄美群島政府と改称され、臨時政庁発足以来四年余ぶりに「自治」の体制が実現した。この群島政府は、一九五〇年八月四日公布の「群島政府組織法」（米国軍政府布令第二二号）によって、四つの「群島」、すなわち沖縄群島・宮古群島・八重山群島・奄美群島に区分して法人格を与え、一種の公共団体として自治行政の運営を担当させたものである。群島政府には、執行機関として知事（群島知事）と、議決機関として議会（群島議会）が設けられ、ともに公選であった。この群島政府の基本法である「群島政府組織法」は、全文一二章一八一条から構成され、群島政府の権限、住民の地位、義務並びに権利、執行機関、立法機関、行政、請求、監査、財務及び地方行政、裁判所との関係等を規定している。

公選によって選出された初代奄美群島政府知事の中江実孝氏は、就任演説で「……このことは奄美政治の革命であり維新であると申しても過言ではないと思うのであります」との認識を示し、奄美が大きな転換点に立ったことを島民に周知させたいという思いが伝わってくる（西村一九九三：一八三）。しかし、独立政府としての奄美群島政府はその機能を十分に発揮することなく解消された。

3　琉球政府奄美地方庁（一九五二年四月一日〜一九五三年一二月二五日）

一九五二年四月一日、南西諸島全域を統治全権する琉球政府が発足し、同年九月二二日から奄美群島政府は琉球政府奄美地方庁となった。庁長候補としては知事代理の大津鉄治氏を全会一致で推薦していたのであるが、比嘉主席の懇望により、初代庁長には沖野友栄氏が決定した（『名瀬市誌』下巻、一九七三：一一七）。

地方庁は中央政府の出先機関である。奄美は沖縄の行政府から遠隔の地にあり、地域的な不便が多い。そのため、行政の能率増進を図る目的で設置されたもので、廃止された群島政府とは本質的に異なる。庁内機構は総務・経済・社会・主計の四課のみで、行政主席から委任された行政事務の執行を中心に行う。庁長は地方庁長委任規則により、主席の権限に属する事務の一部を委任され、また予算の認証官としての権限を与えられた特別職である。庁長就任以来、沖野氏が手掛けた政策の一つに奄美群島振興三カ年計画があったが、これは実現半ばにして奄美群島は悲願の日本復帰を実現した（『名瀬市誌』下巻、一九七三：一一八）。

三、経済的窮乏と島民生活

1　経済的窮乏の枠組み

奄美は、太平洋戦争において沖縄本島のように戦時中の熾烈な陸上戦闘や、それに続く米軍の直接的な軍事占領も行われなかった。それだけに、一九四六年二月の日本からの行政分離の通告は突然で衝撃的でさえあったが、米軍の駐留による直接的な被害や損害は少なく、また占領期間が一九五三年一二月までと比較的短く、沖縄ほどには軍事的観点から重要視されていなかったので、占領政策の影響もそれほど大きくはなかった（皆村二〇〇二）。

しかし、米軍による軍用地接収、様々な犯罪や事故といった直接の暴力に曝されることが少なかったということは、「奄美の人々が被った戦後の被害と犠牲が取るに足らなかったことを意味しない。真実は全く逆であって、先島を含む沖縄の他の離島に比べてさえ、奄美の人々にこそ米軍支配からくる様々な重層的矛盾が最も重くのしかかっていたのであり、彼ら彼女らこそ、その構造的暴力の最大の犠牲者であった。そしてその最も本質的な原因は、強大な外部的暴力による『分断と隔離』にあったと言わざるをえない」（波平二〇〇五）。この本質的な点については、奄美復帰前の一九五三年五月発行の雑誌『自由』に掲載された奄美地方庁「奄美大島経済の窮状」[2]により確認することにする。

奄美群島は今次大戦の戦災を蒙り、基本産業の生産手段を喪失したのみでなく、「二・二宣言」により母国政府の強力な補助援護が切断せられ、群島生産品の市場を失った結果、本群島の経済は復興の原動力を失い、逐次縮小の一途をたどり、住民生活は年とともに窮迫の度を加えて今日にいたった。その間、米国民政府の復興予算による補助があったのであるが、これは戦災の痛手を蒙った本群島の経済の再建には遠く及ばないものであって、奄美群島経済の縮小を防ぐには至らなかった。……食糧を主とする生活必需物資の輸入は輸出をはるかに上まわり、累年、輸入超過の累積の結果、通貨を吸収枯渇せしめるに至り、極度の金詰まりを招来して生産の縮小と失業者を増大し、住民の生活水準を低下せしめ、購買力の減退は企業を危殆におとしいれ、いまや群島経済の窮乏はその極度に達しているのである。

「二・二宣言」から日本復帰までの八年間は、異民族支配の屈辱と社会の閉塞感、経済的困難といった負の要素が重

2　奄美地方庁「奄美大島経済の窮状」（『自由』一九五三年五月、一〇―一二）。

なった耐え難い期間であった（大橋二〇〇五）。この点について、同「奄美大島経済の窮状」においても、「一九五二年度には失業者の増加、転落要救護者の激増（一九四七年には要救護者は四六八八人であったのが、五二年には八五四七人になった）をもたらし、購買力は低下して主食食糧受給すら不可能となり、受配人口の五〇％が甘藷、ソテツに切り替えて、かろうじて露命をつないでいる状態である。そのため内地引揚、沖縄転出などのために、五二年初頭から毎月約一千人が群島から姿を消し、一カ年間に約一万人が減少している有様である」とあり、占領下における極度の窮乏状態を明確に述べている。

2 窮状の原因

経済的窮乏・生活苦は犯罪、失業者、転落要救護者の増加をもたらし、地域の活力が失われる。奄美地方庁は、こうした群島経済の窮乏の原因を、①貿易の不均衡、②基幹産業の衰退、③政府補助金の停止、④金融の硬化、⑤租税負担の加重にあるとし、それぞれについて分析している。ここでは、それを要約しておこう。

ア 貿易の不均衡

戦災による施設の破壊や市場の欠如によって、基幹産業は大きな打撃をうけ、生産は激減してしまった。戦前は輸出入の均衡がとれており、むしろ貿易面では黒字であったが、一九四七年以降、輸入の方は食糧品をはじめとして大幅に増加したため、一九五二年には三億三七一六万円の入超を記録した。この結果、奄美大島の経済は後退の一途をたどりつつあったのであるが、わずかに軍政府の復興予算、補助金、および沖縄に対する木材、家畜類の移出等によってかろうじて経済を維持した。しかし、一九五三年以降は補助金打ち切りとなり、この貿易の不均衡を補うことができなくなった。

イ 基幹産業の衰退

戦前の奄美は、黒糖と大島紬の二大産品を日本本土に移出し、生活消費物資のほとんどを日本から移入していたが、日本本土との分断で、こうした有機的な輸出入の構造は完全に破壊され、後述のように、対外受取がなければ生活物資が外から入ってこようもなく、入れば入ったで、それまでの蓄積を食い潰すのみである。大島紬の生産反数は一九四一年には三三万七五四八反の最高を記録したが、一九四六年には三六二〇反に激減し、一九五二年にやっと三万反を超える程度になったのである。黒糖生産量についても、一九五二年に至っても戦前の水準の六〇％どまりである。基幹産業の復興率は、戦災による被害と日本から分離されたために、一九五二年になっても戦前水準（一九一五—二五年の平均）の一五％~四〇％にとどまり、生産と輸出は全く不振を極めた。絶海の孤島のごとく周囲から隔絶された奄美は、一九五〇年代の貿易自由化は輸入超過の不均衡を年々拡大するのみであった。こうして、沖縄本島の復興とあたかも反比例するかのように、戦後奄美の経済は年とともに縮小再生産を余儀なくされたのである。

ウ 政府補助金の停止

戦前の奄美群島の経済は、輸出物代金と内地出稼者の送金ならびに国・県の予算及び振興計画に基づく補助金によって維持されていた。戦後は米国軍政府があたえた復興予算の補助が単に消極的に戦災を復旧するに止まり、積極的な産業振興政策の実施にはいたらなかった。日本政府の財政平衡交付金の配分も戦前に比較すると、歳入および地方税収入に対する比率は激減している。そのため、大島郡の市町村の歳入構成を鹿児島県の市町村と比べてみると、大島郡の場合には税収入が六〇・七％に対して、鹿児島県は二五・四％、交付金・国庫補助金は大島郡二〇％、鹿児島県四五％となっており、大島郡の歳入は、経済力が弱いにもかかわらず、税収入に大きく依存し、郡民にとって租税が過重負担になっていた。

エ 金融の硬化

一九四八年以来、輸入超過が続き、その累計は七億六七〇〇万円に達している。この輸入物資の中には生活上絶対に必要なガリオア資金による主食食糧がふくまれているので、この食糧代金として吸収される金額が大部分をしめており、これは見返り資金となって民間に還元されなければならないが、軍政府の補助金はこの吸収金額に見合わず、六年間に僅か二億二〇〇〇万円となって、その差額の五億五〇〇〇万円が赤字となっている。この赤字分は、民間がそれだけ資本を減少させることによってまかなわれたものであって、戦前の蓄積、さらに現存資本の縮小をきたすことは群島経済を再起不能の状態に投げ込んでいるものである。一九五二年四月の群島民の預金高は二億七〇七四万円であったが、同年九月には一億六五三七万円へと四割も減少した。そのために、通貨は枯渇して運営資金の欠乏を生じたのみならず、資本の減少は利潤量を減少せしめ、生産能力を削減して縮小再生産をもたらしている（皆村二〇〇三：四〇―四一）。

オ 租税負担の過重

戦前と比較して租税の過重負担が、経済を圧迫していることはいなめない。米国軍政下に独立国同様の態様をもつ群島財政は、租税収入を中心とせねばならなかった。このことは、群島内の市町村財政についても同様の事情にあった。とくに琉球政府に移ってからは、アメリカの復旧事業援助や単独工事によるドル投下が沖縄本島に傾斜したため、本群島の市町村財政はいちじるしく窮迫し、群島経済は窮乏の極に達した（皆村二〇〇二）。この点、戦後の沖縄の復興と奄美のそれを比較してみると、奄美大島日本復帰協議会（泉芳朗議長）と奄美大島母国政府連絡会（大津鉄治会長）により作成された『奄美大島に関する資料―教育と経済』によれば、「沖縄においては、軍作業、外国人並びにその家族の支出、海外からの送金、輸出等によって獲得されるドルは平均毎月三八〇万ドル（琉球B円で四億五六〇〇万円）で、日本からの輸入その他で消費されるドルは三二〇万ドルとなっており、差引六〇万ドルずつ毎月貯蓄され、現在外貨の蓄積保有高は二〇〇〇万ドルあり、カナダに次ぐドルの豊富な地域だといわれている。しかるに、奄美は約二万五〇〇〇人と称せられる沖縄への出稼人からの毎月の送金はせいぜい五〇〇―六〇〇万円程度である。現在沖縄は、日本にとって良いドルの稼ぎ場所かも知れないが、大島は消費経済すらもその圏外に立っているというのが実情である」と述べ、群島経済の窮乏の実態を示している。

3 困窮する島民生活

経済的窮乏は直ちに島民生活を苦境に陥れる。島民の暮らしは砂糖と大島紬に支えられていたが、この期の黒糖生産は戦前の三〇％に、大島紬は一五％に低下した（実島一九九六：二一五）。『徳之島町誌』（一九七〇：三六〇）によると、一九四六年当時の徳之島では、生活物資が島に持ち込まれず、行政的な封鎖が経済的封鎖となり、しかも島内で黒砂糖の生産があっても取り引きができないため、島民は密貿易に目を向け、特産品の黒糖を持ち出す手段をとったと記述されている。このことは群島の他の地域においても同様であった。

戦前の奄美で経済活動をしていた島外出身の寄留商人は、戦争によって撤退し、戦後は入れ代わって島の商人達が命がけで封鎖された海上を越えて、生活物資をつなぐ役目を自らの責任で行う密貿易が行われた。密貿易が行われるのは、そこには需要と供給があるからであるが、米軍政府の厳しい取り締まりと摘発の中で行われてきた密貿易は、人々の生活を支える重要な役割を果たすとともに奄美経済の原動力となる側面もあった。このように米軍による統治政策が島の経済に及ぼしたものはマイナスだが、闇市が起点の「市場」や密貿易による「商店街」を中心とした自立への志向が奄美の暮らしに及ぼしたプラスの側面を見逃すわけにはいかない。奄美社会の足元は、こうして固められることとなった。

分離された苦悩は、後にみるように、教育面でも深刻であった。軍政府は進駐直後、教育問題について、①世界平和を愛する人間をつくることを目的とすること、②米国の批判、中傷を為さざること、③天皇のことを教えないこと、という三項目を示し、現行学制を認めるというだけで、具体的指導や支援はしなかった（村山一九七二：六五）。当時の児童が鉛筆も紙も教科書もなく、校舎そのものも焼けたり老朽化していたため、にわか作りのテント張りの教室で学んでいたと回想している（橋口一九八三）。

当時の奄美は、日用品はもちろんのこと食料も不足がちであった。そうした状況について、「復帰運動の父」と呼ばれる詩人、故・泉芳朗氏の側近として活動していた楠田豊春氏は、インタビューに答えて、生活の基準を評価するエンゲル係数が八七％に及んでいたことや義務教育の一三％の子どもたちが就学できなかったと述べている。[3] 軍政下の奄美の生活困窮と苦悩については後述するので、ここでこれ以上の証言や傍証を並べ立てるには及ばないであろう。

（田畑洋一）

四、分断・隔離政策―奄美和光園―

はじめに

ハンセン病者は長い歴史のなかで厳しい差別を受け続け、近代において「祖国浄化」の名のもとに社会から排除されてきた。ハンセン病への偏見はなぜぬぐい去られなかったのか。国家による過酷な隔離政策はなぜ続いたのか。二〇〇一年五月の熊本地裁判決を受け、国はようやく控訴を断念した。ここではそうしたことを踏まえつつ、ハンセン病患者への分断・隔離政策がとくに過酷を極めた奄美地域の米軍政下におけるハンセン病患者への処遇について検討する。

1 隔離政策のはじまり

ハンセン病の病名は一八七三年にらい菌を発見したノルウェーの医師アルマウェル・ハンセンに由来する。患者は一九五三年頃から「らい」から「ハンセン病」への病名変更を強く望んでいたが、日本らい学会は「らい」は医学用語であるとして変更に応ぜず、一九九六年にいたってはじめてハンセン病を病名として認め、同時に学会名も日本ハンセン病学会と改めた。現在では「らい」は差別用語とされ、ハンセン病という用語に統一されている。

わが国のハンセン病対策は最も古い国策医療であるが、実際は差別と偏見に満ちたものであった。ハンセン病はらい

3　田畑千秋（二〇〇四）「アメリカ軍政下の奄美と復帰運動―楠田豊春氏に聞く」『奄美　復帰五〇年―ヤマトとナハのはざまで―現代のエスプリ』別冊、至文堂。

菌による慢性の感染症であり皮膚と末梢神経が主に侵されるが、病型・病期によって病状は悲惨を極めた。かつては「大風子油」以外に特別な治療方法はなかったため、ハンセン病は不治の疾患と信じられていた。[4] このように醜悪と不治ということで人々はこれを忌み嫌い、ゆえに患者は家の奥深くに人目を避けて住むか、さもなければ家や故郷を捨てて放浪し自らを衆目にさらして物を乞う以外に方法はなかった。しかも、業病とする仏教の教えから患者は社会の底辺に位置づけられていた。

一九〇七年の法律「癩予防ニ関スル件」公布以来、ハンセン病患者に対する過酷な隔離政策がすすめられてきた。しかし、沖縄・奄美地域の患者を隔離する大規模な施設が用意されていなかったので、同地域への隔離政策が展開するのは一九三〇年代に入り、優生学的意味から絶対隔離＝全患者隔離に政策が転換されてからとなる。

絶対隔離を目指す体制側は、これらの逃走を防ぐ手段として監獄まがいの監禁室を設け、所長に「懲戒検束権」を付与し逃走には厳罰をもって臨んだ。また症状の軽重を問わず隔離したので年頃の男女が問題を起こしても当然であるが、その対応策として男子には断種手術を強制して所内での結婚を認めた。これは断種を受けた男子が夜間のみ女子寮に通う通い婚であったが、一室八名の雑居部屋に通うみじめさは想像にあまりある。加えて、相互扶助の美名のもとに所内の作業を強制し若い患者たちの持て余した力を所内運営に振り向けたりもした。これらをもっても療養所ではなく単なる収容所でしかなかったのは自明である。

2 無らい地浄化と和光園の設立

国策としての民族浄化運動は一九三〇年の愛知県の無らい県運動に始まるが、この運動は国民にハンセン病は非常に恐ろしい病気だとの恐怖心をあおり、地域で生活している患者を国民の通報により強制的に療養所に収容させるという

4　日弁連法務研究財団（二〇〇四）『二〇〇三年度ハンセン病問題検証会議報告書』。

国家的な政策であった。ここでは奄美地域におけるハンセン病への処遇を取り上げる関係上、「無らい県」ではなく「無らい地」とした。

一九六四年四月の『大熊記念誌』によれば、昭和初期に三方村大熊集落の周辺にハンセン病患者が多くみられたという。彼らは大熊の出身者ばかりでなく大多数は名瀬の町に乞食をして回る浮浪らいが大和川尻の洞窟や鳩浜のアダンの木陰、名浜の作業小屋などを巣窟としていた。大熊の人達は「らいという病気は遺伝病であってその血筋の者以外にはうつらないから……」等と誤った考えが一般的で、村人達は患者に対し寛大で、他の集落の人々のように患者を極端に嫌悪したり忌避するような態度をとらなかった。こうしたことから浮浪ハンセン病患者が名瀬の町で乞食する時、「大熊の者だ」と喋り歩く始末で、名瀬の町の人々に大熊はハンセン病患者の多い村だと印象づけてしまったというのである。

大熊は魚介類、畜産品などの生産物を名瀬町民に供給して集落の経済を維持していたが、名瀬町民の中に「大熊はらいが多いから、そこの生産物は買うな」という声が出はじめ、大熊集落の命運にかかわる重大問題だと憂慮し、青年団や村の有志達はその対応を協議していた。丁度その頃、一九三五年七月六日、すでに星塚敬愛園長の内命を受けていた長島愛生園医務課長の林文雄が来島し講演を行った。林の講演会を聴いた地区住民に大きな反響が現れ「この機会に専門の林に全住民一人残らず検診して頂こうではないか」となって、住民の自発的意思ではあるが、全住民老幼を問わず受診し、患者が発見された時は必ず療養所に行って加療する旨の誓約書を各戸主が提出するということになった。直ちに二日間をかけて、一二〇〇人の住民健診を行うことになった。この検診は青年団が村の出入り口を閉鎖し、検診済証のない者は通行を許さないという厳しく徹底したものであった。

この検診で二〇名の患者が発見された。警察署長などの関係者は、これらハンセン病患者の救済を星塚敬愛園長の内命を受けていた林に請願し、患者自身も郷土浄化のため自ら進んで療養所で加療することを願い、林もこれを了承、後日必ず迎えにくると約束した。その後星塚敬愛園の初代園長となった林は約束を履行した。その第一次収容者として奄美地区から一一六名が星塚敬愛園に収容された。[5] 患者達の中には、それ以前に自ら熊本の九州療養所に入所した者もいたが、ハンセン病患者が療養所に収容隔離されたことにより、患者の多い集落としての汚名に悩んだ大熊は一躍絶対無らい地として浄化された。

これら収容と前後して、一九三七年六月、地元では「奄美救ライ協会」が結成された。「奄美救ライ協会」は、本土の療養所に入所できない患者のために奄美に療養所の設立の要ありとして、知事を通じて内務大臣に要請する一方、地元の金井正夫代議士にも働きかけた。金井代議士は一九三七年一二月、第七三回帝国議会請願委員会に「大島郡に国立らい療養所星塚敬愛園支所設置の件」を上程し、これが採決された。しかしながら、一九三七年七月に始まった支那事変が長期戦の様相を呈していたため、一九四〇年五月になってようやく厚生省は国立療養所の建設予算八〇〇〇円を計上し、鹿児島県知事にその建設を委嘱した。ところが敷地の選定が困難で、地元民の反対もあり、また、この頃になって世界情勢が急迫し、日本が一九四一年一二月に米英に対して宣戦布告し戦争に突入したため、一九四三年二月に現在地に療養所の竣工をみることができた。同年四月五日、厚生省告示により名称を和光園と決定し、邑久光明園の保田耕が園長として赴任してきた。一九四四年三月には入所患者が一九名に達したので一応開園式典を行った（中村一九八三：五七）。しかし、戦争の激化により食糧事情は逼迫し医療器材薬品なども補給の見通しさえもつかず、このため患者や職員は敷地内に芋畑を作り食糧の自給に窮々たる有様で療養所としての機能は麻痺したままの状態であった。

3　隔離政策―奄美和光園―

奄美地域では一九三五年ごろから隔離政策が本格化するが、既述の「二・二宣言」により、ハンセン病患者への隔離政策は過酷を極めた。一九四六年二月一〇日、軍政府長官フレデリック・ハイドンは特別布告「南西諸島及び近海の住

5　国立療養所奄美和光園（二〇一三）『創立七〇周年記念誌』。

民に告ぐ」を発表、「公衆衛生の保護維持のために癩患者を隔離し南西諸島及び其の近海諸島に癩療養所を設立経営するの必要」を強調した。そこでは、「他に感染せしむる状態」にあるハンセン病患者を「完全隔離」すること、さらにはハンセン病であることを隠したり、「患者の逃亡をほう助し若は其の捕縛を防（ママ）害すること」を違法とし、許可なくして外部の者が療養所に立ち入ったり、入所者が外出することを禁止している。そして、この布告に違反した場合は罰金・禁固の刑罰を課すこととしている。

また北部南西諸島軍政府長官フレッド・ラブリーも二月一四日に「北部南西諸島住民に告ぐ」という命令を発表、この地域のすべてのハンセン病患者を和光園に隔離収容することを明言し、「らい患者の近親医師その他其のらい患者たることを知悉せる者は直ちにその氏名住所を患者近住の警察署又は駐在所に届出づべし」と密告を奨励、患者の和光園よりの脱走の幇助、患者の園外居住幇助・隠匿、あるいは前記の届出をおこなわなかった者は一〇〇〇円以下の罰金か禁固に処すこととしている。すなわち、患者の存在を知りながら密告しなかっただけで処罰されることになる（臨時北部南西諸島政庁『広報』一二号）。

さらに一九四八年四月一日から入所者の逃亡防止のため、和光園に巡査派出所勤務員が命ぜられその任務は「警ら及び見張」とされ、「収容患者で許可を受けずに外出し又は逃亡する者」「収容所附近を徘徊し又は商用其の他に事寄せて患者に近づく者」「夜間収容所附近を徘徊する者」を予防警戒することを命じられた（臨時北部南西諸島政庁『広報』三二号、一九四八年四月一五日）。そのうえ、軍政府は和光園の周囲に有刺鉄線を張り巡らしていた（中村民郎一九八三年）。

このようにアメリカ軍政下の奄美群島地域のハンセン病患者の処遇は、強制隔離と逃亡防止の措置が徹底されていたといえよう。それにもかかわらず、和光園当局は「当園は開園以来患者の自由を認め人格を尊重し取締主義よりも開発主義を採り患者の自覚を促し教養を高めて来た」と自負し、入園者への強制労働についても「仕事そのものよりも慰安の意味」があることを強調、「健康に害になる過度の作業は絶対に避けねばならないが、軽度の仕事はかえって健康によく、治療上の効果も促進される」と述べているが（奄美和光園前掲『昭和二七年年報』）、これは事実からあまりにもかけ離れた評価であるというほかない。

一九五一年当時、隔離政策推進の中心であった長島愛生園長光田健輔は「国際癩対策意見」と題するメモを記している。そこでは、「等閑に附し得ざる問題に沖縄等南島の癩問題がある」と提起し、「奄美大島、喜界島、与論島、沖永良部島等一連の島嶼に於ける大半の癩は国立星塚敬愛園の開設と同時に収容を見たのであって最近の情勢は判明せぬが尚相当数の癩を有するものと推定される。又、沖縄列島に於ける癩は三千と称されているが国頭愛楽園及宮古南静園に目下約一二〇〇人を収容してゐるが尚二千人内外の在宅患者を有しているものと推定される。之等は目下のところ交通の制限を受けているが将来は移動を当然考慮に入れなければならないので南島の癩予防対策の根本的樹立を期待してやまぬ」と述べている。当時はハンセン病の特効薬プロミンが普及し、治癒者も続出していた。しかし、光田は、このメモのなかで「軽快患者」の退所に強固に反対し「絶対隔離の方針」への固執を表明し、奄美地域・沖縄地域にも早く、こうした方針が徹底されるように期待しているのである（「韓国癩に関する資料」多磨全生園入園者自治会所蔵）。

奄美群島は一九五三年一二月二五日、日本に復帰し、奄美和光園も厚生省の管轄下に入った。あたかも一九五三年は「癩予防法」が「らい予防法」へと「改正」され、強制隔離が強化された年である。和光園で診療放射線技師長を務めた中村民郎は、日本への復帰により、これまでとは異なり、「患者達も、日本の予防法のもとに、人権も復活し福祉面に於ても、当時からすれば夢のような好転をなし、明るい療養所となっている」と回想している[6]（中村民郎一九八三年）。

おわりに

一九〇七年の「らい予防に関する件」に始まった患者隔離政策は一九九六年にいたってようやくその幕を閉じたが、

6　これに対して、「和光園の入所者は、返還により日本の『らい予防法』体制という新たな人権侵害のもとに置かれることになった」という指摘もある（日弁連法務研究財団（二〇〇四）『二〇〇三年度ハンセン病問題検証会議報告書』二四六頁）。

悪法であった「らい予防法」により、わが国の医療政策はこれまでいわれのない恐怖を国民全体の心に強烈にうえつけ、差別・偏見・排除を作り出し、多くの患者・家族の人権を踏みにじってきた（大谷一九九六：四一八—四二二）。

最後に、他の国立の一二園と和光園が最も違った患者の子ども達の処遇についてみておこう。

奄美大島が戦後米軍政府統治下になりカトリック等の布教が盛んに行われた頃、園内において洗礼を受けた信者も多くその影響で出産も行われ、未感染児童として約五〇人の保育が行われた。[7] ハンセン病患者はワゼクトミー（断種）を前提に婚姻は認められていたが、出産は固く禁じられていた。そのような中、和光園のみが患者の出産を認めていた。森山ら（二〇〇九）によれば、「他園から出産のためにきた患者」もいたという。和光園では人権侵害がなかったわけではないが、遵法規範が強固であった国立療養所のなかで、優生保護法や過去のワゼクトミーの歴史に囚われずに、患者に対する独自の思想と具体的な営みがあったことは注目するに値する。

和光園が優生保護の視点からではなく、患者の尊厳と子どもたちの保護を正当な手続きで推進できたのは、カトリックのパトリック・フィン神父らの尽力によるものであった。同時に弱冠二七歳で厚生省から専任として赴任した園長大平薫の真摯な児童福祉に対する理解にも助けられている。大平は自らの宿舎を保育所として提供し、占領下の過酷な保育所の維持、運営に尽力してきた。しかし、日本国復帰後厚生省は園内誕生の子を保育所に引き取ることに強い難色を示した。そこで敬虔なクリスチャンである事務長の松原若安はカトリック教会に保育園の設園を訴えて、一九五四年、西仲勝にハンセン病未感染乳児収容施設「子供の家」が設立された。和光園の患者の子供達の救済をしたのは紛れもない外国人宗教家であるパトリック神父であるが、同時に特筆すべきは事務長松原若安家族の未感染児童に対する人類愛であった。それは自らの官舎に子供達を引き取り、娘たちにボランティアで養育をさせていたことからも容易に頷ける。成長した子供たちは輪内地区内の朝日小学校に通学したが、熊本県の菊池恵楓園付属竜田寮に見られたような通学拒否

7　和光園では自治会、施設、カトリックを合わせた形で、「夫婦舎の内則」を作り、出産後の保育・養護のシステムができあがっていた（森山一隆、菊池一郎、石井則久（二〇〇九）「ハンセン病患者から生まれた子供たち」『日本ハンセン病学会雑誌』七八巻三号）。

事件はなく、また学校での子供たちに対するいじめ問題も発生しなかった。その子供たちは社会の荒波にも屈せず問題もなくすくすく成長し、なかには医療従事者として病める者たちの傍らに寄り添い、わが国の高齢者問題の解決に尽力している者もいる。それは松原と二人三脚で和光園の現在を構築した七代園長大西基四夫の影響が大きいものと考えられる。大西は保育所の子供達の退所後の相談相手や、彼らの婚姻時の仲人を務めるなど和光園退職後もハンセン病入所者やその子供たちのことを心に留めていた。

現在、和光園は奄美で唯一の国立の医療機関として地域医療に貢献しているが、特に奄美大島での皮膚科に対する評価は高く、離島各地からの受診者も多いため、ハンセン病療養所としては異例の地域住民を対象とした入院施設を整備している。これは、ハンセン病入所者と地域住民との間の厚い壁を除去したこととして大いに評価されるべきであろう。和光園入所者は激減しており今後の存続が課題であるが、これまで多くの辛酸をなめてきた患者、家族のおもいに、我々は寄り添うとともにハンセン病問題を決して風化させることのないよう教育・啓発が必要であると考えている。

（中村保）

第Ⅱ章　軍政下の生活・教育・文化・報道

一、暮らし向きと密航・渡沖

1 シマの暮らしと貧困の諸相―回想と語り

ア 奄美の先人はかく生きた

奄美は、世界史の中でも特異な歴史を経験してきた。[8] 薩摩藩時代の植民地支配、近代社会に入ってからの鹿児島県大島郡でありながら県から予算配分をされなかった五二年間、米軍の統治下に置かれた八年間である。奄美の先人たちは、外からの支配・収奪に苦しみ極貧の中で蔑視・差別の屈辱に耐えなければならなかった歴史の中にあっても、しなやかに生き人間としての温もりを失わなかった。少年時代を過ごした米軍統治下の八年間を振り返っての経験とも重なる。圧政に耐え貧困を生き抜くための宿命だったのかもしれないが、私どもがこれからの時代を生きる智恵が詰まっているように思える。過ぎし日のこれまでを振り返り、人間は時代の子であり、環境の影響を否応なしに受けることを実感し、

8 「日本人の生活水準が向上するとともに、黒糖の需要も高まっていき、一九世紀にはそのほとんどを薩摩藩がまかなった。その七〇％以上を生産した奄美三島は、実質的な藩の植民地として、黒糖生産のためのモノカルチャー社会とされ、貨幣の流通も禁止されるなど、きびしい搾取のもとにおかれた」（高等学校教科書『日本史B』清水書院）より。

地域の特性や個性は、時代と自然の絡み合いの中から生まれるという思いを持った。

自然観察や調査のとき、私は決まって昔の耕作跡に目が向いてしまう。生態系にぎわう山林の川沿いに隠し田を見つけたときなど、サトウキビ栽培を強制された先人の苦労と智恵が偲ばれる。山奥の耕作地跡にはたいていソテツが列をなして植えられている。周辺の樹木に光を遮られやせ細っているソテツに、先人の生きざまを重ねることもしばしばである。日本復帰前後の写真に接するとき、先ず目が向くのは海岸線の風景である。名瀬街の周辺の山々は相当の高さまで段々畑が連なっている。狭小の土地で「食」の確保にどんなに難儀をしただろうか。

奄美の先人たちの「ヒト」として自然との係わりの形、「人と人」とのつながり方を事あるたびに垣間見る思いをしてきた。これらの経験と先人が残したユシグトゥを踏まえて、奄美の先人の生き方を、①自然界への畏敬の念、②地縁・血縁の絆、③先祖への敬愛の念、④自給体制への工夫、⑤生態系を持続させる智恵にまとめた。「奄美自然の権利訴訟」を起こした背景でもある。二〇一〇年の奄美大豪雨災害のとき、被災地の支援に駆けつける動きに、奄美人のＤＮＡが内包されている思いをしたが、それ以降「絆」「結」「ボランティア」がごちゃ混ぜに軽々しく語られる風潮にしらける思いもしている。先人たちは、人間が森と川と海と大気で構成されている自然に生かされていると認識し、「水ヤ山ウカゲ人ヤ世間ウカゲ海山ヌ清ラサヤ太陽ウカゲ」なる俚言を残した。[9]

イ　こんな時代だった

私が生まれた一九三四年は、「奄美独立経済」なる名のもとに、県が大島郡に財政措置をしなかった時代（一八八八～一九四〇年の五二年間）と重なる（鹿児島県公報一一七号）。小学校に入学した年に尋常小学校が国民学校に変わり太平洋戦争が起こった。竹槍を担いで学校に通い、校庭の片隅に防空壕を掘った。五年生のとき戦争が終わり、敗戦後トカラ、奄美、沖縄、小笠原は日本から分離され米軍の統治にゆだねられた。

9　山も川もない周囲二三キロの与論島の十五夜踊の中心は「雨タボウリ」（雨をください）である。

空襲を受けた名瀬の街(奄美市提供)

米軍統治の八年間は小・中・高校生の時代に当たる。敗戦後の名瀬の街は空襲で九〇%が消失し、測候所の二本の無線塔だけがやけに目につく荒涼たる風景だった。人々は疎開小屋を焼け跡に移し、山に段々畑を開墾してトン(甘庶)を植え再建に取りかかったが、基幹産業である大島紬、黒糖生産は不振を続け、群島民の生活は日を追って窮迫していった。島外からの引き揚げ者も加わり、奄美の人口は二一万人を超えた。仕事はなかった。働ける青年男女の多くは職を求めて沖縄に流れ、主に米軍の基地で働いた。その数は三万とも五万とも言われている。一〇〇戸ほどの部落から六〇人もの青壮年が沖縄に出稼ぎに行った地域もあった(「奄美タイムス」一九五二年三月二五日)。ここで奄美人はアメリカ人、フィリピン人、本土(やまと)の日本人、沖縄人に比べて最低の賃金に抑えられ「人間以下」と報道されるような劣悪な労働条件下で苦しんだ。

そんな当時の思い出であるが、ステテコを逆さまにシャツ代わりに着けて、指の大きさぐらいの芋を掘って飢えをしのいでいる引揚者がいた。学校帰りに、たまたま目にしたのだが、見てはならない場面を見たように思え慌ててその場を離れた。当時、弟の担任教師は畑で芋を植え、山で薪を集めていた。鍬の使い方、薪のかつぎ方は要領を得なかったが、必死な様子は小学生の私にもうかがえた。

当時はみんな貧しく、その日の食べ物にもままならぬ頃、あちこちの家で味噌瓶の味噌が少しずつではあったが、なくなることが起こった。どの家庭も難儀をしてつくった味噌である。まもなく犯人の目星がついた。部落の常会ではその措置を巡って侃々諤々の議論があった。「部落から追い出せ」の声まで出たとき、古老が「誰にそんな権限があるのか」と一喝した。一瞬シーンとなったままで常会は終わったが、あくる日から盗みはぱったり止まった。まもなくして、盗んだ人の家に「つくったので味をして」とあちこちから味噌が届けられ、何事もなかったかのように平穏な時間が流れていった。常会では厳しい意見が続出したが警察に訴える意見は一つもなかった。それは〝犯罪者を出さない〟〝自分たちの「しま」は自分たちで〟という共同体意識があったからである。畑のイモが盗まれたときも青年団が見張りをして犯人を捕まえたが警察に届けることはしなかつた。

ウ 島民の暮らし向き

奄美諸島は、「二・二宣言」によって日本から分離されアメリカ軍の統治下に置かれ、八年後の一九五三年一二月二五日に復帰した。この期間の郡民の窮状が「奄美大島即時完全復帰請願書」（一九五三年六月付）とその添付資料「復帰以外に蘇生の道なき奄美大島の現況」（一九五三年六月付）に具体的に記されている。後述するように、この請願書は六月一〇日、日本復帰協議会が送った奄美の婦人代表から福岡でルーズベルト大統領夫人に手渡された。そこで夫人は茅葺き校舎の写真を見て「まるで馬小屋ですね」と驚いた。

軍政下の教室（奄美市提供）

請願書では「今や究極の極限に一日も猶予を許さない状況」であるとして基幹産業の没落、経済の破綻、民力の枯渇、エンゲル係数八二・七の苦しい生活、生活破綻による社会道義の悲劇、劣悪なる掘っ立て小屋、雨漏り教室、教科書も教材もない教育環境、教員の生活苦、進学の不自由と失業、義務教育就学率八七%への転落、体位・学力の低下、心的無気力化による童心の傷疾、少年犯罪の増加等をあげ、「苦悶の数々、単なる形容詞でない乾坤一擲、死の岐路に立たされた大島になりました。何とぞこの血涙の叫びに耳を傾けてください」と述べ、経済の窮状と生活破綻の状況を訴えている（表1）。

日本復帰直後の一九五四年一月に来島した大宅壮一は、「復帰がもう一年遅れたならば、島民の大半は栄養失調で倒れないまでも、肉体的にも精神的にもまた産業面でも、

表1　経済の窮状と生活の破綻

1．奄美大島の住民はエンゲル係数 82.7%のみじめな生活をしている．

	奄美大島	同左%	日　本	同左%
総支出金額	2,515	100	23,666	100
食料費	2,088	82.7	14,562	61.5

2．分離後の入超は毎年増加しつつある．（奄美地方庁資料）

年　次	輸　入	輸　出	入　超
1947 年	15,127,460		15,127,460
1948	31,298,523		31,298,523
1949	40,369,671	7,034,431	33,335,240
1950	140,605,426	6,049,753	134,555,673
1951	491,685,360	274,328,040	217,357,200
1957	655,455,614	289,645,229	367,810,385

※この入超は，通貨枯渇の恐るべき因を招きつつある．

3．戦前の移出入収支（資料略）

戦前における収支はバランスがとれ，僅かながら黒字であった．

4．主要産業の戦前と戦後の輸出状況（資料略）

5．県国費及び国費の補助が，年間約 314 万円が交付されていた．

◎この金は B 円換算 4 億 7100 万円に当たり，このなかで県税及び国税として徴収される 70 余万円を差し引いて 240 余万円（B 円換算 3 億 6500 万円）が奄美大島の経済を潤していたのである．

6．奄美大島の通貨は全く枯渇し全琉の 15 分に 1 しかない．

◎1946 年 4 月，第一次通貨切り替え額は，沖縄 2000 万円に対し，大島 8246 万円であった．

◎1948 年 7 月第二次切り替え，大島は全琉の 38.4%（1 億 5000 万円）となり減少．

◎1952 年度の推定（琉球銀行発表）全琉 15 億，奄美大島 1 億程度．

7．租税負担は琉球政府になって過重になった．

区　別	政府税	市町村税	計
奄美群島政府時代	64,758,408	15,912,174	80,670,582
琉球政府時代	70,543,310	19,886,817	90,430,177

救いがたいまでに荒廃したであろう」(「週刊朝日」一九五四・二・二一)と書いている。そんななか、一九五三年六月、名瀬市で小学校児童四人が〝腹いっぱい飯が食える〟というので、一五〇〇円から三〇〇〇円の身代金で沖縄に渡る準備をしていたという。こんな暗い出来事まであったのである。この件は学校当局の機転で出発間際に保護されたが、奄美の貧困はもはやどうしようもないところまできていた。「名瀬市では貧困者救済の運動を展開した。役場吏員が手分けして実態を調査した結果、餓死寸前の家庭三三戸(一〇一名)……貧困者救済運動は全面的な食料増配餓死救済運動に発展した」(村山一九七二:八七)。

教職員の生活もひどい状態だった。当時名瀬小学校教諭の中三次郎氏が連教祖(連合教職員組合)の会で生活実態報告をした資料が手元にある。氏は子ども六人の八人家族(一九五三年一月二七日)であるが、それによると、本俸四四三〇円、地域手当四四三円を加えても、手取りは三、九一八円。これでは生活できないので郷里の喜界島からの送金(二〇〇円)、郷里から孫たちへの小遣金(一〇〇円)、送られてきた品物の売上金(七五円)を生活費に充て、それでも足りないので親からの立替使用(二〇〇円)でやりくりしているとのこと(PTA住宅に住んでいたので家賃は要らなかった)。氏は古仁屋までの修学旅行(一泊二日、徒歩で米持参)に六年生を引率したが、我が子を連れて行くことはできなかった。

当時、教師たちはたいてい出身地の学校に勤務していた。教職の傍ら農業をしないと生活できなかったからである。朝三時に起きてトーフをつくり、それから学校へ行き、夕方五時に帰ってきてから葉タバコ刻みをして生活費に充てた教師。教師を辞めて浦上と名瀬の間で馬車引きをして子どもを養った人。一九四九年二一歳のとき小宝島の教職に就いた岩切達次氏は「月給二四〇円、ヤミ米一升八〇円、下宿代八〇円だった。下宿代が安いので申し訳なく思って土・日曜はいつも下宿屋の農業の手伝いをしていた。あの頃は家元から送金があった人は教員が務まった」と話した。

旧三方村(現上方、下方、古見方)は、各家庭から五〇円ずつ供出して先生方にカンパした。ある集落では、夕食にありつけないでいる教員宅(五人家族)へ、なけなしの米をそっと置いてきた人がいた。連教組が発刊した『教育白書』

（一九五一年一月一二日付）によると、当時の教員の平均給与は沖縄の教員の最低給与二〇〇〇円の約半分の一〇五七円（郵政庁職員の配達員が二一〇〇〜二四〇〇円）であった。そのため教育白書では教員の給与のひどい状態を切々と訴え、悲壮な決意で給与の引き上げを要求している。連教祖の初代専任組合長を務めた三原明大氏は当時のことを「教職員は、それまで国庫で負担されていた教員給与が打ち切られたために極端な生活難に陥ってしまった。月給ではヤミ米二升しか買えないといわれる時代になったのである。そのころ、私は政庁の文教部にいて、大島郡教育審議会の主事として基本問題の立案・審議の任に当たっていたが、生活難にあえぐ教職員を前にしてはどんな施策も結局は空論に過ぎなかった」と述べている。

（薗博明）

エ 私の子ども時代

一九四六年三月、私達家族一家六人は、父の郷里の大和村名音へ引き揚げた。姉は名音で生まれていたが、私は名瀬生まれ、名音に住むのは初めてになる。

父の親戚が大勢いて、何をするにも面倒を見て下さり、助けてもらった。先ず住む家を探すと紬の機織り工場が手に入った。家主の家族と向かい合わせで、家主の敷地内で過ごす。そこから父の姉の屋敷の空いている所に、その工場屋を移動して、そこが第二の住家になった。学校の向かい側の屋敷で、従兄二人が教師になっていた。

名音集落には、鰹漁業船「漁得丸」がいて鰹節の製造もやっていた。一九〇五年創業とのこと。一九五六年までの五五年間の長きにわたって運営されたことが、これも百周年記念誌に、国副秋彦氏によって記録されている。お蔭さまで名音で生活した一九四六年四月から、一九五三年三月までの七年間は、鰹を食べて育ったことになる。父が毎日の様に鰹を買って来ていた。一本で、B円の五円で買えていた記憶がある。西古見の朝虎松氏の好意で、名音は漁得丸を購入したという。

一九五二年、三度目の引っ越し。現在の実家の屋敷にまたもや、工場屋を引っ張って来て落ち着いた。引っ越しの度に集落の人達による結わくといわれていた労力奉仕の協力態勢が出来ていた。終戦後の学校の教室も、村人達の奉仕作業で、いち早く中学校の教室まで出来上がり、上級に上がる度に、教室が段々と上等になって、中学三年の時は、新築の教室だった。

名音は昔から、一致協力が隅々まで行き届いていた。このことも百周年記念誌に書かれている。流れは清き名音川、と歌にも歌われている一致協力によって、集落の戦後の復興は、どこよりも先んじて豊かになったのではないか。大工の技術を持っている人達が多くいたのも名音集落だったという。

戦後の一年間はどこの家も貧しかった。それは日本全国、同じだったと思われる。奄美では、ソテツが主食になっていた。澱粉の取り方は、行政がちゃんと指導していたので、毒に当たったとかの話もきいたことはなかった。ソテツは幹と実と両方食べられるので、どこの家も庭一杯に干して保存食にしていた。山には自然の山菜があって、野菜類は不自由はしなかった。味噌は、各家でつくっていた。塩は自分達で炊かなければならず、塩釜を順番を決めて使っていた。この八年間は、日本の法律は適用されず、専売品も自由に作っていた。

先ず薪を準備することから始めて、順番が来たら家族総出で浜の小屋に籠って、海から海水を運ぶ人、薪をくべる人、かき混ぜる人、みんなで力を合わせて、塩を炊き上げる。真白い塩が出来上がったときの嬉しさは、何にも例えるものがないくらいだった。塩は神様に上げる一番の大事なものなので、尊い気持ちになれた。正中も、タバコも自給自足が出来ていた。

名音集落には、福元盆地に集落のお茶園があって、年に一回か二回、総出でお茶摘みがあった。アンピラ袋にぎゅうぎゅう詰めの生の葉を摘んで来て、それも、順番で、茶製造の鍋を借りて、自分達の庭にかまどを作って、お茶の加工をしていた。集落中がお茶の香りで香ばしかった。

一年が過ぎる頃には農作物も出来て、稲は二期作が出来るので、少ない田んぼで、二倍の米を収穫できた。畑にはさつま芋も出来た。

ララ物資の配給で、今まで見たこともないような食べ物、チーズやアスパラガス、ベーコンやアイスクリームの粉缶が、家族の多いところには、一缶まるごと配給になり、粉玉子や粉とうもろこし、コンビーフの缶詰、外米の配給等もあった。一番量が多く豊富に使えたのがメリケン粉だった。

わが家では、母が、さつま芋に黒砂糖を混ぜてあんを作って、義士焼きの販売を始めた。大きくて、あんもすがすがしい味で、美味しかったせいか、よく売れていた。豆腐屋もあった。うどん屋もあった。鰹節があったので、だしづくりの心配はなかった。

父は父でアイディア商品になった平木葺きに必要な釘をつくって売りに出し、名瀬からも、遠く徳之島からも買いに来ていた。材料はワイヤーだった。

戦前から、名音はマンガンを掘って積み出していた。山から港まで、ロープウェーで下ろしていた。そのワイヤーである。ロープウェーの機械操作のための重油タンクが鰹小屋の隣にあったのを、敵機に見つかり、そこに爆弾が落とされた。名音集落は何軒か焼けたが、それも、一年の間に修復された。家の広いところは、母屋を貸すとかしてみんなで分け合い、譲りあった。誰も貧しい家が出ないように、みんなで見守ったから、戦後のどん底の生活からいち早く抜け出せたのではないか。

父はまた、タバコの商売も始めて、これもまた大売れに売れた。機織機くらいの大きさの、きざみたばこをつくる手動式の機械で、サクッ、サクッと、細いきざみたばこが中から出て来て、家中にたばこの香りがしていた。一九四九年頃だった。あちこちから買いに来て作る分は一日で全部売れていた。

父はとにかく万能だった。大工もすれば農業もするし、魚釣りもすれば、字はきれいだし、演説も旨いしと、一日中動きまわり、何かをやっていた。歩きながらも考え事をしていた。一人言を言いながら、次はあっちをこうしなければいけない、どこを直さなければいけないと、頭の中も休むことはなかった。正月になると、家族のために下駄をつくっていた。下駄をつくる道具も全部揃えていた。三味線も、島唄も上手だった。とにかく強者だった。豪傑といわれていた。

一九五〇年四月、私は名音中学校へ入学する。分校と呼ばれていた。この年から、ユニセフの脱脂粉乳をお湯で溶かした飲み物が昼食前に配られた。ひしゃくの半分くらいの量を、金色のブリキの食器に入れて、教室で渡されて美味しく飲んでいた。また、ビタミン栄養剤というのも配られていた。毎日一錠ずつ配られた。マーブルチョコの大きさの粒だった。

校舎は上級に上がるに従って、上等の校舎になっていた。中学一年と二年は、併設になっていて、壁を隔てて隣には一級上の人達がいた。私達の学年は、男五名、女七名、合計一二名のクラスだった。小学六年生までは二八名いた同級生たちが、半分以下に減っていた。他の学年も同じように、中学校に上がる人は少なかった。

先生方は、右隣の今里、志戸勘からと、左隣の戸円の人で占められていた。大勢は名音出身の方だった。

一九五〇年、父が米の配給所を開店、この頃は、米や、大豆、麦等を仕入れ、倉庫は俵が山積みされていた。名音には、正中や正油、油等の量り売りをする小売店が出来ていた。定期船が入港する時間になると、ソーメン箱を運んでお駄賃を稼ぐ子供達が大勢集まって、われ先にソーメン箱を店まで運んでいた。その頃の運び賃は一箱一円だった。

一九五一年には、奄美体育の歌が出来て、この曲も運動会の集団演技に使われていた。運動会は、田舎の学校までは、軍政府の目が届かなかったのか、万国旗には、日の丸の旗も飾ってあった。この年の七月に満一四歳以上を対象に署名運動がなされている。わが家は両親と姉の名前が載っていた。そして一九五二年日本復帰の歌が発表になり、短い期間で全郡に浸透していった。学校では、運動会はもちろん、学芸会でもこの歌に振り付けをして踊り、好評を博した。また中学校には名音出身の音楽の先生がおられて、オルガンもあった。

一九五二年、中学三年に進級。教科書は、一年遅れのままになっていた。校舎は一戸建ての新築の校舎だった。この年が、名音では一番生徒の数が多くピークになっていた。小学校一五〇名、中学校が四〇名いた。一九五二年一一月、中学三年の二学期、それまで一度も見たことのなかった名瀬への修学旅行に名音丸で出発した。それまで裸足で過ごしていたところに全員ズックを買い、制服は自家製の母の羽織を解いて作ったセーラー服を着て名瀬に着いた。その頃名瀬には、築港と入舟町の税関下の二カ所に船着場があって、干潮の時は船が岸壁から低く下がってしまうので、階段がつくられていた。そこから名瀬へ上陸、この頃は、出入り口をつくって通行料を取っていた。確か一円だった。

ひと先ず天理教の施設に宿泊することになり歩いて行った。その頃、天理教は幸町の三方公園の場所にあった。大正寺と道路を隔てて、お互い見える場所にあった。二泊三日の予定だった。

その日は周辺の繁華街を見学。ダルマ市場、中央通り、天文館通り、銀座通り、アザマゴ通りと、映画館の朝日館や中央会館をザーッと見て帰った。夕食から天理教での食事が出た。翌日は、真名津町の農業試験場までバスで行き、農業高校や女子高校を見て、安勝町の軍政府宿舎を中まで入って見せてもらった。そこから、染色指導所を見学して大島政庁、名瀬市役所、カトリック教会から、柳町の旧保健所の所にあった県立病院を見て、郵便局、名瀬警察署は中まで入って見学、最後はうどん浜で朝潮関の興行相撲があり、無料で入場させてもらった。この修学旅行の一番の思い出だった。大島高校、奄美小学校、名瀬小学校は外観だけ見て素通りして、二日目が終わった。

農業試験場を出て、一日中歩き通しで、せっかく買ったズックは、全員手に持って、裸足で歩いたことも、靴まめの思い出とともに記憶に残っている。

警察署の隣には琉球銀行もあった。警察署では、当時、芦花部での殺人事件があり、その現場写真等が貼られていた記憶がある。三日目は、裁判所、刑務所、専売公社が並んで建っていたので、楽にまわれた。昼食の弁当は塩浜で食べた。塩浜には造船所があった。この日の午後、名音から漁得丸が迎えに来て無事、名音に帰った。それから後は受験勉強に勤しんだ。

一九五三年の月末から三月初めにかけて、高校の受験があり、名音中から四人受験、男子は、大島高校と農高の二俣がけ、女子の二人は、女子高校と大島高校を二俣かけて受験、全員大島高校も女子高校も農高も合格した。女子の二人は女子高校へ入学することにした。

入学して何日か経った頃、大島高校が四〇名の定員割れになったとのことで、編入する者はいないか、手を上げなさいと、担任に言われて私のクラスからは一一名程、大島高校へ移って行った。私は、その時も迷いなく女子高校を選んだ。

何十年かが経って、大島高校の同級生にその時の編入は何人くらいいたか聞いてみた。三六人入って来たとのことだった。

話は前後するが、一九五三年三月、私は名音中学校を無事卒業する。一年間見慣れた教室の正面に担任の福原晃先生が額に飾っていた桜の絵と、書の「明日ありと思う心のあだ桜夜半に嵐の吹かぬものかは」の名言を胸に名音校を卒業した。ここでも、名音中学校第一回卒業となっている。

一九五三年四月、私は大島女子高校へ入学、一学期だけ復帰運動をした。夏休みの八月八日のダレス声明で、奄美は日本に復帰することが決まった。それからの何カ月間は、調査団一行の来島や、準備のため、あわただしくなっていった。一二月二五日、晴れて日本復帰、雨の中、名瀬小学校校庭は、子供連れの人達で満員になった。万歳、万歳、ひっきりなしに聞こえる喜びの声はどこまでも響いて、祝賀の飛行機も飛んで来て、それまで孤児扱いされていた奄美が、母国に帰ることが出来た。君が代と、日本復帰の歌四番までと、朝は明けたり四番までを暗記して合唱に参加した。今も日本復帰の歌の歌詞は全部憶えている。私達の学年は、ここでも、女子高校最後の入学生となった。一九五四年四月、女子高校は農高と合併になり、大島実業高校と改名する。腹立たしさを憶えた。三年間校長も次々と替わり、先生方も大幅に異動になり、時代の移り変わりが目に見えた。

◇対馬丸遭難と大和村（忘れられない記憶）

忘れてはならないことが、ここ名音でも起きていた。一九四四年八月二一日に出航した疎開船の対馬丸が翌二二日トカラ列島の近海で魚雷を受けて沈没、名前の判明した人たちだけで一四八四人が遭難、その遺体が大和村、宇検村、実久村にも打ち寄せられた。大和村の場所は、名音と志戸勘の間にある無人浜の長浜とヤバマ。両方とも長くて白い砂浜のきれいな浜で、現在も自然のままで保存されている。打ち寄せられた遺体は集落の青年団たちが埋葬し墓標を立てた。

宇検村には慰霊碑が建立されている。そのことが気になり、せめて書き残しておこうと思い、目を閉じて、その方々のご冥福をお祈りしながら私の記述を終わります。

私の周囲で起きた、事件・事故をこのまま風化させる訳にもいかず、心苦しく思っていたところだった。あの戦争の裏側で数え切れないほどの尊い命が失われていることを胸に刻んでおきたい。

（石神京子）

オ 忘れられない戦時中・軍政下の記憶

一九三八年三月六日生まれの私は、一つ年上の人たちと一緒に、一九四四年四月、大和村立恩勝国民学校に入学した。同級生は四三名、担任は蔵元ハツエ先生だった。算数と国語と音楽の本があった。国語はカタカナで、「アカイ　アカイ　アサヒ　アサヒ」から始まっていて、一冊分の中味は、入学する前に全部暗記した。修身の時間にはかぞえ歌の、一つとやあー一人で早起き身を清めえーと朝起きてから寝るまでの一日の生活が歌われていたので、子どもながらに行儀の面や、生活の面でためになっていた気がする。制服や靴、ランドセルは、くじ引きになっていて、何も当たらなかった人は、泣きながら帰った。

この年、一九四四年は何事もなく平穏無事に過ぎていった。ところが三学期になり、終業式を間近にした二月二四日頃だった。突然、日本軍の大型輸送船がアメリカのB二九戦闘機に追われて、恩勝湾に入港して来た。にわかに役場も恩勝集落も大騒ぎになった。その時、村長がぎっくり腰で動けなくなったため、助役をしていた父（四三歳）が全てを負って諸々のことの対応をする羽目になった。沖泊まりの大型船から八隻のポンポン船で、兵隊達を全員津名久と、恩勝の浜に上陸させ、急拠恩勝の旅館二カ所（平山旅館と入舟旅館）と、大和浜の旅館一カ所（大森旅館）、あとは津名久の民家（中山甚英宅）に収容、負傷者も出ていて、当時乾繭場が恩勝の神社の下に造られていて、上はこんもりと木が茂って、飛行機から見えない場所にあった。学校の教室のようなつくりである。そこが急拠病院がわりになり、川向かいの私の家までうめき声が聞こえていたことを思い出す。敵機の機銃操射の弾に当たった人や、爆弾も落ちて、手や足の千切れた人達もいたときく。その日から恩勝の婦人会の人達は、兵隊達のために炊き出しをする人、負傷兵の看病をする人の二手に分かれて従事した。学校はにわかに兵隊達の訓練場に早変わり、一年生の私達は休校になった。翌日から毎日のように、旅館から学校まで四列に整列して行軍するくつ音が響いた。その情景は今も目に焼きついている。「鉄砲担いだ兵隊さん」の童謡とともに記憶の中にある。学校では鉄砲の打ち方を練習していた。校庭にはせんだんの木が二本あり、そのうちの一本を的に使っていた。高学年の人達は、その光景を見たと言っていた。一方負傷兵の中から七名の戦死者が出て、夜のしじまの中で、津名久のフェイ浜で次々と荼毘に付された。夜は飛行機に見つかる心配がなかった。その後、船から海に落ちた人がいて、津名久の川の橋の下に打ち上げられていたと耳にした。

ポンポン船はというと、飛行機からわからないように、木を被せて疑装していた。けれども、毎日のように船をめがけて飛行機が飛んできて爆弾を落としていた。それでも恩勝港は海のすぐ目の前に山が突き出していたため、低空飛行ができずに爆弾ははずれて当たらなかったという。

輸送船の乗組員たちは三、四日滞在していた。その間、婦人会は毎日炊き出しに追われた。わが家の屋敷が広々としてポンプがあったので、庭で釜戸をつくって、大きな羽釜でご飯を炊いていた。何日か経ってから輸送船は静かに出航して行った。

月の出ない真暗闇の中を、高官（軍曹）の方がわが家に立ち寄り、「髙槻さん、お世話になりました。戸を開けないで下さい。ありがとうございました」とお礼を言って立ち去られた。父は、戸を開けずに、寝床の上でその声を聞いていた。両親の側で四日間の一部始終を見ていたことが、私にとってはいつまでも忘れられない出来事として残っている。

こうして、兵隊達が去ってホッとしたところで、早目の卒業式が三月一日に行われ、無事済んだ翌日、朝ごはんを済ませたばかりのところに飛行機の轟音とともに、ヒュー、ガラガラ、ドーンとすさまじい音がした。耳をふさいで、あわてて布団を出して、家族五人、生まれたばかりの弟を母は抱いて布団の中に潜った。その途端、ドーンと爆発音とともに家が持ち上がり、裏の田んぼから泥土が屋根と壁に飛んできた。どうやら爆弾が落ちたようだった。父は出勤していて、母に守られながら、乾繭場の隣に掘ってあった横穴式防空壕へ避難した。既に集落中の人達が避難していて満杯になっていた。父が来て、みんの無事を確かめ、全員疎開するように言われたので、私達は川づたいに歩いて疎開小屋にたどり着いた。その日から八月一五日まで、疎開小屋での生活になった。

爆弾は学校に落ちていた。校庭には、二カ所に大きな穴ができ、池が二つ出来ていた。集落は一軒も被害はなかった。校舎は全教室、木っ端微塵になっていた。

輸送船の入港、兵隊の上陸、訓練と、アメリカの攻撃の的になるような条件が揃っていたため学校に爆弾が落とされた。しかし、人的被害も集落の被害もなかったことは、不幸中の幸いだった。もし爆撃が一日早まっていたら、卒業式の日にどうなっていたか、爆弾の破片が集落に落ちて来たらどうなっていたか、爆弾がはずれて集落に落ちていたらどうなっていたか、思えばゾッとするような出来事だった。

この一九四五年は、学校がなくなっていたのと、疎開小屋で生活していたこともあって、四月の入学式も始業式もなく、終戦の八月一五日まで、学校には行かずに過ごしている。

終戦の一週間前になってから、それまで被害を受けずに無事に過ごしていた疎開小屋に焼夷弾が降って来て、山も畑も田んぼも燃えて一面火の海になった。それでも、疎開小屋はまばらに建っていたので、一軒が焼けただけだった。だが、それまで無事だった家財道具を全部焼いて、着のみ着のままになった人達もいて、気の毒でならなかった。

わが家にも火の粉が飛んできて、屋根が燃えかかった。そのとき、瞬時に母は梯子を屋根に掛け、子ども用布団を持って屋根に上がり、持ってあがったバケツの水で布団を浸して、火の上にかぶせて消し止めた。

私達姉妹は、近くの川を伝って上流まで行き、大きな岩の穴に隠れていた。そこへ母が私達を探して、川の中を歩いて来た。私達の無事な姿を見てホッとしたのか、腰が抜けたのか、へたへたと川の中に座り込んだ姿が今も目に浮かぶ。弟は隣のおばさんにおんぶして避難させてもらっていた。隣の家まで、母が一人で守っていた。母はこの時三五歳、戦前の国防婦人会の訓練がこの日生かされ、役に立ったことになる。

本土では、六日に広島、九日に長崎と、原爆が落とされ、多くの人命が失われていた。そのことを知るよしもなく終戦を迎えた。新聞もラジオもない生活だった。わが家は、家族全員が無事で、家も家財道具も無事だった。

もう一つの出来事、それは沖縄戦が終結した後、次は奄美にアメリカ軍が上陸してくるという噂があったことである。奄美は玉砕の危機が迫っているという。それを裏付けるように、大和浜と住用の間にある、コーチ（川内）と呼ばれている山に、アメリカのグラマン戦闘機が墜落し、三人の兵士達が亡くなった。その際、飛行機に積まれていた武器は裏側の住用川内村に下ろし、古仁屋の武器庫に運んだことは地元の人達は知っていた。しかし、三人の兵士の遺体はどうしたかについては父も聞いていなかった。父もどの場所に落ちたか、気遣っている間に終戦になり、すぐに軍政府から遺体を引き取りにやって来た。地元の人達が場所を知っていたので、一緒に案内したところ、墜落の場所に十字架を建て丁重に葬られてあった。村人達の心に心底打たれ、感謝の気持ちで一杯で、父はホッと安心するとともに有り難かったと、後々までも話していた。引き取りに来た軍政府の高官が、父に感謝を述べて帰ったとのことである。

家族に恵まれていたことは、私にとって大切な記憶を記録することに繋がり、ここに書く機会に恵まれたことに感謝しながらペンを置きたい。

（石神京子）

2 密航・密貿易・闇市

米軍政府統治下の時代、本土から切り離された奄美群島の住民の生活は困窮を極めた。配給制が敷かれたが、物資は常時不足していた。特に食糧事情は厳しく、一九四九年の「配給食糧の三倍値上げ」政策を受け、もともと現金収入に乏しい島民の半数近くが食糧を買えなくなった。ソテツをつぶしてかゆにしたり、雨の後、畑に生えた草類を食べたりして飢えをしのいだ。確たる産業もなく、大学への進学もままならない――。そんな状態に不満と不安が渦巻くのは必然だった。分断下、島を出る唯一の方法は「密航」、そして生活の糧・必需品を手にする方法は密貿易であった。

ア 軍政下奄美の密航・密貿易の周辺

私が初めて奄美の密航や密貿易について関心を持ったのは、一九九一年ごろだったろうか。親しくしていたTおばぁが、名瀬のアーケード街を並んで歩いていたとき、しきりに私の耳元で「ヤミショウバイ」と囁くのであった。私はその頃、奄美の女性史に興味を持っていた。大島紬の生産を下支えする織り子さんたちから大島紬への思いを聞いてみたい。どんな思いをしながら機と向き合ってきたのか。母から娘へ、娘から孫へと織り子さんたちは長い伝統を受け継いで、島の誇りの糸を紡いできたのだろう。「大島紬・織り子物語」を言葉で織り上げてみたい。そんな思いを抱いていた。仲間と女性誌「さねんばな」を立ち上げ、一九九三年三月創刊。二号特集「女たちの復帰史」(一九九三年一二月刊)を終えたところだった。

「あのね、この通りの商店街の店は、ほとんど闇商売をして儲けた人たちなんだよ」と、Tおばぁは声を潜めて囁いた。まるで悪いことでもしでかしたかのような話しぶりだった。

「あんたも島の歴史を調べるんだったら、ヤミショウバイの話しぃ聞いてみらんば〜」。

ちょうどその頃、ベトナムからの難民が密航者になり、小舟を操って日本に入ってきていた。奄美博物館にも遭難したベトナムの密航船がしばらく展示されていた記憶がある。

密航、密貿易、闇商売という言葉には何とも言えない肌寒さを感じた。歴史の闇で蠢く無数の人影と船影が浮かんだ。私の中で何かが大きく動いた。『さねんばな』三号(一九九五年三月刊)の特集は「大島紬・織り子物語」は後回しにして「密航」でいこうと方向転換したのだった。

[分断された海]

歴史の大枠からは放り出されていた密航、密貿易の話はどこから手をつけていいのか、困惑もあった。私はまず、戦後、奄美の密航・密貿易がどのような扱われ方をしたのか当時の南日本新聞大島版等を閲覧することから始めた。

一九四六年二月二日、日本の領域に関するGHQ宣言により、北緯三〇度以南の島々は、日本本土より分離される。同二月四日、日本本土との航海全面禁止令。同二五日、黒糖の闇商人検挙・金十丸、木浦丸より九名、一三〇〇斤押収。同三月一三日、大島支庁内に「臨時北部南西諸島政庁米国海軍軍政本部」設置。同六月、密貿易取り締まり強化／政府発表・密貿易密入国及び伝染病の外地からの侵入に対する取り締まり強化／鹿児島伊敷の引揚者援護局収容所で、奄美帰還者一四〇〇人余の食糧無償配布のデモ。同七月、日本漁船の闇取り引きの取り締まり。同八月、密航船「宝栄丸」中之島沖で転覆遭難。死者一三人（佐竹（二〇〇三）『軍政下奄美の密航・密貿易』）。闇船八隻摘発（六月下旬から七月末まで）。同一〇月三日、大島支庁を「臨時北部南西諸島政庁」、支庁長を知事と改称。同一〇日、名瀬市雑貨商組合結成（知事、闇物資の売り急ぎを懸念）。同一四日、十島丸と金十丸の各島運航許可。同一七日、砂糖の持ち出し厳禁令。同一一月五日闇船福一丸逃亡・警察官を殺害。一三日砂糖の闇船員捕まる。同一一月三日、日本国憲法公布（翌四七年五月三日より施行）。同一二月一三日、学生の渡航禁止についてラブリー軍政官見解表明。

一九四六年の出来事だけでもいかに敗戦後の政治状況が混乱しているかが伺える。前年の一九四五年八月一五日の終戦宣言。奄美の戦時災害死者、行方不明者は六三二人の記録がある。年度が前後してしまうが前年の動きを追ってみる。

一九四五年九月二一日、米兵約一〇人徳之島に上陸。奄美における降伏文書調印。この時軍政府は奄美を「北部琉球」と提示していたが、当時の日本軍最高司令部であった陸軍の高田利貞少将は、「琉球」の名称で沖縄に統括されることを懸念して、あくまでも奄美は鹿児島県の行政圏にあることを強調して「北部南西諸島」の名称を主張したという。同二五日、徳之島、瀬戸内、加計呂麻島の日本軍武装解除。同三〇日、米兵約六〇人名瀬に進駐、各種調査を始める。同九月～一〇月にかけ、三個の強烈な台風襲来、食糧難に追い打ち。同一一月、米海軍軍政府、トカラ及び奄美群島の調査開始、一二月二八日終了。同一二月、奄美にいた日本兵の引き揚げ終了（拙著『軍政下奄美の密航・密貿易』南方新社刊の巻末資料より転載）。

これらの出来事を列挙しただけでも、当時の奄美がどんな状況に置かれていたか輪郭に触れることができる。敗戦前年一九四四年の一〇月一〇日、南西諸島全域が空襲を受けた（一〇一〇〈じゅうじゅう〉空襲）。沖縄の那覇市はもとより、名瀬の街もほとんど爆撃により焦土化し、家も食糧もなくなっていた。さらに終戦の年には大きな台風が三個襲来している。そんな島に米兵たちがドカドカと大挙して上陸してきたのだ。

当時、名瀬に住んでいたTおばぁは、焼け野原にお母さんと二人で佇んでいた。食べるものはないし空腹を抱えて何をする気にもならない。すると目の前に一羽のカラスがよろよろ飛んできた。ほとんど同時に二人はカラスに飛びついて捕まえた。「だけどね、カラスはまずくて食べれんかったんだよ〜」と、Tおばぁは笑った。焼き鳥にしようと思ったが、不味さが先にたちどうしても口にできなかったそうだ。戦後の奄美の食糧事情も聞き出しておきたいことが山ほどあったが、蘇鉄粥が食べられた人はむしろまだましだった話も聞こえてきた。

［帰島への悲劇］

鹿児島の大隅半島から台湾に至るまでの南西諸島には何個の島々があるのか。調べてみると有人無人合わせて一九八の島々がある。南北に一二〇〇キロメートルの長さである。それらの島々を太古の昔から舟を交通手段として行き交っていたのは想像がつく。大海原の上に越えてはならない国境線を引くなんていったい誰が考えたというのだ。戦争に負けた代償としてそれが現実になったのである。北緯三〇度（口之島）以南の島々は、日本国の領土から切り離され、戦勝国アメリカ軍政府の支配下に置かれることになった。島に暮らす人間にとって、晴天の霹靂であった。理不尽な戦後処理としか言いようがない。が、如何ともしがたかった。

敗戦の憂き目をみながら、故郷を目指して満州や台湾から引き揚げ、鹿児島で足止めを食った奄美出身者も多数いた。伊敷収容所には何千人もの奄美の人たちが帰郷出来ず足止めを食い、食糧を要求する逼迫したデモを行っている。

そんな折に起こったのが、「宝栄丸中之島沿岸遭難事件」だった。一九四六年八月、鹿児島港の岸壁で出船を待つ奄美の人たちは、どうやら密航船が出るらしいとの噂に色めきたった。四〇トン足らずのおんぼろ木造船「宝栄丸」に、定員をはるかにオーバーした約一五〇人の乗船者を乗せて鹿児島を出航、指宿でさらに一五〇人ほどが殺到し、船内は横になることもできないほどぎっしり埋まった。「なに、たった二四時間の辛抱さ!」と、不安を胸に抑え込んで出航した船は、六日目に宝島まできて故障した。男性たちが水の調達や、炊き出しなどのために下船した間に投錨が切れて漂流。女性、子ども、老人たちが乗ったまま中之島まで流れ転覆座礁している。この宝栄丸の遭難事故は(死者一三人と報じられたが)敗戦後の戦後世相を如実に物語った事件であった。もし、渡航禁止令がなく、船が自由に行き来できていたらこの悲惨な事故は起こらなかっただろう。故郷に帰りたい一心で、定員をはるかにオーバーしているとわかりながら、一艘の船になだれ込むようなことはなかった。なんとも痛ましい犠牲の記憶になってしまった。

[教科書調達と密航]

一九四八年六月、教育熱心な奄美の人たちにとって、子どもたちの教科書もない学校は耐え難かった。軍政府「臨時北部南西諸島政庁」の管轄だったがほとんど教育には関知しなかった。当時、名瀬市に連合教職員組合を組織した三原明大さんは、学校も教科書も、ノートも鉛筆もない奄美の教育現場を憂い、港に船が着くたび乗船者の中に教育者を探した。本土では、どうやら六三三制という新しい教育制度ができたらしい、それはどんなものか、いち早く奄美にも導入しないと子どもたちの教育が疎かになると、不安にかられた。三原さんの職場と臨時北部南西諸島政庁は今の大島支庁の中にあって目と鼻の先だった。密航してでも教育をなんとかしなければとの熱い思いにかられたが、自分が動くわけにはいかない。そこで思いを同じくする教師たちに相談すると、深佐源三さんと、森田忠光さんが名乗りをあげた。深佐さんは名瀬中学校の教師。三歳の子どもと八カ月の身重の妻がいた。森田さんは名瀬小学校の教師で、婚約中だった。金十丸がどうやらドック入りするらしいという噂が入り、それは密航の絶好のチャンスになった。

一九四八年六月、神戸にドック入りする金十丸の船長・福江恵彦さんに事情を打ち明け、二人の教師は船員に雇ってもらった。深佐さんはパーサーのアシスタント、森田さんはコックの見習いだった。金十丸は長崎県野母崎で密航者約一〇〇人を下船させ（全員捕まった）、瀬戸内海を抜けて神戸に着く。深佐、森田の二教師はそこから東京へ向かった。そして教科書や教材の調達に奔走する。旅費の足しにするはずの大島紬の反物や、黒糖も思うように売れなかったり、騙されたりして散々な目にあった。ドック入りの査察は厳しかった。せっかく島の人たちが持たせてくれた黒糖は、査察前夜、全て海中に投げこんだ。船長の福江さんはベッドの下に隠しておいた煙草・ラッキーストライクを押収された。二〇本入り二〇〇円で買ったものが一本二〇〇円で売れるはずだったが押収され、二週間の投獄、裁判にかけられ八万円の罰金が言い渡された。ドック入りを終えた金十丸は、帰路にも島の生活に必要な物品が全部押収された。その上台風に見舞われ惨めな思いで五カ月ぶりに帰郷したのであった。奄美の戦後教育の礎となる教科書と教材が守れたことだけが奇跡のような唯一の救いだった。

私は、奄美の密航・密貿易をどう捉えるべきかとても迷った。新聞の見出しを列挙してみると、事件は主に密貿易が大部分を占めていた。見出しをざっと並べてみる。

総数三一隻、昨年六月〜今年一月までの密航船。船三隻を没収。闇船関丸、軍事裁判へ。殺人密航船福一丸ら護送・乗組員は直ちに刑務所に収容。引揚を利用する闇商人、大島署が摘発。闇絶滅について、大正寺住職財部哲心氏の講話。闇取締撤廃を否定、軍政府長官が新聞社にメッセージ、等々。

挙げた見出しをつくづくながめ、この時代の海上でいかに無法がまかり通ったかを伺い知る。「二・二宣言」により、軍政府は北緯三〇度線で鹿児島県と奄美群島を切り離し、航海の自由を禁止したものの、闇夜の七島灘を縦横無尽に走る船に、取り締まりの手を焼いていたのである。船には密航者だけでなく、船倉には黒糖、米軍の横流しの物資も満載されていたはずである。これらの事件の一つひとつを洗い出すことは非常に困難だ。しかも当時のおどろおどろしい暗い事件を追いかける記憶の積み重ねに、どんな意味を求めたらいいのか私の胸は揺れた。暗い事実より、この困難な時代に自らの人生の活路を求めたり、学問をしたいという若い青年たちの命がけの行動にこそ意味があるのではないかという考えに傾いた。

［命がけの進学］

そんな折に手掛かりを与えてくれる一冊の本をいただいた。芝慶輔編著『密航・命がけの進学—アメリカ軍政下の奄美から北緯三〇度線の波濤を越えて』である。戦後、日本の学校制度が変わったのが一九四八年、六三三制となった。小学校が六年、中学校三年、高校三年。奄美は深佐、森田の両先生の密航のおかげで、一年遅れで六三三制を導入することができた。しかし、高校を卒業してもその上の教育機関がない。芝慶輔さんは、まえがきにこう書いている。

敗戦直後の旧制中学卒業生のために教員養成の専攻科が設けられたが、それに飽きたらずさらに上級学校への進学を切望する大勢の若者たちがいた。選抜試験による日本への留学制度が始まるのは一九五〇年から。しかし人数はごく限られていた。そのことが若者の向学心を一層かきたてたといえよう。密航による進学が増えるようになった。そして一九五二年になると進学目的のパスポート発行が緩和され、密航組はほとんど見られなくなった。つまり密航進学が集中したのは一九四九年から五一年までの期間である。

『密航・命がけの進学』に登場する若者たちは二一人。密航で東大復学をした屋宮誠道さんを筆頭に、一九五〇年大島中学校から学制が変わって新制大島高校の第一回卒業生が、大学を目指して密航を企てる。奄美に里帰りするたびお目にかかった右田昭進さん、密航のご苦労に今なお胸苦しさで動悸を覚えるという名瀬にお住まいの奥山恒満さん、東京奄美会会長で当時の背景を教えてくれた田中達三さん、芸術家を目指し密航の失敗を重ねた沖永良部島出身の重村三雄さん、食糧三倍値上げ反対闘争で軍政府に追われ、龍郷の山中に隠れてから本土に脱出した豊田豊巳、橋口護さん、この本の発行と編集を手がけられた芝慶輔さん。芝さんは、高齢になったら奄美で暮らしたいと話されたがそのためのお手伝いが何もできなかったことが心にかかる。

ともかく、二十歳前後の若者たちの命がけの密航は、単なる時代の現象としての位置付けだけで良いのだろうか。私は奄美という風土が抱えてきた根源的な闘いに通底する普遍性を感じる。戦後七四年を迎えた今年、現政権の憲法改正を視野に入れた政治姿勢に、再び戦争の時代がやってくるのではないだろうかという不安にかられる。アメリカの日本の支配の構造は、当時の軍政府の懐柔と排除の構造や、それに従ってしまう島民と抗う島民の相剋。とくに共産主義を排除する奄美大島で行われた露骨な反共政策は、これが自由と民主主義を標榜する国かと、時間の経過した今日でさえ怒りを覚える。

［時代の針をもう少し先に進めてみよう］

一九五〇年には狭き門であった日本への留学が、二年後にはかなり自由になって密航での進学はなくなった。この年は前年に起こった食糧三倍値上げ反対運動とともに、ＬＣ貿易許可、群島議員選挙、群島知事選挙が実施され群島政府が発足。軍政府は民政府と改称された。一二月には、米国は対日講和の七原則を発表。琉球諸島民政長官にマッカーサー元帥、副長官にビートラ少将が就任した。一九五一年元旦、マッカーサーは日本に再軍備を示唆する年頭声明を発表、四月に米大統領がトルーマンになりマッカーサーは解任された。

奄美では二月、対日講和条約の中に琉球諸島をアメリカの信託統治下に置くという案に反対して、一気に復帰運動に火がつくことになる。二月詩人で教育者でもある泉芳朗を議長に推薦して「奄美大島日本復帰協議会」が発足。ここから本格的な復帰運動が展開する。その頃に密航者がいなくなったかというとそうではない。復帰運動と密航・密貿易の動きは違う次元の展開をみせる。

新聞の見出しを拾ってみると、一九五一年一月、昨年度中の密航船取り締まり七〇隻を検挙。同二月口之島にて集団暴行事件。大島と日本の闇商人の争い。同五月、高知県の水夫長雷管密輸で逮捕。同九月、不法取り引き船舶日本で逮捕。銅屑、真鍮、鉛筆押収。同一一月密輸船遭難か、溺死体漂着。

一九五二年二月、トカラ列島日本復帰。国境線は横当島に変わる。同五月、二九度線が描く悲劇、喜界島から集団密航。桜島沖合で六〇人捕まる。（男三一人、女二九人）。子を慕う老いの母、本土に密航し捕まる。一九五三年の密航に関する記事は見当たらず、息をひそめている。

［条約三条撤廃って何だろう］

一九五一年二月、泉芳朗を議長にした「奄美大島日本復帰協議会」は、前年に発表された対日講和条約草案の第三条、「日本は朝鮮、台湾、澎湖島、千島列島、および樺太の一部とその付属する小島嶼に対するすべての権利と権限、その請求権を放棄、北緯二九度以南の琉球諸島、小笠原諸島、その他の南方の島は米国の信託統治下におくというアメリカ合衆国の国際連合に対する提案にも同意しなければならない」と明記されていることに衝撃を受けた。

この草案は「前文および本文七章二七条と、宣言」によって構成されているようだが、草案の全文はどこを探してもみつからない。中村安太郎著『祖国への道』にも、村山家國著『奄美復帰史』にもなかった。条約三条撤廃ってなんだろう。調べているうち「北緯二九度以南の信託統治」こそが復帰運動の骨子になった講和条約第三条なんだと、腑に落ちたのだった。これまで米軍政下にあったとはいえ、曲がりなりにも行政権は奄美にあったものが、信託統治になれば、全てがアメリカの施政権に置かれることになるという。その危機感が復帰運動を加速させたのである。

「奄美群島日本復帰協議会」は、復帰運動の骨子として

①全郡民によるハンスト決行（泉芳朗の呼びかけで何度も行われたハンスト）

②第三条撤廃署名運動（群島民の九九・八％の署名達成）

③本土の連合国出先機関への復帰陳情をスローガンとして掲げた（陳情団の旅券が下りずに、結局密航による陳情が行われた）

一九五一年八月、日本復帰密航陳情団は名瀬高千穂神社の裏山に集合。各集落から選ばれた総勢一一人の請願者たちは三班に分かれ、七島灘の荒波に向かって舟を漕ぎ出した。この経緯については、拙著『軍政下奄美の密航・蜜貿易』

で触れた。関係者から聞き取った私でさえ、まるで虚構をみているようなスリリングなほどの展開であり、祖国への思いに駆られた密航であった。

本稿では密貿易にまで視野を広げる私自身の筆力のゆとりがなかった。戦後占領下の経済活動になくてはならなかった闇商売、密貿易は、奄美経済の実質を支えた担い手であり、島民の当然の行動であったと、私は思っている。

国敗れてアメリカ軍政下に置かれた奄美群島民は、めげることなく果敢に海原へ出て、困難な時代を生き抜いたのである。

（佐竹京子）

イ 語り―密航体験記[10]―

［座礁］

「おーい船が沈むぞ」と夜中一時頃叩き起こされ、目覚めぬまま外を覗くと島影が見える。あれぇ、この船は六日六晩がかりで宮崎県の油津に着ける筈なのにまだ三日、何でなんでと驚き、予期しない騒動にようやく目覚めて確かめると、私が寝入っていた間に、七島灘の時化で飲料水入れの樽（木造りの醤油樽）が三個共倒れて一滴も残ってない。「油津までの後三日、水無しで行けるのか」と、密輸業者が船主たちに迫り、急遽予定外の種子島に着けようとして、浅瀬に船底がかかって浸水し始めたという。

奄美大熊港を出たのは一九四九年八月二五日夜中〇時。夏の夜明けは早く朝五時には水平線まで一望できるのに、まだ名瀬沖の立神が見えるという船足の遅さ、その船、船名はペンキで塗り潰され、戦時中の生き残りのいわゆる焼き玉エンジンの六トン漁船。もともと船に弱い私は丸二昼夜、不安と船酔いで一睡も出来ず、あたかも鼠取り籠に捕らえられた鼠のように、船の半戸をちょっと開けて外の空気をちょっとでも吸わねば堪えられず、苦しさは限界に達していた。

船主や船員は、奄美は元々鹿児島県だから密航船取り締まりが厳しいので、それがより疎い宮崎県域に行くと決め、密

10 本稿は奥山恒満氏の講演原稿をご本人の了解を得て若干縮小したものである。ここでは旧仮名使いは新仮名使いに、句読点のない文章には適宜それを施した。

輸業者も納得していたのであるが、業者は時化の七島灘を好機に船主達が気付かぬ間に故意に水樽を転がした由。さすが海千山千、命がけの密輸業者で、密輸品は遠い油津港であれ、近い鹿児島県域であれ、売り値にそう開きはないので、近い鹿児島の方が商品の回転が速いという思惑からだった。

幸い船は次の大波で浮かんでそのまま砂浜に突っ込み、事前の段取り通りなのか、あるいは偶然なのか、密輸業者はそこにいた別の漁船に荷を積み替えた。「君達は、西之表から鹿児島に渡り三日後の夜二時、第二桟橋に荷物受け取りに来い」といわれ、日本円五〇〇円を渡され放り出された。

降ろされた場所が種子島の何処なのか、定期船が出る西之表がどの方向か、真夜中でさっぱり判らず薄明かりが点る民家を点々と訪ねて教えてもらい、幸いハブがいないことには安心だったが、犬には幾度も吠えられながら八時間も歩いてようやく西之表に辿り着いた。ところが、田舎（奄美）で地面慣れした素足が、内地に行くのだからと急誂えしたアメリカの大き過ぎる軍靴を履いていたため、靴負けして両足とも豆だらけ傷だらけで、替える靴下もなく、とうとう裸足で鹿児島に渡った。

［密輸業者の巧言］

鹿児島は旧制大島中学三年の時に予科練（日本帝国海軍甲種飛行予科練習生）受験で渡ったことはあるが、指定された第二桟橋がわかる筈もなく、尋ね尋ねて漸く指定された日時に行くも、それらしい船影は見えず、密輸船故何かあったのでは?と不吉感に浸りながら、三晩四晩と行くも見つからず、やっと五日目の昼、港近くで私を連れ出したその人と遇えて、「どうしたんですか」と尋ねると、その第二桟橋は、怪しい人影（取り締まりの水上警察や官憲）がうろついていたので船は桜島に着けたという。「それはたいへんでしたね。で私の荷物はですが……」と訊くと、「バッカヤロー、自分達も命がけだったのに君の荷物どころか」と怒鳴られる始末。

表面は蠟塗で二十張の堅固なアメリカの払い下げのダンボールに詰め込んだ私の荷物の中身を開けて、奄美を出るとき彼は「中を自分に見せてくれ、この船は油津に着くというが、何処に着くか判らぬ、君が荷物を担いで警察などに不審尋問されたら方言混じりの君に代わって自分が答えなければならないから」と、もっともらしく親切ごかしに確認していた。もっともらしく装っていたのは最初から略奪目的だったと判ったのは、それから何十日後だったろうか、悔しくて哀しくてたまらなかった。でも、しかし、命が助かっただけでもと観念したのは何カ月何年後だったか。

古仁屋方面から大和村城、龍郷湾界隈と密航船を探した揚げ句、結局悪質な密輸業者の巧言に引っ掛かったのが運の尽きだった。

運賃は定かではないが、B円（米軍票）で二〇円札一五枚だったと思う。自分の持ち金は出発前に闇交換（B円一対日本円三）した日本円三〇〇〇円。それに米軍払い下げの衣料B円で一〇〇円分がそのまま略奪される。業者たちの密輸商品は主に黒糖とザラメだった。

［死に損ね］

奄美を出て約十五日、金目の荷物は奪われて、ヤミ交換で持って来た小遣い銭も底を突き、着のみ着のまま食うや食わずで汚れた身体を拭く術もなく「もうこれまでか……」と、衝撃的に鹿児島西駅（今の中央駅）を彷徨い、夜陰に乗じて人影もまばらな武町踏切（今は陸橋）に飛び込むも、私の寸前停車、そのまま戻りやがった。「何でこのヤロー」と思いきやそれは機関車だけのレール入れ替えで、飛び込んだ私を見ての停車じゃなかった。だってそれまで汽車を見たこともなく、ましてや路線入れ替えなんてわかる筈もない田舎っぺの悪運（今じゃ幸運？）だったのだ。

死に損なった直後、「君の行為は何だ。男じゃないか、一〇日二〇日、食わず飲まずが何だ。金なしが何だ。密航を反対しながら協力してくれた親に対してはどうなんだ」と、国のため命がけで戦ってニューギニアで戦死した小学四年生の恩師でもある実兄の幻影などが現れ叱咤し、「向学一心に燃え命がけで密航した初心はどうした……」神のお告げのような暗示に涙が止まらなかった。

その頃全国の駅という駅や港などは、家も職もなく親家族の行方も分からない多くの復員軍人や浮浪者で溢れていたが、それに紛れ込んで何とか生きていたある日、「恒満が密航で渡り金目の荷物は奪われ、金も行く先もなく西駅周辺でうろついている」という噂を聞いて、川内市のガラス工場で働いていた小学校同窓の河村牛照君が、私を探し出してくれた。

その後、彼は戦時中に佐世保早岐の軍需工場で女子挺身隊として働いていた姉を探しに、私を連れて行ってくれた。だが姉の家のあった佐賀県久保田村大立野の一帯は二日前の床上浸水の大水害の後片付けの最中でお茶だに貰えず、その一週間前、姉夫婦が引っ越して行ったという杵島郡大町町まで、駅三つを線路伝いに約三〇キロ歩いてようやく探し当て、河村君は姉と遇えた瞬間、疲れと感動で倒れ込んでしまった。その姉達が経営している杵島炭鉱経営の広場（大衆市場）で一カ月余手伝って小遣い銭を貯め、叔父を訪ねて小倉（現北九州市）に行った。約一カ月余、小さな畑を耕作したり、書くのも恥ずかしい近辺家庭の肥（糞尿）汲み取りなどの小遣い稼ぎ。雨の日は共働きの叔父の留守番をしながら国籍取得の情報や手法を考え続けていた。親や友人など奄美の海山を恋しがりながら、時々訪ねてくる近所の叔父叔母の友人知人に競輪選手にならぬか、競馬騎手はどうかなどと持ちかけられたりするうちに、不用心にもつい出たであろう密航話が漏れたのか。

ある日、川崎さん、川崎さん（叔父の姓）との声に、「はい」と出たら、「ここに奥山さんという人がいますか」と訊ねられ、それが刑事とも知らず「はい私ですが」と答えると、「君か密航者は」と、手錠をはめられ連行され小倉警察署のぶたごや（留置所）に。そこで四八時間取り調べられた後、拘置所の未決囚房に期限いっぱいの一〇日間ぶち込まれ、ズボンのバンド、猿股の紐まで脱がされ、番号九を与えられ、その一〇日間は絶対に名前は呼ばれることはなかった。

［署長の温情］

約四〇名の同房者に本籍、現住所、氏名、年齢、罪名、前科の有無を告げて挨拶し、さらに三年も入ってるという四〇歳前後の男にも特別に頭を下げ挨拶をした。未決囚房では、次の入房者が入るまでの期間、便所が一番辛く、柵はあるが皆に見られたまま用をたさねばならない。朝七時起床、消燈九時で一日二食の食事は麦めしのおにぎり一個、前科者の経験者はそのにぎりを一回何個食べられるか賭け合い、一〇個一〇人分食べたら次の日から一個ずつ返していく仕組み。昼間は安座のしっ放し。

涙が涸れる、という言葉があるが、未決囚房に入れられて二〜三日は泣き続き、本当に涙が出ないまま泣いていると、「誰だっ、泣きやがるのは、貴様、たかが密航、懲役になったとしても、一〇年か二〇年だろう、俺等、強盗殺人、強姦殺人、殺人放火で、よくて無期、悪くいけば死刑だぞ」と怒鳴る奴、逆に、「泣け泣け、中学を卒業したばかりの若者が、たとえ違法な密航であれ向学の一心での行動だ、奄美の分離、米軍占領も戦争に負けてさえいなけりゃ自由に渡れる同じ日本」と慰める人もいた。性悪者、性善者は何処にもいるもの、その中には世界的な新薬ペニシリン密売で捕まった医者がいるかと思うと、教材の地球儀を買うために生徒から金を集めたものの、それを買うのが延び延びになっているうちに、親達から詐欺だと訴えられて入った教師など、気の毒な人もいた。

入房七日八日と過ぎ、いよいよ釈放か起訴かの期限の一〇日目、夜一二時が過ぎた頃、さっきの医者や教師に、「奥山、とうとうお呼びがなかったね、君も一年か二年、刑を覚悟しなければならないようだね。まあ元気でさえいれば何とかなるよ」と慰められ、諦めかけた夜半一時過ぎ、「九号、九号、九号、携帯品を持って出て来い」との声。その瞬間、誰彼となく、「奥山、君釈放だよ」と声をかけられて胸が詰まりながらたった一言、「皆様の一日も早い釈放を待っています」と挨拶するのが精一杯でした。

いよいよ拘置所を出ようとした時、出口の守衛室にいた拘置所長に呼び止められ、「奥山、お前運の悪さ良さ両方持った男だな、最初お前を取り調べた刑事は、刑事になって最初の犯人が君だったんだ、君はそこで、大胆にも『密輸なんかではなく、奄美には大学がないので大学に行きたいその一心で体一つの密航だったのに、それが罪なら二年でも三年でもぶち込んでくれ』って、突っかかっているね、刑事は君をそう印象悪く書いてある。ところが、小倉警察署長は逆に、君の奄美は元々日本だ、戦争に負けたばっかりにそんなこと（行政分離）になっていると、情状を考えていた。見た目、君は元気そうだから、警察沙汰の恨み辛み苦しみを忘れて頑張っていれば、遠からず奄美も日本に復帰するだろう。逆に密航船で奄美に帰ろうなんてすると今度は命が危ないよ」と。

人柄の違いもあろうが、ただ刑事職一辺倒の二四～五歳の若者刑事と、社会経験を積み重ね、敗戦後の日本の世情や、沖縄ともども米軍に占領されている奄美の現状に配慮できる五〇歳前後の署長、この違いを知っている所長の優しすぎる言葉に胸を詰まらせた。それに涙しながら外に出た途端、「恒満……」と予期してなかった叔父が涙声で私に抱きついて迎えてくれた。署長、所長、叔父の三者、もうこの世にはいらっしゃらないだろうが六〇年前に遡って合掌するばかりである。

［ヤミ米屋稼業］

雪のちらつく深夜二時、独り大町駅のホームでヤミ米二袋（約五〇キロ）を置いて待っていると、ここでヤミ米屋奥山が乗るはずと確信した顔なじみの山下公安官が、列車が停まった三〇秒の間に私の米を差し押さえて発車合図の駅員に保管を依頼して列車に乗りこんだ。私は「またあいつ（鉄道保安官）が乗ってくるな」と感づいて、反対側のデッキから飛び降りた。私が乗車していると見た彼は佐世保駅までの時間四〇分、車両ごとに、各トイレまで何回となく私を探したらしいが見つかるはずもない。

私はその朝一番列車七時発に乗ろうと駅に行くと、丁寧にも私の例のヤミ米二袋を駅舎入口内側に直してある。駅員に感謝しつつその米を取り出そうとすると、「それは一度押収した物だから持ち出すのは窃盗だ、しかも住居侵入罪だ」と止められた。そして鉄道公安官の指示通り、駅員は大町警察署に電話したが、今一人しかいないので八時半の交代要員が来るまで出られないとのこと。そこで受話器を私がとって代わると、「何、犯人から電話が来るのは初めてだ、今行くからそのまま待っておれ」と怒鳴った。

二時間後に駆け付けた彼に、私は腹をくくり、例の密航から小倉警察の件までの一切を話した。鉄道公安官が奄美の行政分離とか米軍占領下で自由に往来が出来ないか解るはずもないと思いきや、ホロリとして、「差し押さえた私の米の半分ぐらいは持ち帰っていい。君のヤミ米屋としての前科も取り消させるから」という。その人情味溢れる計らいに「まさか、本当ですか」と心打たれ、小遣い銭も少し溜まったことだし、それっ切りヤミ米屋から足を洗い、以後は戸籍取得に精出すことにした。

［戸籍取得］

約一年余、いろいろの噂や情報を追って佐世保、福岡、下関……と東奔西走するも、お金を使うばかりで一向にうまくいかない。結局、最後は大阪で荷馬車引き（当時駅や港周辺にはトラック等はなく貨物運搬はほとんど荷馬車時代）をしている従弟叔父を訪ね手伝うことにした。それは製氷所から一個約五〇キロの氷柱を何本も積み運ぶ仕事。大阪弁で叔父は「恒ヤン、行き先の道は馬が知ってるさかい、お前は手綱を引いてさえいればいい」といって、自分は馬車の上で仮眠。合間は大淀川堤防で馬の餌の草刈りを続けた。二カ月後、叔父に連れられて尼ヶ崎で鉄工所を経営しておられた同郷の浜口宮信さんを訪ね、その伝で同市市会議員のお力でようやくヤミ戸籍を作ることに成功した。その時の感動感激は、譬えようもない。

早速、その年の四月、福岡県公認の九州貿易専門学校を一気に高等部を飛びこえて合格した。福岡に修学旅行で来る各地の中・高校生の観光案内などのアルバイトで苦学しながらトップで卒業。そのとき近畿地方のある私立大学から誘われたり、西鉄からスカウトされたりしたが、背広一つ持たない貧乏学生であったので断らざるを得なかった。そして、可愛がってくれた姉夫婦が奄美の情報がより得られるのではと考えて、鹿児島市で開いた酒、タバコ、塩、米等の専売品店を手伝った。

［奄美の金ハブ］

奄美の祖国復帰の翌年、親から話があるから一時帰って来いと呼び寄せられた。しばらくいて直ぐ内地に戻るつもりであったが、県直営の河川改修工事に従事、日当二一〇円也で、しかも労働者二〇〇人の代表として頑張った。そのうち親も落ち着いたので、内地に行くことを考え出したころ、突然、名瀬市議会議員選挙出馬の話が持ち上がった。生まれ育った旧三方村が名瀬市と合併して初の選挙だった。慌てて「とんでもない、私はもう直ぐ内地に上るんだ、ここには籍もない」と断ったところ、「密航で内地に上ったのだから地元に籍が残っている筈」と市役所で調べて来て、「あった、あった、住所がそのままあるぞ」と大騒ぎになって、もはや逃げられず立候補させられ当選してしまった。ところが二重国籍者、と問題になりかけたが、内地に在る籍はヤミで作ったものだということで、当選に違法性なしとなった。以来、名瀬市議会議員連続五期二〇年、鹿児島県議会議員連続五期二〇年で引退するまで、奄美のニーズを掘り起こし、ある時はテーブルを叩いて強く迫り、またある時は悲壮感極まりない奄美民謡を歌ったりしながらの質問で、知事を感動させたりして、要望のほとんどを実現させてきた。そうした数々の実績から、私は「奄美の金ハブ」という異名を頂戴し、県政界に勇名を馳せたてきたと自負している。

奄美の金ハブこと、奥山県議は歴代の知事、県出身国会議員などと臆せず対応できるということが通説になっていた。たとえば、元通産大臣など数々の大臣をされた国会国政の実力者、今は亡き山中貞則先生への陳情には「恐れず怯まず臆せずの奥山県議を伴れて行け」といわれていた。何事何者にも怖気ない私の姿勢・生き方は、あの死線をくぐり抜けた密航体験の賜物に他ならないと思う。

（奥山恒満）

3 沖縄に渡った奄美の人々

太平洋戦争の敗戦とともに、島外から多くの人々が奄美に帰島し、奄美群島の人口は一九四九年末には約二二万九〇〇〇人と膨れあがった。しかし、それ以降は減少に転じていき、五〇年には約二二万三〇〇〇人となる。たとえば、五二年一月の人口は約二一万四〇〇〇人であったが、一一月には約二〇万五〇〇〇人とおよそ一万人が流出している。ちなみに、名瀬市からの転出者は四九年に約一五〇〇人、五〇年には約三九〇〇人、五一年には約三五〇〇人となっており、その内の四二％が沖縄への転出で累年増加をたどったという。[11] なぜこのような現象が起きたのか？　要するに島では食えなかったからであると言っていい。

11 『奄美群島要覧』（一九五一年版）、『奄美群島の概況』（一九八一年版）、『奄美群島復興・振興の成果』、『市政要覧』（名瀬市、一九五二年版）など参照。

既述したように、奄美では現金収入の道もなく、米軍の放出物資に頼って生活する状態が続いた。この窮状に追い打ちをかけたのが、米軍放出物資の三倍値上げの決定である。これは、基地経済によって生活水準が上昇した沖縄本島を基準にしたもので、奄美の実情は、まったく考慮されていない。この決定によって奄美の人々は文字通り「食えなくなった」のである。食い詰めた奄美の民衆は、仕事を求めて沖縄に渡った。

一九四六年一月二九日、マッカーサー元帥の覚書により北緯三〇度線を境に渡航が原則全面禁止となった。私用による商用渡航が認められるのが一九五一年三月であったが、当然島の経済は機能しなくなった。「農村経済は四九年来行詰りを来たし（中略）五二年初めには半失業、失業状態と精神的失意に追い込まれて仕事と食を求めて日本本土へ沖縄へ流出している」[12]

食糧においては、当時、配給が行われていたが、毎月数トンもの配給残量を出していた。「これは食糧が充足していることによるのではなく購買力の欠乏と価格の一般市価との不均衡によるものである（『名瀬市市勢要覧』一九五二・六四）との指摘もある。総体的に言えば、奄美における軍政は失敗であった。

一九四九年の一〇月末にバーロー新軍政官が着任し、これまで許可制であった奄美と沖縄との間の渡航制限が撤廃された自由になった。その背景にあったのは、四八年の九月から翌年の一〇月にかけて、朝鮮民主主義人民共和国さらに中華人民共和国と、相次いで共産主義国が大陸に誕生したことであった。それを受けて五〇年の二月に、ＧＨＱは「沖縄に恒久的な基地建設を始める」と発表したのである。六月には朝鮮戦争が勃発したのを受けて、米国による沖縄の基地建設が急速に進められていった。「基地建設に協力するために本土から大手の土建業者が続々と沖縄へ乗りこみ、沖縄で土地を奪われた農民や労働者、奄美から職を求めて沖縄にやってきた労働者など約三万人の労働者たちが、この『軍工事』に吸収されていった。五二年段階で軍関係労働者は本土の土建業者に同行した本土出身労働者を除いて、約六万八

12　奄美大島日本復帰協議会編『奄美群島と名瀬市の人口趨勢』。

○○○人に達した」（沖縄人民党史編集刊行委員会編一九八五：一一七）という。これらの労働者は、一九四七年一〇月に出された軍布告第二四号「雇用と労務」によって労働基本権を奪われ、奴隷的な労働を強いられていた。

一九五二年の九月、沖縄では「奄美郷友会」が設立されたが、その設立趣意書には沖縄に渡った奄美の人々の当時の状況が赤裸々に綴られている。まず、沖縄に渡った背景は、「金詰まりによる商売の不況」「苦しい農村生活の立て直し」「失業」等など、奄美の経済破綻であった。しかし、「沖縄に希望に燃えてやってきた」にもかかわらず、彼らを「失望と困窮とに追い込んでしまう」と。「その頃沖縄には、仕事のない奄美からの出稼ぎ者が大勢来ていました。彼らの中には精力の吐け口がないためか、喧嘩をする者が多く殺人傷害事件等を起こしていました。沖縄の新聞はその都度『又も大島生まれの男が……』等の大見出しで報道しており、殊更に『大島生まれの男』ということを強調していました」と検事の平和人氏が回想している（平和人一九八三：二六八）。このように「犯罪といえば大島人」「パンパンといえば大島人」といった偏見に満ちた眼差しが投げつけられる状況があった。また、就職や入籍、転入学などの手続きでは「法外な不正な手数料がくっついている」という現実もあった。「そのために大島出身者の多くは無籍者で配給も受けられなかったのである。しかし、「政府は何ひとつとして対策をたて得ない」」。「そこで私達身をもって苦しい生活を続けている在沖縄の労働者、中小商工業者、市民、学生などの多くの人々が固い団結をもって、これらの問題を自らの手で打開し、美しい明るい郷土人の交わりを深め、後ろ指をさされないように沖縄の社会の中心になって動くことができるようにしたい」、との趣旨で会を結成したというのである（『新青年』一九五二年一二月号）[13]。

この時期に奄美から沖縄に渡った人々のなかで、ぜひふれておきたい人物がいる。林義巳である。一九五二年の六月に沖縄では日本道路社のストライキが発生した。この日本道路社では数多くの奄美人が働いていたが、その労働環境は最劣悪なものであったという。たとえば、日本本土からの出稼ぎ者の賃金が最高四五円、最低二五円、沖縄の労務者は最

13 なお、沖縄における奄美出身者については、中村喬次著「異土の同胞」（『南海日日新聞』一九八四年六月～八五年四月の連載記事が詳しい）。

高二五円、最低九円五〇銭（いずれもB円）、奄美からの労働者は、沖縄現地の労働者よりさらにひどい悪条件が重なったという（日本共産党奄美地区委員会編一九八四：一七三―四）。このストライキを指導したのが林義巳である。林義巳は一九二九年に奄美大島の笠利村（現奄美市笠利町）和野に生まれた。満鉄で働いていたが敗戦とともに名瀬に引き揚げ、一九四八年に臨時北部南西諸島政庁の財務部に就職した。一九五〇年の五月に奄美共産党に入党し、八月には奄美大島社会民主党の中央委員に選出された。その社会民主党が沖縄人民党と合流し琉球人民党大島地方委員会となると、一九五二年三月、林は琉球人民党中央常任委員として奄美から沖縄へ派遣され、労働者の組織化に取り組んだのである（森二〇〇三：三二一―三二六）。

　日本道路社のストライキは立法院の支援もあり勝利した。この勝利を受けて沖縄における労働者の連帯行動は急速にひろがり、労働保護法の制定を求める運動が高まるなか、一一月に労働基準法は成立しなかったものの、労働組合法と労働関係調整法は立法院で可決されたのである（日本共産党奄美地区委員会編一九八四：一七一）。

　このほか、奄美から沖縄へ渡った人たちの中で忘れてはならないことの中に、いわゆる「糸満売り」や「パンパン」と称された人々、あるいは「熱風座」を初めとする演劇人たちがいる。「糸満売り」とは、貧しさから沖縄に身売りされていった少年・少女たちのことである。たとえば、一四歳で契約金三〇〇〇B円、八年契約。あるいは一五歳で一五〇〇B円、五年契約。あるいは一二歳で契約金一五〇〇B円、一〇年契約という具合である。追い込み漁が中心で、朝は五時に出漁し、夕方五時頃まで働いたという（福地一九八六：二一〇）。また、奄美から沖縄に渡った女性たちの中には、いわゆるパンパンと称された女性たちが少なからずいた。間弘志は「ルリカケス」第一五号（一九八五年刊）のなかで、「小説の中のパンパン」と題してその女性たちについてとりあげている。熱風座を初めとする多くの演劇人も沖縄に渡り、公演を行ったりしているが、それは別稿にゆずりたい。

　さて、このように多くの人々が沖縄へと流出していったことによって、奄美の社会にはどのような影響があったのだろうか？　沖縄で困難な環境の中にありながらも必死に働いて奄美に送金をした人々が少なからず存在し、それが島に残された人々の家計を支えたことは事実である。[14] 一方、五二年版の「名瀬市市勢要覧」は、名瀬市の人口構成について「生産年齢である二〇歳から三〇歳代の男子が少ない。これはこれ等の労働力の沖縄転出によるものである」と指摘している。たとえば、喜界島の漁業は、この時期の若者たちの流出により次第に衰退していったという（『喜界町誌』二〇〇〇：五三三）。こうした若年労働者の流出が奄美社会の社会的・経済的衰退を進行させていったことは否めない事実であろう。現在においても、農村部からの人口流出は全国的課題であるが、奄美からのそれも敗戦以降いまだに続いている現象であるにもかかわらず、解決の糸口がつかめないでいる問題である。

沖縄とともに米軍統治の下におかれた奄美群島は、沖縄より一足早く日本復帰を遂げたが、それに伴い、奄美の人たちは公職から追放され、参政権を失い、国費留学生への官費支給の停止の憂き目にあうこととなった。加えて、外国人扱いとなった奄美出身琉球大学生一二四名の大半が本土大学への転学を希望し、ほとんどが沖縄から離れた。奄美の国費留学生七三名は琉球育英会からの学費援助を打ち切られたが、鹿児島県が同額支援を決定し窮地を乗り切ることとなった。沖縄に残り、在留許可証明書の交付を受けた者は一万四八九四人で、沖縄永住が認められたのは一九六〇年であった。納税義務だけ負わされ、参政権を回復したのは一九六八年七月一五日であった（津留二〇〇〇）。（森紘道）

14　「うるま新報」一九五〇年一二月一一日号には「沖縄—大島送金毎月百万円」との記事がある。また、沖縄からの送金額が五二年の一月に一〇四万B円、二月に一三六万B円（名瀬郵便局窓口）あった（間弘志著（二〇〇三）『全記録—分離期・軍政下時代の奄美復帰運動、文化運動』南方新社、一四五）。

二、教育・教科書問題

1 高校生の進路問題

ア 閉ざされた進学の道

米軍政下の奄美の高校生が大学へ進学する道は、一九五〇年五月三〇日に米国軍政府立として設立された琉球大学への進路だけだった。日本本土への進学は外国留学を目的としてパスポートの許可書を得ることが必須で、そのため日本本土へ行く場合は兄弟・親戚等の身元引き受け保証人が必要であった。なかには、密航して命がけの進学をした先人もいた。だがしかし、ほとんどの学生は進学の夢を完全に閉ざされていた。豊かな才能と活力に恵まれながら、彼らにはそれを活かす道が与えられていなかったのである。

イ 琉球大学大島分校設立

私どもの高校卒業は一九五七年三月だった。人生のめぐり合わせということになるのであるが、幸いにも、「一九五七年四月から琉球大学大島分校（教育学部二年課程）が設立」のニュースが琉球民政府ミード長官談話として同年三月一二日奄美タイムスで発表された。

奄美の唯一の教員養成所であった大島高校附属専攻科が一九五〇年に琉球大学の創設と同時に廃止になった。奄美の教職員としての人材養成のため、奄美大島群島政府文教部長の西山清良氏が奄美教育行政の総責任者として「奄美に大学を！」という群民運動の先頭に立っていた。奄美大島連合教職員組合（三原明大組合長）を中心としてあらゆる民主団体も協力して米軍政府、沖縄民政府に対する陳情行動を展開した。「短期学芸大学」設置の要望も連教組から出されたが、最終的に「琉球大学大島分校」の設置が認可された。

ウ　短期学芸大学設置の要望

日本復帰六五周年記念を迎えた昨年（二〇一八年）も「奄美に国際大学を！」と群島民の声が官民あげて議論されていることから歴史を教訓にするために明記しておきたい。

「大島連教組が短期学芸大学設立を中央政府に要望」（連教組要望書、一九五二年二月一二日南海日日新聞）

全琉球の教育機構の改革に伴い大島教育界も統一機構へ新方向をたどっているが、民政府及び中央政府筋への要望書として八大項目を重要課題として提出する。

①奄美大島連合教育委員会の設置について
②教育平衡交付金補助金について
③学童教科書購入費補助について
④教育養成機関の設置について
⑤奄美大島に二カ年制の短期学芸大学を設置していただきたい。
⑥琉球大学内の教育科を増強し高等学校教員養成に対する措置を強化していただきたい。
⑦高等学校の中央政府移籍について
⑧教育職員の既得認定について
⑨教職員の俸給支給について
⑩その他新法規上の諸問題について

特別に新大学用の敷地、校舎をすべて新設することはむつかしいので大島女子高校の五教室を借用して発足させることに決定した。

エ　高等教育機関設立運動

「奄美に大学を！」の群民運動が米軍政下で展開されて、奄美の歴史で始めて最高学府である大学が設立されたことは、後世の記録に残すべきことであると考える。当時の新聞を中心に調べてみると、設立運動の中心的役割を果たしてくれた方々は次の通りであった。

・奄美大島群島政府文教部長西山清良氏
・奄美大島連合教職員組合・組合長三原明大氏
・軍政府情教教育部中央局長重村国義氏
・琉球石油KK支店長松葉秀雄氏
・「自由社」社長泉芳朗氏
・奄美群島議会議員肥後吉次氏
・貿易庁支部長原口純治氏
・奄美大島連教組事務局長嶺倉進氏
・名瀬港湾社長叶義盛氏
・食糧局出張所長鬼塚真臣氏
・琉球民政府文教局長奥田愛正氏

奄美に関する各界の代表的な方々の意見を地元「南海日日新聞」「奄美タイムス」の両紙を通じて広く群民に明らかにした。両紙は社説も掲げた。南海日日新聞社社説「大学の問題」、奄美タイムス社説「学芸大学設立問題」である。陳情・交渉・結果、内容をすべて公開して英知を結集した「オール奄美」の復帰運動の教訓を生かした成果であったと高く評価できる。教育の日本復帰を第一に置き、その人材養成となった「琉大教育学部」二年課程の合格者七六人の入学式が一九五二年五月五日に挙行され、歴史に記されることとなった。

（大津幸夫）

2 劣悪な教育環境と教科書問題

ア 掘立小屋とバラック教室での授業

戦災による焼失、あるいは破損で群島内各地区学校施設は壊滅状態であった。終戦になって衣食住の確保は急務であることは論を要しないことである。日本本土では、占領政治下にあっても民主主義政治のもとで着々と復興が進展したのであるが、奄美では、本土との行政分離という予想だにしない不幸な歴史の時代を迎えることになった。一九四六年終戦の翌年、いわゆる「二・二宣言」なるものをもって北緯三〇度以南の島々は日本本土から切り離し、米軍軍政下に置くとのGHQ（連合国軍最高司令部）からの政令が発せられたのである。行政分離後は米軍政府が行政上の実権を持ち、政治経済の中心は沖縄に変わってしまった。衣食住はじめ日用品も本土からの移入は出来ず、闇商人と軍政府の敗戦国への支援物資に頼るしかなかった。かかる社会情勢の中、一九四八年四月一日から六三三制の学制実施に踏み切ったのである。このことは、奄美群島民の伝統的な教育重視と子どもの教育は本土並みにという思いを反映してのことである。

終戦の月の翌月、夏休みが終わる九月、小学校・中学校（旧制）は始業式を迎えた。母校であり、教職初任校となる笠利小学校はほとんど廃校状態で、補修しても半分ほどしか校舎として使用出来ない状態であった。校庭は戦時中に耕作地として代用したので、でこぼこで、地均しが必要であった。学校の始業に対し、父兄をはじめ校区民の奉仕活動は、焼け残った校舎の修繕と不足している教室の確保であった。建造出来る教室は掘立小屋しかない。集落ごとに分担が決まり、雨露だけは防げる掘立小屋教室を自力で建造したのである。

小学校に必要な教室を払い下げ兵舎等を設置した教室で間に合わせたりもした。やがて新制中学校が開校する段になると、再度PTAや校区民は自力で掘立小屋を造成したり、払い下げ兵舎の引き取り運搬・移設したりと労力奉仕をせざるを得なくなった。

一九五一年に私は笠利小に助教諭として就職し、学校現場に身を置くことになった。どういう巡り合わせか初任校では四年生担任で掘立小屋、二校目では宇宿小学校の三年生担任で、バラックの兵舎教室で授業することになった。掘立小屋の教室は屋根も壁も茅でできており黒板を架ける面だけ全壁、残る三面は半分の高さに造られていた。黒板正面の壁も半窓風だが、出入り口が設けられていた。床はなく土間で、風で雨が吹き込むと、土間が泥になるので、児童等は素足を机の脚に置いて学習することもあった。

バラック教室は、床板は張られているが破れ部分が多く、児童が怪我しないようにする修繕は担任の大きな負担の一つであった。また雨漏りと隣室の騒音も学習の障害であった。両教室に共通している点は、照明などなく室内の照度が極めて低いことと、窓がなく窓枠があってもガラス一枚嵌っている窓がないので、裸足で寒風に耐えながら学習する児童の姿は哀れであった。家庭へ帰っても家事手伝いがあるし、部屋は狭く暗いし、とても宅習など出来る状況にないことが家庭訪問をして分かった。学校の週努力目標に、「下校時間を守りましょう」との項目が度々あげられたが、子どもたちにとっては、家事手伝いを避けて学校に居残って友達と一緒に過ごすのが最大の楽しみとなっていたので、子どもたちに学校の努力目標を順守させることに心が痛み、迷いも感じた。

イ　教科書問題

義務教育段階で教科書は中心教材であり、戦後は国家主義の教育から民主主義の教育になり、学制も教育内容も大きく変化したが、奄美では教科書がないため授業は極めて困難であった。戦後本土では、教育基本法はじめ教育法規法令がいち早く制定され、学習内容の基準を規定した学習指導要領に準拠した教科書の出版も始まっていた。一九四七年、本土で教育関係法規が施行され、新学制の教育の方向が示された。この情報を得た奄美では、文教局はじめ教育会（後の教職員組合）が、本土の教育資材をどうにか入手出来ないか、その対策手段を内密に議論し模索した。最初の本土の教科書入手の機会がやって来た。笠利町出身の杉山親孝氏が、その労をとってくれるとの話で教科書問題に曙光がさし始めた（名瀬市教育委員会一九九三：一三七）。私どもは桃太郎の宝物を得た思いだった。まだ後に一二万冊移入せねばならず、軍政官に交渉しても許さるべきはずもなく、当時知事だった中江実孝氏、副知事だった笠井純一氏が、副官に事情を訴え、折衝の結果、黙認させることに成功した。こうして窮状を救ってくれた杉山氏の功績は忘れ得ないものがある。以上奄美博物館の初代館長大重栄寛氏の話を紹介したが、このことに軍政府の許可はなく、密航による教科書の入手であるので当時公表はされなかった。

黒ぬり教科書で始まり、教師のガリ版刷り教科書と続いた教科書問題であるが、密移入で一応の解決に近づいたが、法規法令や教師の指導資料、PTA関係資料などが入手出来ていない。そこで、教職員一〜二名本土へ派遣してはどうかという声もあがって来た。そういう折、名瀬市の市教育総会が名瀬小学校で開催された時、本土派遣の希望者を協議したところ、奄美小学校の森田忠光教諭と、名瀬中学校の深佐源三教諭二名が本土へ密航することが決まった。密航は厳罰、発見されたら計画に関係した者も罰は免れない。密航は文教局と教育会合同で隠密のうちに進められた。一九四八年六月二三日、神戸にドック入りする金十丸に、コック見習いとして乗船、本土に向かった。本土に無事上陸、本土では郷土出身の有志の案内援助で、目的の教育資材を入手し、四カ月後の一〇月一日に帰島した。持ち帰ったのは、教科書各学年二〇部ずつと教育図書、教育委員会報、指導要領、六三三制の実施要項、PTA関係資料、謄写版やガリ版などであった。これ等の資料によって、本土の教育情況が分かり、奄美の教育関係者が熱望していた本土並み教育の推進に、大きく貢献したのである。後年二教諭は南海文化賞で表彰され、その栄誉は世に広く紹介された。やがて、軍政府によって無償教科書（輸送費は児童生徒負担）も配付され、教科書問題は解決した。

3　教員の生活事情

ア　助教諭時代

一九五一年四月の初旬に、笠利小学校のS校長が実家に訪問されて、私に助教諭として就職しないかとの要請があった。高校を卒業したばかりであまりにも過分な要請で私には学校の先生なんか出来ません、今は農業で食糧増産に精出し親兄弟にこれまで就学させて頂いた恩返しをしたくて実家にいるので出来ませんと校長の要請を断った。翌月再度S

校長は来宅されて、担任不在で児童が怪我などしないか心配苦慮している、是非子ども等を見守ってくれとの要請で、両親のもと校長の要請を受け入れて、一九五一年六月から助教諭をして、公私両面不安を抱えつつ教育の道を歩み出したのである。この年、食糧三倍値上げの実施と、群民団結し日本復帰協議会が結成され、泉芳朗議長を先頭に強力に復帰運動が展開されだした。

助教諭の初任給は低額だが親に支えられている自分自身は、生活に苦しむことはさほどなく、教員組織は皆校区あるいは村内出身ばかりで、校長はじめ教職員組合員であるので仲間意識が強く、勤務上のことは気安く相談出来る雰囲気に満ちていた。特に同学年の担任のN教諭からは授業の基本的なことを伝授して貰った。板書の仕方、声量視線に至るまで、さらに指導案の書き方、教材研究が大切なこと、児童が最も嫌う担任は、依怙ひいきする担任であるなどなど、教師の心得まで伝授を頂いた。この時代は、教員仲間ばかりでなく、広く一般社会で先輩後輩の意識が強く、先輩は当然のように後輩を慈しみ導くという伝統が生きていた。一方では単なる馴れ合い関係と批判する者がいたのも世の常である。

イ 教員待遇

教員の生活安定の配慮から教員の人事異動は出身地に配置する方針がとられ、多くの教員は生活根拠地及びその近隣の地に勤務することが出来た。しかし、生活の元手たる給料が低額過ぎてはどうにも家計は維持出来ないのは当然のことである。給料の低さ不合理について、名瀬市教委発行『戦後の奄美教育誌』に次のように記述されている。

①奄美教職員の平均給は一〇五七円。
②物価から見て、最低生活を維持するために、四名家族で三四九六円を要する。
③沖縄教職員の平均給は二七〇〇円である。沖縄の助教諭の初任給二〇〇〇円は奄美の学校長の最高給に匹敵する。

［教員生活の実例］（西阿室小学校長）

魚三斤、それが新米校長の月給である。「教員グワ」して飯が食えるかといわれる。やみでもうけている者は飛ぶ鳥も落とすいきおいだ。まず親子の食う準備が先決。着任二日目の休日は、生まれて初めてのソテツ切りだ。ソテツの粉は何回もさらさなければ中毒することは知りつつも、食べ盛り、遊び盛りの子どもをかかえていては、そうばかりも言っておれない「半日出勤にしてくれ」「週五日制にしてくれ」と言うのも無理はなかった。連教組では、日本復帰の実現と教育興隆のための適正待遇の確保をスローガンに熱心な討議がなされた（全郡教員大会）。以上、奄美教育誌の記述を引用したが、巷の噂として、郵便配達人より校長の月給は低い。また、教員は配給の缶詰を売って、日用品を買っているなど、教員の生活困窮の噂話も聞こえているほどだった。

ウ　離島教員の生活状態

教員の待遇が悪く、生活難に苦しんだ教職員だが、最もひどかったのは名瀬市で勤務していた教職員達であったことは容易に理解出来る。農地がなく給料のほとんどを食糧費に向けねばならない上に、生活費が高いからである。農村部では、結仕事で賃金を得たり、食料を分け合ったり出来た。軍政下で生活に余裕があったのは、やみ商人、黒糖や米の生産の多い農家、そして大島紬を製造している人々であった。教員のほとんどはこれに該当せず貧困に苦しんだのである。ここで農業の盛んな徳之島の状況はどうであったか、ここでは、寿富一郎著『奄美教育』により教員の生活状況をみておこう。

終戦直後は本土も食糧難で大変困っていたが、各種産業が年を追って復興し、食糧をはじめ日用品なども徐々に手に入り易くなっていた。しかし、奄美の場合は、占領行政期間中、主幹産業にしても肥料が思うように手に入らず、品種の改良もされない上に毎年のように襲来する台風のために、それこそ見るも無惨なほどに痛めつけられ、生活は一向によくならなかった。……

一九五〇年三月の私の給料が一〇八三円、一九五二年七月は三倍の三三一〇円というように、数字の上からは相当高い率で改善されたが、それだけの給料では到底一家の経済を支えていくことはできなかった。そのために、教師たちは土曜の午後から日曜にかけて一生懸命農業に精を出して働いた。そのような耕作をする土地のある人は幸福な方だった。働きさえしたらなんとか口に入れる物はあったからであった。

天城村のように耕地面積の広い地域でも、耕地面積の小さい人や耕地を持たない人たちの苦しみはほんとうに哀れであった。ソテツの実から澱粉を取ってそれでおかゆを炊いて食べていたが、それも腹一杯は食えなかった。おまけにそれを食べるとすぐ腹が減って、仕事をするのに大変だった。ところがそのソテツの実も手に入らなくなりソテツの幹から澱粉を取って食べ始めた。ソテツの幹澱粉を取るのには発酵させるために相当の日数を要した。それを早く食べたために食当たりをして困った人たちもいた。その頃スピンドル油というのが出回っていた。飛行機の潤滑油だという人もいたが、それでテンプラをして食べたため下痢をして往生したということも聞いた。

食糧問題と同じように、衣服や日用品の不足にも苦しんだ。配給物資のＨＢＴ（アメリカ兵の軍服）を着けてアメリカ兵の大きな鞄を下げ、下駄ばきで出勤する教師。寸法の合わない米兵の編み上げの軍靴をパカパカさせながら出勤する教師。着替えがなく半乾きのシャツを乾かしながら歩く教師。髪は伸ばしたもののつける油がなく、紐でくくって歩く教師など、まったくチャップリンの映画を見るような状態だった。ズックや帽子などは二五年頃から手に入るようになってはいたが、普段履きにまではできなかった。その頃子どもたちに、日曜日は洗濯をしてくるように呼びかけた。休みの時でないと着替えがないから洗濯もできないからであった。そして風呂のない人はお湯であかを落としてくるように奨励した。しかし、食糧不足のために脂肪が足りないせいだろうか、冬の間は子どもたちの足はあかぎれがして血がにじんでいた（寿一九八三：一四三―一四四）。

エ　教員組合の抵抗

教員たちは、あまりにも低い待遇にがまん出来ず、軍政府に給料のアップを陳情したり、沖縄との待遇の差違の是正を訴え出たりしたが、早々にはベースアップも、沖縄との不合理な差も是正されることはなかった。ついに、食糧不足を補い賃金を稼げるという名目で、学校五日制を教職員組合単独で決議し、それを実行したのである。一九五一年から始まったのであるが、六月から一〇月の四カ月に及ぶこの五日制について、父母はじめ世の批判は厳しく、続けることは出来なかった。しかし、敢えて五日制の実施に踏み切らなければならないほど、教職員の生活が窮迫していることを、世に知らしめる効果はあった。これらの問題解決は、結局のところ日本復帰しかないとの結論で一致していた。そして教員組合は復帰運動推進の原動力にさえなったのである。各町村の学校では、日本復帰協議会の支部の指示により、募金活動や復帰請願の作文指導、復帰の歌の斉唱指導を行い、地域の日本復帰の意気高揚を図るなどに大きく尽力した。「教育だけは本土並みに」をモットーに、教職員一体となって頑張り通し、晴れて日本復帰達成の日を迎えたのである。

（泉一郎）

三、奄美ルネサンス

はじめに

敗戦前後に旧制中学・高校を卒業した世代は、「二・二宣言」以降、進学や就職のために本土に渡ることができず、仕事も娯楽もない島に止まらざるを得ず、豊かな才能と活力に恵まれながら、それを生かす道が閉ざされていた。憂欝な日々から脱するために、彼らのエネルギーは政治運動と文化活動に向かい、敗戦直後の奄美に若者たちを中心とした文化の花が開いた。この奄美ルネサンスと形容される時期の端緒を開き主導したのが「あかつち会」をはじめとする文芸・演劇活動である。

1「あかつち会」

「あかつち会」は、奄美が本土と分断されるという宣言の衝撃が生々しい一九四六年二月末の当田真延宅での話し合いから生まれた。当時当田宅に集まったのは、大島中学二三回卒業生の一〇名程度で、各自が持ち寄った焼酎を嘗めながら、島の現状と方向について若い情熱をぶつけ合った。当田はその晩の様子について、「……殊に行政分離という冷厳な事実に立ってこれからの島の新しい方向づけをすることこそ島に生を享けた若者の情熱を燃焼させる使命であり、それが生き甲斐とならなければならないというのがその晩の話し合いの総括であった」（当田一九八三）と述べている。

ここに誕生した会の名称は、メンバーの基俊太郎提案の「生まれ育った島を端的に表現する」意で「あかつち会」と称することとし、本会は単なる同窓生親睦交流の場に留めることなく、新生奄美の文化活動を牽引するため、「蘇生から文化奄美の建設」という理想を掲げ、まずは機関誌を発行することを手掛けた。

会員が持ち寄った原稿は当時名瀬古田町にあった南日本新聞大島支社に持ち込み、その印刷を無理にお願いした。新聞発行さえ思うようにならない状況の中で、支社長の村山家國氏は、この運動に理解を示し協力を惜しまなかったという。機関誌「あかつち」創刊号は一九四六年、会員だけの原稿で約五〇部刷られ産声を上げ、第二号からは各方面の方々に発表の場を提供するという方向で発行された。翌四七年年明け早々には三号を発行、一〇月には四号を発行した。「あかつち」には詩歌、随筆、芸術論、演劇時評、宗教、教育まで多くの分野の作品論調を掲載した。しかし、第四号まではやりくりして発行できたが、用紙の入手難や経済的難問の前に、会誌発行を停止する羽目に追い込まれた。この間、「あかつち通信」もあったがこれも同時に廃刊となった。

本会の機関誌「あかつち」が単に文学同人的な枠を超えて、既述のように各方面の人々にその場を提供したことは、本会を牽引した当田によれば「蘇生奄美の一里塚であった」。

「あかつち会」の活動は、文化奄美を建設するという理想の実現を図るため、機関誌、通信誌発行に留まらず、文化講座をはじめ各種各分野の講座を開催した。まさに本会の活動は「……文学同人社というよりもむしろ文学を愛好する者による一つの文化運動であった。したがって、その行動半径は漸次おしひろがって詩歌、創作等の文学畑はもちろん、宗教、教育等の各分野に挑んだ」（村山一九八三：一一二）。ここに「あかつち会」の活動が「奄美ルネサンス」と呼ばれる所以がある。

ところで、軍政府は一九四六年六月四日、「集会の自由、言論の自由、出版の自由、宗教の自由、並びに平和的団体若しくは商業組合組織の自由の諸権利をここに附与する」とする命令第五号を公布した。この自由命令により、明日を見いだせないと感じた青年たちはわずかな光明を見出し、その活動は閉ざされた島の青年たちの文芸活動をさらに高めていった（実島一九九六：一七三）。

「あかつち会」の第一回の文化講座は一九四六年七月二一日に開催された。はじめての試みであったが、その反響は大きく、泉俊義氏は聴講した感激を『名瀬物語』で次のように述べ高く評価している。「名瀬小学校における第一回の文化講座は、積極的且つ独創的で極めて有意義な催しであった。村山家國、泉芳朗、文潮光ご三方のご講話を深謝するともに、特に主催者の労を多謝する。今後とも機会あるごとに、斬新な構想のもと開催することを切に望む」（泉一九七六：二八三）。同年八月二三日には第二回講座が奄美高女で開かれた。テーマ（講師）は、「政治と社会科学」（中村安太郎）、「はんにゃ心経講義」（財部ツキエ）、「文学余談」（泉芳朗）で、いずれも情熱的で時宜を得たものとして好評であった。また、この講座で特別講師をされた戦災慰問で来島中のガブリエル神父の講義は、聴衆に大きな感銘を与え、混沌を極めていた人々に立ち上がる勇気をもたらした。各講師は、「あかつち会」の理念と行動の良き理解者であり、謝礼などなかったが、講演を快く引き受けていただいた（当田一九八三）。

行政分離という悲惨な境遇に呻吟する人々は、「あかつち会」の活動により精神を潤し、心を満たす一筋の光明を見つけ出したと言っても過言ではない。その活動は、さらにレコードコンサート開催、貸本屋「あかつち書房」の開設、青年弁論大会開催などにも及んだ。このうち、荒廃のなかにある人々に「心だけでも豊かに」ということではじめられた名曲鑑賞と銘打ったレコードコンサートは、集客で威力を発揮し、一九四七年末から翌年の三月まで五回にわたり開催された。これまで軍歌ばかり聞かされていた人々は、「アヴェマリア」、ドヴォルザークの「未完成交響曲」などのレコードを蓄音機でうっとりと聞き入った。第一回コンサート曲の解説は三原明大氏（政庁文教部）と福島豊彦氏（奄美高女）

であった。

貸本屋「あかつち書房」の開設は活字に飢えている人々の渇きをいやす目的で、一九四七年四月に開設されたが、図書は各人のものを持ち寄り、知人や友人、それに先輩方にお願いして借用し配列したものであった。「あかつち書房」の開設は、その後の運動に大きな弾みと勇気を与えてくれることになった。青年弁論大会は一九四八年三月七日、「政党を語る」というテーマで朝日館を会場に開かれた。この「政党を語る」という講演会を開催したころから「あかつち会」の行動が政治的色彩を帯びたものとみなされ、軍政府の目を引くようになり、他方では政庁の協力団体という非難を浴びるようにもなった[15]。

一九四七年になると、軍政府は命令第五号の自由命令を廃止し、新聞検閲に関する指令を出し、また「名瀬市内に於ける音楽舞踊、演劇映画等についての指令」を発表するなど、文化活動への締め付けが強化されていった。続く同年一〇月には軍政府命令第一五号を公布し、言論の自由などの廃止・規制の強化が行われた。このような状況の下でも「あかつち会」はひるむことなく活動していた。だが、多くの会員たちが復学のため帰郷し、また職を求めて旅たち、それに資金難であったこと、さらに軍政下の既述の規制や重圧が加わったため、「あかつち会」は「奄美の新生への方向づけは完了した」という結論に至り、一九四八年七月三日に解散することとなった（当田一九八三）。

2 劇団「熱風座」―戯曲「犬田布騒動記」―

奄美ルネサンスを主導したのは「あかつち会」の活動と同様、劇団「熱風座」などの演劇活動であろう。熱風座を結成した伊集田実は一九二四年、徳之島伊仙町面縄の生まれである。詩人で復帰協議会議長泉芳朗と同郷で、泉とは遠い

15　一九四七年八月に結成された政治結社「新大島建設同志会（代表・池地実）は、翌年二月、「あかつち会」の活動を非難する演説を行っている。また「あかつち」の「あか」は「アカ」に通じ、「つち」は「プロレタリア」に通じるものであるから思わしくないと軍政府により干渉された（当田一九八三）。

親戚にあたる。

熱風座の第一回公演が一九四七年六月の「夜茶坊」、第二回公演は七月に「熱風の街」、第三回公演は八月に「コレヒドール隧道」、第四回公演は九月に「犬田布騒動記」を文化劇場で上演した。このうち、「犬田布騒動記」は熱狂的な共感を呼び、公演回数は沖縄での舞台を入れると五〇〇回を超えたという(永田二〇一五:六七)。

戯曲「犬田布騒動記」は一八六二(文久二)年、徳之島の犬田布で起こった百姓一揆を題材にしたもので、薩摩(島津)の圧政の中で、いかにその理不尽さに村人が抵抗し闘ったか、それが鮮やかに描写されている。プロローグとエピローグのある四幕五場の作品である。プロローグでは、薩摩の圧政の下におかれ、航海の自由を奪われ、領主的商品としての黒糖上納、抜売死罪、日常品の専売制という不合理と、過酷な日常を押し付けられた奄美庶民の語り部としてよみがえった老人が「住民は男女一五歳から六〇歳まで薩摩にへつらう島役人や一部を除いてすべて藩の宝の砂糖の生産増強への強制夫役の割当、あらゆる圧迫、権勢のもとに、牛や馬にひとしい働きを要求される。……百姓を殺さない程度に考える力もなくしてしまおうと、島の古い文書、つまり記録も取り上げて完全に抹殺し、通貨もなくして、砂糖を全部絞り上げ、わずかな余り糖があれば藩庁を通してのみ生活用品などと交換ができるのです。……自分が作った砂糖でも、年貢を納めて余った余分糖以外は、たとえ熱にうかされても、一かけらも自分の喉に入れることができなかったのでございます。……これは一、犬田布の百姓の訴えではありません。言語に絶する弾圧に生涯を終わり、浮かばれずに、まださ迷っている、多くの島の魂が切実に呼びかけているのでございますよ。……慶長以降、二百余年、積もり積もった怒りが、たった七日間でしたが、強権、島津の前にはじめて立ちはだかり、大島農民の叫びとして爆発したのでございます。世にこれを犬田布の騒動と申します」(伊集田一九八七:一五―一八)と語る。エピローグでは、前の幕の大合唱のなか、死者の老人が石の下から哀愁に満ちた島唄の曲に乗って現れ、静かに語りかける。「皆さま、以上が犬田布の騒動でございました。結果は七人の島流しで済みました。円く収まった訳です。……この事件以後、さすがの薩摩藩も大島植民地政策の、おおばな軟化変更の余儀なく、砂糖の見積もりから一般生活までに、いくばくかの緩和があったのでございます。……あ、夜明け、……私はこれでまたあの土の中に入ります。……あんな時代がふたたび大島にくるなら線香も花も、私たち、皆さんの祖先への供養になりますまい。……それは皆さんが、あなたが、強い意志でしっかりと築いていただく平和、それを土の中で見守れたら……。皆さんの幸福が見とどけられれば……。この小さな事件は、あえて大きな世直しへの一里塚であったと考えて下さい。……ああ、夜が明けます。いまこそ奄美の夜は明けます」(伊集田一九八七：七四―七五)と。

舞台の明かりがともったとき、劇場いっぱいの観客は、頬に涙の跡を残し、割れんばかりの拍手を送った(永田二〇一五：六五)。この伊集田演出の犬田布騒動に込められた意図は、幕末の農民の闘いを通して、現在の軍政下の不合理と闘ってほしいとのメッセージに他ならない。「犬田布騒動記」は奄美の多くの若者の魂を揺さぶり、文化への参加や自由への希求の意識を誘発させていった。

伊集田はその著書で奄美は「文芸思潮がたくましく育っていい立地や条件。南北の島じまには微妙な変化は見せるがユニークな民俗性があり、さいわいものもあり、何よりすぐれた地方文化の場所として恰好の地だと思う」とし、そして「絵画の展覧会、レコードコンサートが持たれ、音楽発表会が催され、詩や短歌の合評会。新民謡が歌われ、発表の場は限られていたけれども、活発な評論、などまさに躍動。私らの演劇もその行進の一端にすぎないが全てのあしなみは、(略)後進の域から脱出すべく、まさに萌芽を経てすべてが華々しく開花したのである」と述べ、併せてレコードコンサートの解説や復帰運動前後に琉球政府人事委員として奄美の権益擁護に活躍された三原明大氏が「あの頃は奄美のルネッサンス期」と言われたということも紹介している(伊集田一九八七：一六一―一六二)。

伊集田はこれらの活動は単に本土との分離、軍政府下に置かれたという状況によってではなく、「ながい専制搾取の鎖から解き放たれ、一斉に民主社会に向けた意識の向上」(伊集田一九八七：一六二)と結論付ける。伊集田の論を借りれば、奄美という土壌に芸術文化が育つという素地があったにせよ、人々が表現という手法を用い、個を、島を声高に主張したことは、言論芸能、文字文化などの創作活動がいかに世論をリードするものだったか、さらにそこに注がれたエネルギーがいかに人々（大衆）に受け入れられ、希望をもたらしたことか。当時、あかつち会開催の講演を聞いた一人、泉俊義は『名瀬物語』で「歴史上かつてみたことのない奄美大島のアメリカ信託統治。……青年はおのれの理想を打ち込んだ。……敗れたりとはいえ祖国を愛し、郷土を思い、……彼ら青年は再度情熱をふるい起こした。今や廃墟と化した郷土再建のため立ち上がろうとしている」（泉一九七六：二七五）と感想を述べている。

3 雑誌『自由』

新聞社や自由社は文化創造運動に大きく貢献してきた。新聞社については後述するので、ここでは自由社の雑誌『自由』について短く触れてみたい。自由社は一九四六年一二月に軍政府の許可を得て翌年初頭、重江善勝・西田功らによって設立された。雑誌『自由』を発行する。この雑誌は一九四九年七月号から泉芳朗に引き継がれ、西田功・奥親雄・永江則子等が泉氏とともに編集にあたった（林二〇〇四）。郷土の新聞や雑誌が島の発展に果たした役割は計り知れないものがあり、なかでも雑誌『自由』は軍政府下における政治や行政、経済策など現実的な課題に対する提言や考察などの論文を絶えず掲載し「復帰運動への世論形成に一定の役割を果たし」、これら一連の動きは「まさに奄美ルネッサンスの一時期であった」（実島一九九六：一七三）。

おわりに

時代を経て、廃墟、行政分離という苦難の中、明日を模索する若き青年たちが理想に向かい打ち込んだ活動を端緒に詩歌演劇など幅広い奄美独自文化の復興、再興、創造に人々はまい進し再び文化の明かりを灯した。これこそが奄美ルネッサンスである。これらの活動が、単に文芸活動のみでなく、啓発・教育・政治的活動といったトータルな形で展開されていった（当田一九八三）。このうねりはやがて日本復帰という歴史的な運動の文化的基礎となるものである。

（当田栄昶）

四、復帰前後―メディアの光芒―

1 初の地元紙

奄美で最初の地元新聞は一九〇九年春、福永義一（宮崎県出身）が発行した「大島新報」といわれている。国内初の日刊紙「横浜新聞」（一八七〇年）に遅れること三九年、大島新報に対抗する「南島時報」（一九一〇年）が次いで誕生した。

名瀬町史によると、大島新報の福永は写真師で記者経験があった。月三回の発行。記事不足で苦労し、読者受けを狙った中傷記事はたびたび筆禍事件を起こした。両紙とも暴露記事が多く、相互に批判しあったが、それが読者に受けて「両紙とも大いに売れた」。二紙に続いて一九二一年秋、新たに「大島朝日新聞」が創刊された。地元紙の変遷をみると、大島新報系は「大島時事新報」「大島新聞」が現れ、南島時報系は「大島日日新聞」「奄美新聞」などが出現した。

明治から太平洋戦争終結までの奄美新聞史は三期に大別することができる。①大島新報の創刊から幾つもの新聞が創刊、廃刊を繰り返した一九三九年六月まで、②国内の新聞統合に伴い、奄美の新聞・雑誌が「大島日報」に統合され、一紙となった一九四四年四月まで、③一県一紙の国策に伴い、奄美の新聞が「鹿児島日報」の傘下に置かれた一九四四年五月からの一年半―の三期である。

2 戦時下の新聞発行

戦時下の奄美に島出身の新聞人が二人登場する。村山家國（一九一三～七五）＝大和村津名久出身＝と、中村安太郎（一九〇九～九五）＝笠利町平出身＝だ。村山は南海日日新聞を創刊し、中村は奄美タイムスの中核を担った。奄美タイムスは奄美新報と合併し、一九五五年に廃刊となるが、二人が「奄美に二紙」の流れをつくったと言っていい。

一九三七年、日中戦争が勃発。政府は国内の戦時体制を強化した。新聞に対しては用紙と通信統制で圧力を強めた。一九四〇年には本格的に新聞の統合に着手し、四一年二月、政府は新聞連盟に対して「地方紙を一県一紙」「全国新聞統制会社を設立する」ことを審議するよう申し入れた。連盟は協議を繰り返した後、日本新聞会を発足させ、新聞統合を繰り返した。一九三七年に一九〇社あった日刊紙は一九四三年には五四社まで減少した。鹿児島県は一九四二年、鹿児島新聞と鹿児島朝日新聞が統合、「鹿児島日報」が発足した。南日本新聞の前身である。

言論統制の波は奄美にも押し寄せた。一九三九年、複数あった新聞社が合併し、「大島日報」が発行されたが、やがて廃刊となり、「一県一紙」に組み込まれた。大島日報には村山と中村が編集人として参加していた。

鹿児島日報は一九四四年四月、名瀬町金久（現在の井根町）に大島支社を開設した。本社から中条正文支社長が印刷機器一式を携えて赴任した。地元からは村山と中村が記者として採用された。『南日本新聞百年志』は奄美進出の理由をこう記している。「一県一紙を建前として発足した鹿児島日報社は、なんとしても新聞を大島郡民に届けねばならない」「内閣情報局は一県一紙の方針を大島にも適用しようとしていたので、大島日報を廃刊させて、鹿児島日報を現地印刷することが早急の課題であった」

こうして「鹿児島日報大島版」の発行が始まったが、戦時下の新聞発行は困難を極めた。金久の支社は空襲による爆風被害を受けて、一九四五年二月、現在の石橋町に移転した。同年三月になると、空襲は一層激しくなった。業務中に空襲警報が鳴ると、支社の職員は近くの防空壕に逃げ込むこともたびたびだった。

一九四五年四月一日、米軍は沖縄本島に上陸。戦況は悪化する一方だが、政府はますます新聞統制を強め、各社の紙面は大本営発表で埋まる。日報大島版（三月九日付）は「本土戦場を覚悟せよ」と敗戦色の強い見出しが見られる半面、社説は戦意をあおっている。

戦況はさらに激しくなり、新聞の製作、配達は困難を極めた。大島日報は休刊せざるを得なくなり、代わって「鹿児島日報特報」（四五年四月七日〜同年一一月三〇日）が登場する。大きさははがきの倍ほど。第二号（同年四月二日付）

は特報発行の理由を次のように記している。「空襲下、平常通りの新聞製作及び配達不可能なため、本紙は当分、休刊させていただきますが、新聞報道の重大使命に鑑み、休刊中特報を発行して各方面に無料配達することに致しました」。新聞を読みたい人は本社編集局に受け取りにきた。奄美大島の町村部は役場に郵送、配布を依頼した。発行部数は約二千部と言われている。特報は敗戦を挟み、発行日が減少していった。用紙・用具の確保が困難を極めたためである。

3 南海日日新聞の創刊

戦後も特報の発行は細々と続いた。一九四五年一一月三〇日付一面の特報は「本社大島支社機構改革大島総局として新発足」の見出しが躍る。鹿児島の本社から赴任していた支社員たちが帰鹿することになった。当時の支社員は二〇人以上であった。支社は「鹿児島日報大島総局」として縮小する、と報じた。関連記事は「後には村山がいる」と。支社編集長の瀬戸口武則が執筆した。「私達は村山を残し、ひとまず鹿児島へ帰ろう。安心して船に乗れるわけだが、郡民のみなさんもどうぞ後に残る村山の今後の雄々しい活躍を期待するとともに彼に心からなる御支援をたまわることを切望してやみません」と述べ、村山は大島総局長として特報に代わる「大島版特報」を発行する権利を取得した。大島版特報は本社と経営分離し、独立採算制とした。シマンチュによる新聞発行がスタートした。これが南海日日新聞のルーツとなる。

戦後の混乱もあって取材体制は不十分だったとみられる。特報は当初、隔日発行だった。特報が「二・二宣言」を報じたのは一九四六年二月六日付で、「日本の領域を指定南は三〇度線に限定、口之島を含む琉球諸島は除外」と伝えた。二月八日付の紙面は鹿児島日報が二月一一日の創刊記念日に「南日本新聞」と改題し、鹿児島日報大島版特報も「南日本新聞大島版特報」に改めた。

「二・二宣言」から約一カ月の間、奄美は日本でもないアメリカでもない宙ぶらりんの状態に置かれた。あらゆる物資が不足していた。「南海日日新聞五十周年史」は大島総局の困窮ぶりをこう記述している。「ソテツのでん粉を取り出して作ったかゆで飢えをしのぐ。厳しい食糧難のなか、総局では印刷用インキもついに不足を来した。三月一一日、紙面が青くなった。青い紙面は黒インキの欠乏の証しだった。だが、発行は継続される」と。

奄美だけではない、戦後の紙事情は本土でもひっ迫していた。GHQは日本政府による戦前・戦中の新聞統制は解除したものの、用紙統制は解除しなかった。奄美では米軍政下の間、新聞用紙は軍政府からの配給だった。雑誌、機関誌も同様である。大島版は発行当時、タブロイド四つ切の小型版で週三回の発行、間もなく日刊となった。「紙」がなければ新聞発行はできない。加えて検閲も厳しくなった。軍政府は用紙の配給、検閲強化という二重の手段で言論を統制した。

軍政府は矢継ぎ早に占領政策を断行する。通貨をB印軍票（通称B円）に切り替え、大島支庁を臨時北部南西諸島政庁とし、支庁長を知事と改めた。本土系企業の整理にも乗り出し、政庁に接収した。村山に対しては南日本大島版の発行権の所在を追及してきた。村山は接収を避けるため、南日本新聞大島版を「南海日日新聞」と改題。軍政府に対して設立を申請、許可された。

一九四六年一一月一日、南海日日新聞創刊号が発行される。創刊の理念は「南（みんなみ）の海の日輪たらむ」。村山は当日の一面「新発足の辞（じ）」を記した。

わが大島総局発行に係る「南日本新聞大島版」は本日をもって「南海日日新聞」として新発足することになりました。顧みれば一九四五年一一月、鹿児島日報大島支社の引き上げにより、大島総局が再出発してきたちょうど一年、この総局は大島版の刊行を継続し、終始、報道・論説を通じ、奄美大島の民主化に努力し、終戦後の混沌たる郷土に一つの光明を与えていましたが、今回、米軍政下における新しい情勢に即応し、題号を頭書のごとく変更、軍政府に協力し、今後、その機能を発揮することに決したのであります。……周知のごとく米軍政府は南西諸島住民の幸福のために南西諸島の民主化を目標としております。そして今はその建設の最も重要なる時期であります。

われわれはこの時期における新聞の使命の重大なるに鑑み、先に連合国最高司令官から発せられた新聞紙法に基づき、言論の自由に伴う責任と意義とを自覚し、報道は厳に真実に即するを旨とし、さらに直接または間接に公安害するがごときものの掲載を戒め、人民のためのよりよき新聞を作り（を）目指す民主社会建設に寄与せんことを念願しています。……

どうか本社の意のあるところを諒とせられ、今後とも読者諸賢の心からなるご後援をお願い申し上げる次第でございます。なお、人員設備のほかの関係で当分、日刊には至りませんが、近き将来において必ず、日刊を実現し、皆さまのご期待に報いる日のあることを新発足に際してお誓いするものであります。

村山は資金がなく、版権の買い取りに黒糖一〇〇斤を充てたとの逸話が残っている。

4 軍政下での新聞発行

戦前から続いた日本政府による新聞統制が終わり、「人民のためのよき新聞づくり」を目指したものの、米軍政府による検閲が待っていた。一九四六年の「二・二宣言」後の三月一三日、軍政官ポール・F・ライリー海軍少佐が名瀬港に上陸した。一四日、北部南西諸島米国海軍軍政府本部を大島支庁に開庁。米軍政が始まった。四月一日に着任した軍政官、ジョン・R・ポッター海軍少佐は六月四日、「北部南西諸島住民に告ぐ」として七月一日に町村長、町村議会議員選挙を実施する、と通告するとともに、「本軍政官は集会の自由、出版の自由、宗教の自由、ならびに平和的団体もしくは商業組合組織の自由の諸権利をここに付与する」とした。しかし、日本への復帰を求める声が出始めると一変する。

軍政府は一九四七年一月二五日、一連の社説に対して事前翻訳・検閲を指示した。南海日日新聞は同日から九月二四日まで社説が消える。一月二七日になると、奄美タイムスと南海日日新聞両紙に対し、事前検閲を指令した。四月一〇日、非合法の「奄美共産党」が発足する。五月には名瀬市で予定されていたメーデーが「共産党の行事」との理由で中止を余儀なくされた。南海日日新聞がこれを報道したところ、軍政府は用紙配給停止をちらつかせながら、執筆記者の解雇を迫り、記者は退社に追い込まれた。奄美タイムスも軍政府の圧力で複数の記者が退社した。検閲は歌（奄美新民謡）にも及んだ。村山が作詞した「島かげ」の歌詞、「『別れた島』『いつか会う日の夢のかなしゃ』とはどういうことか」と注文をつけてきたのだった。

両紙とも、軍政府の検閲、用紙配給の圧力を受けながらも新聞発行を継続していく。しかし、南海日日新聞には時折、「用紙事情により、休刊」「用紙事情により発行日を火、木、土とする」とのお断りが出た。一九四八年三月二八日付紙面には「用紙配給の見通しが立たない。配給がない場合、休刊とする。配給があり次第、発行する」との社告が出た。その後、一五日休刊した。これらの多くは奄美タイムスとの休刊協定があった。当時の紙面はA4ほどだったが、四八年一〇月～四九年六月は、はがきよりも少し大きい程度まで縮小した。現在のサイズ（ブランケット）になったのは五二年二月だった。両紙の部数（五一年三月現在）をみると、南海日日新聞は二三〇〇部、奄美タイムスは一七六九部だった。

両紙の特徴、相違について南海日日新聞で初の徳之島通信員を務めた名城秀時は「南海日日は中庸、タイムスは共産がかっていた。このため、タイムスは新聞用紙の配給で軍政府から差別された」と語った。中村（奄美タイムス編集人）は「村山は軍政府に好感を持たれていた」と、『祖国への道』で回顧した。

5 奄美タイムスの変遷

これまで南海日日新聞を中心に戦前戦後のメディアの動向を見てきたが、もう一つの日刊紙「奄美タイムス」を考察したい。弓削政己が記述した「復刻版占領期・琉球諸島新聞集成第一六巻奄美タイムス⑦『奄美タイムス』の果たした役割と性格」に詳しい。

弓削は奄美タイムスの変遷を三期に分けて解説した。

ア　第一期（一九四六年二月〜四八年八月）

合資会社・奄美タイムスは一九四六年二月二三日に創設された。代表社員兼編集局長は小林正秀。社是は「平和と民主主義」。社屋は名瀬金久町。第一号は三月一五日の発行とされている。同年九月四日以降は新聞の発行編集印刷人は中村安太郎となった。当初、軍政官は奄美タイムスに対して好意的で、ライリー軍政官は大島の民主主義のため、「本紙が人民の ものとして公平に利用されるべきことを強調した」という。

しかし、一九四七年四月一〇日、奄美タイムスの中村宅で奄美共産党が結成され、住民の間から「復帰」の声が上がってくると、出版・言論の規制が強化される。四八年八月一五日、米軍情報官と大島警察署は佐世保から入港した「ぽこだ丸」から奄美タイムス主幹、中村に宛てた荷物の中に、共産主義書籍、アカハタ新聞があったということで書籍、新聞が押収された。いわゆる「アカハタ事件」である。『祖国への道』によると、ぽこだ丸に連絡に行った奄美タイムスの記者二人が検挙された。一六日になると、軍政布告第八号第三条第二項違反容疑で中村に出頭命令が出た。中村は出頭を拒否したため、一七日に逮捕され、大島刑務所に拘禁され、一年間の重労働の刑を受けた。このため、中村は以後三年間、「ペンを折った」。奄美タイムスは八月一八日付から編集発行人を小林正秀に変更した。

イ　第二期（前半一九四八年八月〜五一年八月、後半五一年八月〜五四年一〇月）

弓削は第二期を前後半に分類した。前半は小林が発行人となった四八年八月から五一年八月三一日付をもって〝廃刊〟し、浜崎要範に経営を譲渡するまでの期間だ。大島刑務所に収監されて以降、三年間、ペンを握らなかった中村は同日付の紙面に「報道の自由のためにタイムスを廃刊する」と題して一文を寄せた。「私は報道の自由を守るために今までも幾度か自ら欲せずして新聞を廃刊したことがある。私は今自分のペンを折るだけなく、奄美タイムスそのものを廃刊しなければならなくなった」

奄美の復帰後、一九五四年一〇月二七日付には「復刊に際して」と題し、廃刊までの経過を述懐した。「サンフランシスコ対日条約締結に際しましては連日、社説で、その反民族的売国的本質を批判して、これに反対しました。そのためにアメリカ占領軍は奄美タイムスに連日、発刊停止の脅迫を加えてきたのであります。当時の事情は緊迫しておりましたので、社員一同と協議の上、奄美タイムスを守るために浜崎氏にいっさい権利を譲渡したのであります。そのため、軍政下においても奄美タイムスがその命脈を保ち得たことは浜崎氏の功績であります」

新聞名は同じ「奄美タイムス」。第二期の後半、五一年八月以降は浜崎が社長となった。奄美はこの時期、ダレス米国務長官の奄美返還声明（五三年八月八日）、奄美群島返還日米協定（同年一二月二四日）と続き、同年一二月二五日に奄美群島が日本に復帰し、大島支庁が開庁した。

ウ 第三期（一九五四年一〇月～五五年五月）

奄美タイムスは復帰後も、浜崎社長の下で発行されていたが、五四年一〇月二七日から再び、「編集発行人中村安太郎」名で発行されることになった。浜崎が旅行中に社員が大量退社したため、新聞発行が不能になったのがその理由だ。浜崎は中村に新聞発行の権利をすべて譲渡した。中村は復刊第一号「復刊に際して」として次の一文を寄せた。「復帰後すでに一年近くも経過した現在、大島の復興は捨てて顧みられず、郡民生活は貧窮のどん底に突き落とされ、救援の見通しも立たない状態」「敗戦当時にほうはいとして湧き起こった民主主義的自由は、逆コースによる再軍備と植民地政策のために圧迫され（中略）このことは郷土大島にも直接影響を与え、復興予算の削減または実行不能の状態に陥れる原因」。復興への懸念と、再軍備に対する危機感が復刊に駆り立てたのだろう。

その後、一九五五年五月二七日付に、奄美タイムス社と奄美新報社連名の社告が出た。内容は六月一日に両社は合併し、社名は奄美新報社、新聞名は「奄美新報」となった。編集発行人は奄美タイムス浜崎社長の下でも編集発行人を務めた藤井光良が就いた。ここに奄美タイムスは幕を下ろした。

6 南海日日新聞、奄美タイムスの評価

行政分離中の出来事や復帰運動に関する報道は誌面の都合上、割愛するが、南海日日新聞、奄美タイムス両紙の存在

について加藤晴明（中京大学教授・メディア社会学）は「奄美文化の近現代史」でこう評価している。「軍政下の言論統制の中で、無血復帰運動の世論を喚起したメディアの歴史は奄美の報道メディアの正当性と、存在意義を支える物語ともなっている。「南海日日新聞」の創設者である村山家國、軍政下の文化運動を理論的に支えたといわれる「奄美タイムス」の中村安太郎、彼らはまさに復帰運動という奄美史にとっての〝最も大きな物語〟の主役たちであったからである。奄美の言論界が背負った物語は、その後のジャーナリズムの〝背骨〟（あるいは姿勢や精神的・倫理的態度と言ってよいかもしれない）を形成してきたように思われる」（加藤二〇一七：五六）。

7 その他の新聞・雑誌

米軍政下の奄美で南海日日新聞、奄美タイムス以外にも言論機関はあった。『大奄美年鑑』（一九五〇年、文明社）によると、奄美時報社（古仁屋町）、民衆通信社（同）、月刊雑誌自由・自由社（名瀬市）、奄美評論社（同）、月刊雑誌文明・文明社（同）、月刊雑誌・教育と文化（発行所・奄美大島連合教職員組合）がそうである。徳之島では奄美タイムスの創刊にも携わった小林正秀が「南西時報」（後の徳州新聞）を立ち上げた。

雑誌も多数、生まれた。一九四七年に創刊した「自由」は小説や詩、短歌、俳句、郷土史料などを掲載、五四年まで発行が続いた。名瀬市誌二巻歴史編によると、一九五〇年には大山光二、崎田実芳を中心とした名瀬市四谷青年団による機関誌「新青年」の発行が始まった。青年団活動をはじめ文芸、詩歌、人物評論、政治評論、世界情勢と多岐にわたった。「新青年」は青年の持つ正義感と情熱で大胆に世評を風刺し、好評を博した。新青年と自由は南海日日新聞、奄美タイムスとともに、復帰運動の一翼を担った。新青年は一九五三年一二月の第二六号まで続いた。

（久岡学）

第Ⅲ章　軍政下奄美社会の横軸基層の形成と活動

奄美の日本復帰運動は、祖国なき民族の悲哀からの脱却と異民族支配からの解放を熱望したオール奄美による運動、たとえば、政党・労働組合、青年団、婦人会、本土・沖縄の郷友会などが横軸基層を形成し、一丸として取り組んだ民族運動であった。ここでは、そうした横軸基層の形成と活動について述べてみる。

一、政党・労働組合

1 回想―米軍政下の私の学び―

日本国憲法に対応する連合国最高司令部、いわゆるGHQ指令を最高法として一九四六年二月二日に公表された、いわゆる「二・二宣言」によって奄美諸島は日本本土と分離され、司法・立法・行政の三権を米軍が統括することになった。「二・二宣言」から一カ月過ぎた三月一三日初代軍政官ポール・F・ライリー海軍少佐一行二〇人が名瀬町に上陸し奄美を統治する最高責任者となった。大島支庁に案内された一行は、「北部南西諸島海軍軍政府本部」を開設し星条旗を高々とかかげた。長い戦争が終わり、アメリカ支配がスタートしたことを住民に広く知らせることとなった。大島支庁は軍政府の代行機関となり豊島至氏が支庁長（知事）に任命された。

「二・二宣言」により、奄美の人々は大きな衝撃を受けたのであるが、一九四六年三月からスタートした米軍政下で四月から米軍の放出物資や食糧の配給が始まり、島民の間でもようやく笑顔が見られるようになってきた。私は一九三三年生まれで終戦の一九四五年は小学校六年生であった。米軍の食糧配給が始まった時は旧制中学校（現大島高校）に入学したばかりである。生涯忘れることのできない人生の大きな変革の時である。

一九四四年一〇月一〇日、米軍のグラマン戦闘機による奄美初の空襲があり、わが小宿のかつお漁船「昌栄丸」が爆撃を受け死者八名を出し、乗船していた実兄も即死した事件等……永遠に忘れることはできない。反戦への深い決意はそこから生まれた。戦中の小学生は家庭で立派な労働力であり、荒地を耕やし、イモづくりから田植え等の農作業は日常であった。兄弟八人の大家族である。イモ・ソテツ粥を主食とする自給自足生活は、人生で最も苦しい生活であった。

米軍政府から配給されるメリケンコ、トウモロコシ、アスパラガスの缶詰、ミルク等々が思い出される。「牛肉の缶詰」の思い出が今でも話題になる。私たちは、六年生で終戦になり旧制大島中学校を受験して合格したので、小宿から現大島高校まで約六キロの山道を毎日六年間通った。イモごはんを弁当箱に入れてハダシで毎日早朝六時頃から走歩が続くので、運動会の長距離競争では常に新記録を出していた。通学の途中に現裁判所前の有村倉庫の広場に米軍の缶詰の廃棄物が山積みされていた。小宿からの通学生一〇数名が一斉に缶詰の山に登って、宝物を掘り出す競争をする。肉の缶詰が腐敗していないものは、上下の壁がふくらんでいず平たくなっている。誰かが一個でもふくらんでいない正常な缶詰を見つけたら大成功である。その夜は各家庭の畑から野菜を持ち込んで「スキヤキ大会」となる。

どんな苦しい時代でも、人間にはプラス志向で生きるための知恵とロマンは生まれるものである。苦しい生活や軍国主義・国家統制を経験した者にとっては、かけがえのない人生の大きな宝物となっている。経済的にどんなに苦しくても、生き抜いていく知恵と決意はできている。再び戦争への過ちはくり返さないように全力を上げるべきであることは言うまでもない。

2 民主化の波と政党に対する布令

一九四六年七月一日、布告第四号による初の選挙が実施された。戦前の市町村長は議員の投票による間接選挙だったのが、住民の直接選挙に変わった。第一回の議会議員選挙は、連記制（議員の定数内は自分の支持する候補者に何人でも投票できる仕組み）が採用された。名瀬市の第一回市議会選挙には定員二四名に対し六六名が立候補し、二三歳と二五歳の女性が上位当選を果たし、三〇歳前後の青年議員が全体の三分の一以上を占めた。言論の自由、出版、結社の自由などが認められ、苦しい生活の中でも民主化への波が確実に訪れたようであった。戦前戦後の名瀬町政をリードしていたボス的勢力が後退し、新しい時代を迎えたことが選挙で示された。東天城村長に重村一郎氏、また西方村長に昇喜一氏、ともに青年団運動を通じた青年町村長が誕生したのも民主化の象徴であった。

ところが、一九四七年に政党令（第二三号）が公布され、政治活動に関する諸規定が設けられた。その内容は「南西諸島において公明正大なる選挙を行うために、政党を通じての政治活動を取り締まるべき規定を公布する必要を認めたので公布する」というもので全文九カ条から成っている。「政党の定義」「米軍政府と民政府への提出書類」、特に政党の役員や会員がしてはならない条項を次のように規定している（『名瀬市誌』下一九七三：一一一）。

①政治上の目的のために連合軍に対し敵意を有し、または有害なる演説をなし、もしくは印刷書写せる文書を領布し、または南西諸島に対する連合国の攻撃、もしくは南西諸島または同住民に対する軍政府の政策を批評し、または軍政府の指令により民政府の遂行する政策を批評する演説をなし、もしくは印刷書写せる文書を領布すること。

②選挙法の公布された時、その罰則にふれるようなことを謀り企て幇助し、または教唆すること。

③軍政府布告、布令、指令、その他の法規に関する違背を唱導鼓吹すること。

④その候補者が選挙に関して銀行、会社等より寄付を受けること。

⑤何人に対しても投票し又は投票を止めるために、もしくはある候補者に対する賛否の投票をなさしめるために、贈賄し、または贈賄を依頼すること。

さらに政党に関する特例布告（第三二号）が二年後に追加して布令された。それによると、

①会社、協会、クラブ、党または組合の役員組織または構成員にして該組織者の名において政党であること、政党に登録せられずして、政治活動に従事することを禁止する、②これを犯した者は断罪の上二万円以下の罰金または二年以下の懲役またはその両刑に処する。

要するに、言論、出版、結社等の自由を告示し、いかにも民主主義的政治を実施するかのごとく見せかけながら、軍政府の方針に批判的意見を発言し印刷物を発刊すると違反行為として取り扱うという布告第三二号は、琉球、奄美が敗戦国日本本土の全国民の犠牲となって米国の植民地支配に差しだされたことを意味する。

3 社会民主党の結成

奄美の民主化に大きな役割を果たした奄美共産党は一九四七年四月一〇日、久留義三、中村安太郎、島本忠雄、栄枝賢利らが参加し結成された。それは、北緯三〇度線を境にして日本本土と行政分離され、米軍による直接軍政というきびしい特殊な条件におかれたため、米軍を解放軍と評価しながらも、非公然の独自の党として出発せざるをえなかった。以来、同党は党員も増えて組織の拡大がみられたが、当面の課題としては、復帰運動の組織化に全力をそそぎ、復帰運動の公然化に全活動を傾注することにした。さしあたり、軍政府の許可を得た合法的政党をつくる必要があった。政党の結成には、軍政府布告二三号によって軍政府への届けが必要であり、結成を認めるか認めないかは軍政府の判断によ

る。奄美の「社会民主党」が軍政府に結成許可届け出をしたのが一九五〇年八月一五日で、一七日に許可され、一八日に結成大会報告演説会が名瀬中央公民館で開催された。講演会は、名瀬市連合青年団と自由社（泉芳朗社長）の共催で開催された。

党結成準備会のメンバーは、平ハナ、亀井フミ、泉正宏、平山源宝、泉芳朗、保星光、嘉本文夫、永田一男、中村安太郎、その他で、初代委員長に泉芳朗氏、事務局長に佐野喜島氏が就任した。

〈軍政府に認可された党綱領〉

①わが党は全勤労大衆の総力を結集し、基本的人権を確保し、もって民主主義の実現を期す。
②社会主義に立脚し生活協同体理念のもとに群民生活の安定と向上をはかる。
③わが党は米軍政府に協力し大島に残存せる反民主主義勢力を排除して真の自由と平和を享受する文化大島の建設に邁進する。

この社会民主党の綱領の③項目の「わが党は米軍政府に協力し……」という文章が認可決定のカギになった。米軍政府に批判的意見をもつ団体は布告三二号で犯罪団体と見なすことから軍政下の政党としての綱領を考案したものと考えられる。これは米軍政下で植民地支配を受け、人権無視の中で日本復帰を訴えるためにギリギリの抵抗であった。米軍政府の見解は、日本復帰運動は政治活動である。そのためには政党として社会民主党を認可させて党の活動方針の基本に日本復帰運動を置き、税金、失業、産業、貿易、教育、文化等の中央政府への要求を掲げている。党結成から六カ月後の一九五一年二月一三日に「日本復帰協議会」が結成され、泉芳朗氏が議長に、大山光二氏が事務局長に就任した。いよいよ社会民主党の復帰運動から全群島民が参加する超党派の島ぐるみの復帰協議会が誕生した。

ところで、戦後米軍政下の政党認可は布告三三号によって、反米行為を一切禁止という条件付であったため数多くの政党が設立されたが一人一党的なもので自然に消えていった。一九四六年には「奄美人民解放連盟」（委員長・徳池隆）と「奄美大島自治同盟」（代表・浜崎要範）が、一九四七年には「新大島建設同盟同志会」（代表・池地実）が、一九四八年には布令認可の「常識党」（乾養仁）が、一九四九年には「民政クラブ」（代表・肥後吉次他議員一七名）と米政府認可の「協和党」（党首・向井文忠）が、一九五一年には「奄美民主同盟」（代表・川崎秀節）が誕生したのであるが、日本国憲法の施行されない奄美の政治活動が、いかに困難な環境にあったか。ほとんど唯一「社会民主党」だけが、米軍政府に協力することを綱領に明記することで認可され、泉芳朗氏を委員長に復帰運動の指導をすることが許された時代であった。

4 労働組合

ア 民間労働組合の誕生

軍政府は一九四七年七月、賃金と物価上昇を統制・調整するために「低物価政策」を強行してきたが、この頃より民間労働組合が結成され、同年一一月には奄美土木建築労働組合、印刷労働組合、仲仕の下請者矢之脇青年労働組合、恩勝林業組合、湯湾釜林業生産労組、母間港湾労働組合等が次々と結成された。一九四八年には奄美大島自動車運転手会、大島電業所従業員組合、建築請負従業員組合などが結成されたが、米軍政下の民間労働組合は、活動が困難であったためほとんど停止状態であった。一九四七年九月に郵政関係の職員が「逓信会」を結成した。

イ 奄美教職員組合の結成

奄美教職員組合としては、一九四七年二月、それまでの「教育会」を改組してできた笠利村教職員組合（組合員七六名）が結成され、組合長に安田宗侃、副会長に喜入斉、荒田賢良を選出し、初代役員に植田勇蔵、西忠茂、坂元純利、大山栄、水間忠光、奥親雄、山田カエ、渡タツエ、窪田前満、泉荘三、松崎馨が就いた。笠利村教職員組合の運動方針は、「助教整理絶対反対」「即時六・三・三制度の実施」「教職員の待遇改善」「全郡的教職員組合の結成促進」の四点。

これをスローガンに掲げて活動を展開した。翌三月に竜郷村教職員組合（組合員三七名）が結成された。この頃、各市町村でもそれぞれ教職員組合が結成された。その連合体として一九四九年三月一〇日に奄美連合教職員組合（連教組）が結成された。初代組合長は盛景好（名瀬小学校長）、副組合長は水間善也（名瀬中学校長）、事務局長三原明大（専従）であった。なお、占領行政下の教育行事は、ほとんど組合が計画立案し実施の責任を負っていた。それは組合結成前の「教育会」の仕事をそのまま引き継いでいたためである（寿一九八三：一二五）。連教組は教育行政にあたる文教部と一体になって計画し実施するなど、占領期間中の郡教育全般について大きく寄与していた。

ウ　全官公庁職員組合

賃金と物価を調整するために低物価政策がとられ、公定価格を決めたがヤミ物資が横行し低物価政策は失敗した。公務員の給与三〇〇円ベースでは生活はなり立たない状況になった。そこで一九四七年五月、臨時政庁、名瀬市役所、郵便局、学校教職員等の公務員が大同団結して「全官公庁職員組合」の結成と臨時突破賃金要求をする大会を開催した。七月に名瀬市官公庁職員組合（委員長・竹山茂一）を結成した。軍政府はこれを八月に認めた。全二〇町村代表による結成大会でスローガンとして①最低賃金制の確立、②労働法規の制定、③勤労所得税の撤廃等をかかげて「宣言文」には「民主的大島建設のため軍政府に協力する」等を盛り込んで要求書を提出した。委員長に竹山茂一（大島高校）、副委員長に文英吉（大島支庁）、書記長に佐野喜島が選出された。

一九四九年には既述の奄美大島連合教職員組合が発足したので、学校教職員組合は連合逓信会とともに、全官公庁組合から離脱することになり、独自の立場で組合運動を展開していった。このため、全官公庁組合は市町村職組と群島政府官庁職員組合をもって、職域連合体組織として、一九五一年五月に大会を開催した。この大会で、委員長に池畑清吉、副委員長に楠田豊春・河内捷夫、書記長に吉田慶喜の諸氏が選任された（『名瀬市誌』下巻一九七三：一二八）。同年六月の全郡官公庁組合第一回中央委員会では「手取り三〇〇〇円ベースの早期実施」「勤労所得税の撤廃」を決議し要求している。

（大津幸夫）

二、青年団

1 名瀬青年団の結成と衰退

当時の社会情勢として、行政分離による島民の生活は困窮を極め、虚脱と無気力と極度の食糧不足の不安定さが治安の悪化を顕在化させていた（里原一九九四：四七）。こうした中にあって、「二・二宣言」の八日後の一九四六年二月一〇日、治安を安定させ、町民の文化的要求にも応えるため、奄美群島の中心である名瀬市に青年団が結成された。その後すぐに名瀬市青年団が中核となって、全郡組織としての奄美連合青年団が結成されている。当時の青年団の主要な活動は、消防、衛生、食料確保、生産復興、すもう大会、夜学講座、機関紙「奄美青年」の発刊といったものであった。その一方で、治安維持のための自警団を組織したり、闇船取り締まりへの協力など、行政の肩代わりをするような活動も行われていた。また、食糧増産にも若い力を発揮し、名瀬市郊外の大熊青壮年有志は「餓死救済運動」を提唱し実行した（間二〇〇三：二六三）。

敗戦の混乱の続く中、このような活動は島の復興と直接的に結びついたものであり、青年団への地域の期待は大きく、その果たす役割は大きいものであった。一九四六年に行われた戦後初の名瀬市市議会議員選挙で、二四議席中、浜田タカと恵タツの二人の女子青年を含む七名の青年団幹部が当選したことは新しい奄美を担う力として青年団が期待されていたことの証左であろう。しかし、隆盛を極めた青年団活動も一年後の春には次第に衰退し、ついに一九四七年の暮れには完全に機能を停止してしまった。

青年団活動は何故にわずか一年で急速に機能不全に陥ったのか。その理由について崎田氏は「①敗戦という混乱の中で、いちじるしく不安定になった社会の秩序が次第に安定し、警察力なども強化されて、この面で青年団が果たしてきた役割が一応終わったこと、②当初にくらべて社会環境が変化し、それぞれの団員が自分の家庭の生活を考え、なんらかの仕事をしなければならず、団員活動に没頭できなくなったこと、③演芸などの娯楽活動でも青年団以外に、……職業劇団がひしめきあって興行するようになったこと、④あるいは青年の間に政治、経済、教育、文化の各分野で深い知識や広い教養と行動を求める声がたかまってきたこと」（崎田一九九七：二一―二二）と指摘し、また村山氏は「青年団の内部より高次元の目標―『民主奄美の建設』という夢が燃焼されつつあったからである」（村山一九七二：一一二）と述べている。さらに青年団幹部が軍政府の方針で警察署長や検事などに抜擢され、青年団が行政の下請け団体になり、青年団の健全な発展と強化に必要な情熱と理念が欠けてきたことを挙げることができる（崎田一九九七：二三）。

2 地域青年団の再建

名瀬市の青年の一部では、当時の情勢に対応する自主的な運動のための努力を続け、新たに新しい目的をもった組織が誕生してきた。一九四八年五月に再建された崎田氏らを中心とする新四谷青年団がそうである。これ以後、青年運動の主流に彼らを中心とする地域青年団が登場し、四谷区に続いて、朝日区、高千穂区、東区、中央区、永田橋区などで青年団が一九四九年二月から一〇月までに次々と再建された。そして四谷区青年団を中核として、地域青年団を軸に文化運動、政治運動が展開されることになる。

このような地域青年団が再建されていく背景には、青年が島民の先頭にたって闘った二つの生活権闘争とでもいうべき問題への取り組みがあった。一つは、アメリカ軍政府による食糧三倍値上げ問題である。当時の奄美大島は、本土との隔絶によりインフレ、食糧不足などの深刻な生活問題をかかえていた。ところが、アメリカ軍政府は一九四九年一月、インフレ傾向にある琉球経済抑制のために「新財政経済方針」を発表し、奄美において食糧価格三倍値上げを四月に指令したのである。革新的な青年たちは、区ごとに対策協議会を組織し、区民会を開催、この問題への反対運動を展開することにした。地域青年団が再建されていくもう一つの背景に、アメリカ軍の放出物資をめぐる汚職問題があった。大島政庁、名瀬市市役所、農協首脳、市会議員の一部が不正配給を受け、私腹を肥やしていた問題に対し、軍政下の名瀬市政界の汚職体質として徹底的に追及し、関係者を告発することによって、市長と市議会配給委員の四名を有罪に追い込み、政治腐敗に対する市民の批判の先頭にたった。こうした運動の高まりのなかで、一九四九年五月に名瀬市連合青年団の再建準備会が発足し、六月には名瀬市連合青年団（大山光二団長）が再建されたのである。

地域青年団の活動は、島民の生活を守る生活権闘争が中心にすえられていた。この取り組みのなかで、アメリカ軍政府からの干渉をうけながらも、一九五〇年一月、全郡組織としての奄美大島連合青年団の再建が成し遂げられた。島民にとってみれば、地域婦人会等の諸組織が全郡的に組織されていない段階では、島民の生活苦を代弁してくれる組織は青年団しかなく、青年団は生活を脅かす問題に対して常に先頭にたって主導的な役割を果たしてきたのである。しかし、状況としては、島民の生活問題ばかりでなく、より本質的な問題である軍事占領による異民族支配、つまり祖国復帰を青年団として問題にせざるをえない段階にきていたのである（上野一九九三）。

3　青年団と復帰運動

一九五〇年の年が明けると、対日講和条約をめぐる情勢の進展にともない、ようやく帰属問題が国会で取り上げられるようになった。郷土出身の川上嘉議員が参議院本会議で質問を行い、同じく郷土出身の伊東隆治議員が参院外務委員会で取り上げたもので、両議員に対する吉田首相の答弁は、要するに「奄美大島は歴史的に人種的に日本に帰属すべきもので、連合国も十分に考慮すると思う」とし、「国民が帰属問題にたいして希望を述べることは自由である」というものので（村山一九七二：二一八―二一九）、これは青年たちに希望と勇気を与えるものであった。

このような情勢のもとで、一九五〇年三月二四日の夜、名瀬市連合青年団は青年決起集会を名瀬小学校で主催した。この集会は、米軍政府の干渉を避けるため表向きは失業対策や食糧問題となっていたが、その内容は先に宮崎県の大島青年団から送られてきた檄に応えて、郷土の祖国復帰を促進するための決起集会であった。これは奄美における祖国復帰運動を民族運動と位置づけ、大胆に実践に乗り出し、奄美の祖国復帰運動を公然化したという歴史的意義をもつものであった（崎田一九九七：五〇―五一）。

この決起集会以後、名瀬市連合青年団は、アメリカによる植民地・信託統治反対、即時完全復帰を主張し、市民決起集会や復帰協議会の組織化などの活動を展開した。しかし、一方でアメリカ軍政府の干渉も厳しいものとなり、大山団長をはじめ青年団活動家十数名が逮捕拘留された。大山は軍事裁判で重労働六カ月、罰金五〇〇〇円（B円）の判決を受け投獄された。

このような青年団や復帰運動に対するアメリカ軍の干渉にも屈せず、奄美大島連合青年団は、一九五一年二月に三日間にわたる全郡拡大団長会議を開催し、「復帰運動に関しては奄美大島日本復帰協議会に加盟し、その強力な推進力となる」などの「日本復帰に関する決議」を声明として出し、全郡の青年団で復帰運動の先頭にたってとりくむことを方針化したのである。このとき、四谷区青年団機関誌であった『新青年』を、奄美大島連合青年団の代行機関誌として発刊することを決定した。これ以後、『新青年』は、青年運動ばかりでなく復帰運動の理論的、実践的指導誌としての役割も果たすことになる（上野一九九三）。

奄美大島連合青年団の副団長の崎田氏は、『新青年』で復帰運動についての論陣を張り、一九五一年七・八月合併号に「復帰、自由、独立、平和のために」と題して、復帰運動は「奄美民族が琉球小笠原日本との運動の提携と統一をはかり、①信託統治反対、②祖国日本への復帰、③単独講和反対全面講和即時締結の三大スローガンをおし立てて全身全力をささげなければならない」という「復帰三原則」を提示し、復帰運動を牽引している（崎田一九五一）。誌面をみていくと、幅広い立場での編集となっているが、青年・文化運動はもちろん、島民の生活と政治のかかえるあらゆる問題を正面にすえて論評している。復帰運動については、全琉統一と全面講和の論陣を張り、講和条約締結後は条約三条撤廃なしには、民族の独立と民主主義の確立はありえないと主張した。この『新青年』は、異民族による占領・支配のもつ本質的問題を鋭く指摘し、復帰運動を水路づけた点で、青年団機関誌としてその理論的水準の高さは注目される（上野一九九三）。だがしかし、復帰運動の理論誌としての『新青年』は、一九五〇年八月から日本復帰が実現した一九五三年一二月までの約三年半でその役割を終えたことになる。

（田畑洋一）

三、婦人会

1 沿革

婦人会とは女性を構成員とし一定の目的をもつ組織で、一八七六年に結成された東京大谷婦人会が最初で、その後、明治の前半に仏教系の婦人会が結成され、一八八五年ごろから、現在のような婦人会が誕生してきた。奄美では、戦前には愛国婦人会、国防婦人会、仏教婦人会、その他諸々、いろんな形の婦人会があったが、このうち、名瀬町の仏教婦人会は西本願寺派の大正寺の初代住職財部寂心師の代に、街の信徒や検判事夫人が中心となって作られ、月々定例会をもって会員の修養を図った。その事業として、女子教育が普及していなかった当時、仏婦が大正寺内に「淑徳学園」を開設し、鹿児島から指導婦人を招いて、裁縫・生花・茶の湯・琴・作法などの教授に当たった。このことは、大島の婦人会活動として、特筆されるべき功績であった（『名瀬市誌』下巻一九七三：三一〇―三一一）。

2 名瀬婦人会の結成

戦後、「二・二宣言」以降、奄美はアメリカ軍政下に置かれるが、一九四六年六月四日の軍政府通達により、婦人参政権が認められ、戦後初の名瀬市市議会議員選挙で、二四議席中初めての女性議員二名（浜田タカ・恵タツ）が誕生した。同年一〇月に民主的婦人会結成要領が発表され、名瀬婦人会結成準備会が立ち上がり、翌年の七月に名瀬市婦人会（会長基八重）が結成された（間二〇〇三：三〇五）。

一九四六年は、戦後の貧しさに打ちひしがれてばかりいたわけではなく、文化面で花が開いている。「あかつち会」が一九四六年二月二日に発足し、文化講座が開催され、女性問題講演会では恵タツ女史が泉芳朗氏や中村安太郎氏らと一九四八年二月一四日、婦人の地位に関するテーマで講演している（当田一九八三）。

しかし、一九四七年七月、軍政下の経済政策の第一弾として出された低物価政策と一九四九年四月二九日の放出食糧の価格の三倍値上げ指令は、島民生活をますます苦境に陥れ、食糧三倍値上げ反対闘争が強力に展開された。また一九四九年六月には、婦人生活擁護会（会長松岡百代）が、七月には「全大島生活擁護協議会」が結成され、①食糧価格の値下げ、②二四〇〇カロリーの絶対確保のスローガンを掲げ、党派を超えた食糧問題統一行動組織として、名瀬市民大会や郡民大会などを開催した。

こうした状況の中で、一九五〇年一一月二三日、名瀬市社会課の肝いりで有志が集い、婦人会は再出発することになる。以降、分離下における地域婦人会として本格的な第一歩を踏み出すことになった。役員に準備委員であった財部・和・中村・基がすえられ、総務・生活・文化の三部門を村上・和・亀井の諸女史が担当、運営も民主主義をとりいれ、当時の名瀬の八地区より各代議員を立て、毎月中央委員会を開いて、各地区の提案事項を検討して執行に移すなどを申し合わせた[16]。

まず事業の手初めとして、一〇万余円B円を募り、婦人会事務所としての建物を取得し、これを会員のよりどころとした。一九五一年七月には群島内の各地域婦人会によびかけ、その賛同を得て、奄美大島婦人連合会（会長基八重）を結成し、名瀬市を中心とした婦人会態勢を整えた。

3　婦人会と復帰運動

一九五一年二月、社会民主党の呼びかけで復帰運動を民族運動として展開するための超党派の奄美大島日本復帰協議会が結成され、復帰運動が統一的に取り組まれることになった。前年に再結成された婦人会もただちに加入、積極的に

16　亀井（一九七三）によれば、その後、「内部分裂をきたし、役員の更迭、活動方針の変化とともに婦人会活動はやりにくくなった」

協力するとともに、婦人会としても祖国復帰を第一目標に掲げ活動した。一九五一年七月に結成された奄美大島婦人連合会は青年団と一緒に募金運動にも参加し、蔭となり日向になり、時には表面に出て女性たちが力を発揮した。

だが、復帰運動と婦人会活動を両立させてゆく上には、種々困難があった。このことについて、基会長は「たとえば、生活改善の面などにおいて、軍政府より受配する食糧や衣類の調理・更生、あるいは新しい育児や民主家庭などを学ぶためには、米軍教育官夫妻の厚意的指導をうけておりながら、その一方で米政府の喜ばぬ復帰悲願のプラカードを掲げて、大会や行進に参加するとか、また主食値上げに反対運動をなすなどは、女性の心理としてはばかられる向きもあり、矛盾を感じることがたびたびあった」(『名瀬市誌』下巻一九七三:三一二)と回想している。

この困難を乗り越えて、基会長によれば、婦人会は二つの面の運動をなし遂げたという。一つは「身近な問題としては、用紙類を文教部より分けてもらって、機関紙としての『婦人会便り』を発行したり、各自持ち合わせの残糸を持ち寄って、名ばかりの紬を織るとか、事務所を利用して託児所を開き会員自らが保母に当たるなど」の活動と、二つは「島の因習打破や生活改善の意味で、節酒や島の行事の改良を強くよびかけた」。

また、その他の活動としては、分離下における諸問題を取り上げ、たとえば、「旧民法下におかれた島民のため、新民法の適用を訴えるとか、母子寮の建設を要望するとか、さらに新しい制度による婦人教育委員に神田女史を立候補させるなど」で、当時としては飛躍的と見られる活動も展開した。また、当時は島の産業である大島紬製織の途が閉ざされていたので、「島の婦人に対する授産事業の一環として打ち合わせ、琉球政府より予算をもらい、受講会員を沖縄に送って、技術習得の上、さらに名瀬において長期の講習を開いたりした」(『名瀬市誌』下巻一九七三:三一二―三一三)。

名瀬市婦人会は、奄婦連と提携しつつ、積極的に活動を続けていたが、目標の祖国復帰の問題はまだ見通しがつかず、会員は焦燥に駆られていた。その矢先、人権擁護協会長ルーズベルト夫人の来日が島に伝えられた。奄婦連会長の基八重と副会長の橋口初枝の二人の婦人代表が一九五三年六月初め、九州旅行のル夫人を福岡に訪れ、「鹿児島県大島郡即時復帰請願書」を差し出し協力を要請した(村山一九七二:四五六)。その後、婦人代表らは国会陳情を行い大きな成果を上げた。この婦人代表の活躍は特記すべきであろう。

最後に、筆者が忘れてはならないと思う方を挙げておきたい。奄美女性の地位向上に尽力してこられた村上春子女史である。彼女は瀬戸内町出身で、戦後の名瀬市の焼け野原の中で、婦人会館の中に子供幼児の預かり所をつくり、母子会会長として、婦人会総務部長として、日夜駆け回り、母子寮建設、保育所開設に奔走し、遺族会館建設にも携わり、後に遺族会会長にもなられた方である。当時の男性優位の社会の中で、女性の立場からの意見を述べて、大事なことを全部進めて行かれた。男勝りの女性だった。当時、会合等は、ほとんど男性ばかりが出席していて、女性が物申すと、女性は物言うな、女は引っ込んでおれ、と罵声が飛ぶ時代だった。そういう時代の中にあって、持ち前の積極性と勇気により多くの業績を上げられた彼女に感謝と敬意を表したい。

（石神京子）

四、本土・沖縄郷友会

1 東京奄美会

東京奄美会は一八九九年一月、上野不忍池畔の「韻松亭」で東大生の泉二新熊氏（大審院長）、ニコライ正教神学校の昇直隆（曙夢）氏らの発案で奄美出身者に呼びかけ、数十名が集い新年会を開いたのが始まりである。一九〇四年一月、神田の「錦輝館」で開かれた新年会において組織化が話し合われ、名称を「在京大島郡青年会」（会長泉二新熊氏）とし、一九三五年には「奄美大島郡人会」と改称され、一九三九年一一月、現在の「東京奄美会」になり現在に至っている。一九四六年一二月八日には東京で全国奄美連合総本部（委員長奥山八郎氏）と奄美連合東京本部（委員長伊東隆治氏）が、一九四七年一一月に東京で奄美青年同盟（委員長久留義三氏）がそれぞれ結成された。また一九五〇年三月二四日に東京奄美学生会（会長高岡善成氏）が発足し、四月六日には新橋駅前、数寄屋橋、渋谷、新宿などで四五日間にわたり「奄美大島の復帰と渡航の自由」を訴えて街頭署名運動を展開した。これが復帰運動の口火となって燃え広がった。

繰り返すようだが、第二次世界大戦後の一九四六年二月、奄美群島は突如として米国の占領下に置かれ、日本から分離された。これにより、本土への渡航や交易は厳しく制限されたため、慢性的な食料・物不足で人々の生活は困窮し、戦後復興どころか経済発展の見通しも立たない状況に島民の危機感は増していた。換金作物、物産の販路は途絶え、人々は困窮にあえぎ、ある者は進学や仕事のため本土へ密航し、ある者は沖縄本島に渡っていった。

当初から活発だった復帰運動は一九五一年、詩人の泉芳朗を議長に奄美大島日本復帰協議会が結成され本格化した。復帰を求める署名は一四歳以上の群島民の九九・八％を占める一四万筆が集まった。民意の結集である署名録は一九五一年五月一二日早朝、「復帰嘆願書」とともに横浜港に到着し、当時の奄美連合神奈川県本部委員長の瀬田良市氏宅に持ち込まれた。

嘆願書は、まえがき、①二二万人の大悲願、②奄美群島と日本との民族的関係、③奄美群島と日本との歴史的関係、④奄美群島と日本本土との経済関係、⑤むすび、から構成され、まえがきでは、奄美群島人民の二二余万人の一四歳以上の住民による九九・八％の署名録を添えて陳情嘆願する旨の内容である。①の二二万人の大悲願とは、いうまでもなく日本復帰は奄美群島民の総意であり悲願であるとするもので、②の奄美群島と日本との民族的関係では、奄美群島民は歴史上の記録からも言語、信仰、風俗、習慣も日本人と同一の祖先民族であることを訴え、③の奄美群島と日本との歴史的関係では、奄美群島は古代からの日本領土であり、カイロ宣言に抵触するものではなく、このことは日本歴史・東洋歴史・世界歴史並びに国際的外交文書によっても立証できる、④の奄美群島と日本本土との経済関係では、黒糖、大島紬、鰹節などの需要は日本本土であり、産業・経済は日本との依存関係で成り立ち、日本と分離されたならば失業と飢餓に陥るであろうと訴え、⑤のむすびでは、人道的・人間的な自然感情を理解の上、全群島民の総意をもって嘆願するものであると述べている。

一九五一年五月二六日、奄美連合総本部の傘下に、復帰運動の推進母体である東京復帰対策委員会（委員長金井正夫）

を設置し、マッカーサー司令官やトルーマン大統領らに復帰陳情書を送ることを決めた。署名録はこの嘆願書とともに本土在住奄美出身者の組織である奄美連合総本部の代表たちの手で、鹿児島県選出の国会議員を通じて関係要路に持参され請願陳情が行われた。関係機関に請願手続きがとられ、この請願を審議した衆議院は六月二日、参議院は六月五日にこれを採択し、「領土問題に関する決議」が可決された。

東京奄美会は、大先輩たちの努力により幾多の苦難を乗り越え、令和の今日、創立一二〇周年の節目を迎えた。この一二〇年の世界の歴史は平坦なものではなかった。さきの太平洋戦争は敗戦で終わったが、予想もしなかった本土と奄美の分離、そして戦後八年間のアメリカの軍政の下で奄美の人々は困窮のどん底で不自由に耐えていた。講和条約にアメリカの信託統治のことが明らかになるや、奄美同胞は決然と民族の独立、本土への復帰をめざして奄美内外の四〇万人同胞は民族の独立と自由を守るために決起し、一大民族運動を展開し、一九五三年一二月二五日に祖国に復帰を果たした。このような自由と独立の民族闘争は知る人ぞ知る。日本史のうえに記されていないことはまことに残念であり、この一大民族運動が国家的慶祝をもって評価されることを待っていた。この思いは二〇〇三年一一月一六日鹿児島県奄美市で開催された奄美群島復帰五〇周年記念式典に天皇皇后両陛下のご臨席を頂いて盛大に式典が行われ、この折に天皇陛下のお言葉に「復帰運動に携わった多くの人々の労苦はいかばかりのものがあったかとしのばれます」とあり、このお言葉に先達たちの御霊も慰められたことと思った次第である。

東京奄美会は二〇〇三年一一月九日に奄美群島の自立的発展に向けた「緊急東京アピール」を採択した。これをここに紹介したい。

［緊急東京アピール］

奄美群島の自立的発展へ

我々の郷土奄美群島は、昭和二八年の本土復帰以来五〇年の間に、国の特別措置と鹿児島県及び群島市町村の積極的な施策の推進そしてまた地域住民の不断の努力により、群島の復興と振興開発が進められ、教育・文化・産業・社会資本の整備等に相応の成果を得ることができた。

しかし、奄美群島は地理的、歴史的条件等の特殊事情による様々な不利益性があり、本土との所得水準の格差、人口流出による過疎化と高齢化の進行など社会経済面で多くの課題を抱え、前途は極めて厳しい状況にある。

その一方、奄美群島は、亜熱帯性、海洋性の豊かな自然環境が残り、島唄に代表される多様で個性的な伝統文化等の特性に恵まれ、長寿、癒しの島として他地域にはない風土的な魅力と資源の恩恵を享受しており、これらを活用した個性ある地域建設には群民の一丸となった努力が強く期待される。また、群島が持つこのような発展可能性を具現し、施策として推進するとともに、群島の置かれている地理的、自然的な不利益性を克服緩和するためにも国等の強力な施策による支援は不可欠である。

よって、東京奄美会会員一同は、復帰五〇周年記念式典において、郷土奄美群島の自立的発展を希求して次のとおり緊急アピールする。

一、群島民は、これまで蓄積してきた社会資本を活用し、地域特性を生かした競争力のある産業育成へ、自発的・主体的取り組みをするよう強く要請する。

一、奄美の島唄や豊かな自然、長寿等の優位性など地域の文化・資源を生かした日本のモデル地域としての「癒しの島」づくりへの努力を要請する。

一、奄美群島の特性ある生物の多様性と自然を生かす世界自然遺産への登録も視野に入れた「人と自然が共生する島」づくりを要請する。

一、以上の課題の解決には、群島の自主的取り組みと併せ、引き続き国家的支援が必要であり、これを確保し、保証する特別措置法の改正延長とその内容の充実強化を政府、国会等関係機関に強く訴えるものである。

我々は五〇余年前に奄美群島内外の同胞が愛国と愛郷の心に燃え、郷土の日本復帰に死力を尽くされたことに深甚なる敬意と感謝を捧げ、ここに郷党一同の総意をもって緊急東京アピールを採択する。

平成一五年一一月九日

東京奄美会
（田中達三）

2 関西奄美会

ア 復帰運動は関西から始まった

関西における日本復帰運動は、どう展開されたのだろうか。終戦から半年後の一九四六年二月一八日、平山福三氏（徳之島町出身）らが尼崎市昭和通りで「奄美連盟全国総本部」を創立し、「京阪神在住の奄美大島出身者を救済せよ」との声を挙げ、三月八日、兵庫県下の奄美出身者に呼びかけ、奄美連盟全国総本部結成報告会を尼崎市で開催、報告会では向井企画部長が司会、平山本部長が連盟創立の趣旨を説明した。奄美大島連盟神戸支部が三月九日、東博志、中川源三郎、久保栄利氏が発起人となって長田区吉田町公会堂で結成された。四月一四日、吉田国民学校で奄美連盟兵庫連合会結成大会（委員長重野栄蔵、副委員長東博光、宗吉英起氏）が開かれ、六月二日には奄美連盟神戸支部総会が西尻池の真陽国民学校で開かれ、「久保栄利支部長の挨拶に次いで、八納青年部長が熱弁……」とある。月日ははっきりしないが、この頃、京都府においても復帰を促進する組織が結成されている。

このように神戸、尼崎、大阪、京都を含め全関西エリアで奄美の日本復帰運動を推進する団体が生まれている。役員の名前を見ても分かる通り、目的は同じでも、いくつかの組織体に分かれていた。「組織は一つにした方がいいのではないか」との関西在住奄美出身者の思いが、その後の運動体の在り方に影響を与えたようである。

復帰運動は関西から東京へと伝わる。この年の九月四日、東京では同胞の生活救済に当たるため、「東京奄美連盟」が結成された。尼崎での奄美連盟全国総本部から半年後である。日本復帰運動のノロシをあげたのは関西であったが、首都での組織結成の意味合いは大きく、全国各地へ波及をもたらした。

イ 奄美連合の結成

この年の一二月八日、東京で大きな動きがあった。復帰運動を全国統一組織にするため、東京奄美会を中心に「全国奄美連合」が設立されることになり、東京都板橋区で設立準備委員会が開かれた。全国からは七六人の代表が結集した。関西からは、兵庫の重野栄蔵、大阪から平次郎、嘉納英恒、京都から平山宮秀氏らが参加し、中央執行委員長に奥山八郎氏が就任した。

これを受けて、一九四七年三月二日、大阪市北区西天満小学校で「奄美連合大阪本部結成大会」が開かれた。初代役員には、委員長平次郎、副委員長前田村清、吉田美英、盛岡繁次氏が就任した。「吾等は奄美大島が沖縄と共に戦場となり、この惨禍の深刻にして人類の悲劇であった事を直接体験せり。敗戦に加えて又分離……。この運命の惨転は民族滅亡の強制を意味する。故に吾等は決然これを拒否、講和条約に之を完全復帰を要求し且つ期待する。個々に在阪四郷徒を糾合し目標の完遂を期せんとす」との声明文も採択された。綱領の一つには「奄美連合に結集目的完遂に敢斗を誓う」との表現も設けられ、既存団体への協力も呼びかけられた。

この段階で、奄美連合を構成する地方本部は奄美連合東京本部、神奈川県本部、川崎市支部、京都府本部、大阪府本部、兵庫県本部、広島県本部、四国本部、福岡県本部、長崎県本部、宮崎県本部、鹿児島県本部である。では、奄美連合大阪はどのような活動をしていたのだろうか。和田年表では、「赤間大阪府知事に対して、奄美出身者の窮状を訴え、衣料品、木炭などの消費者物資の特配を受けて、困り果てた一部の戦災者や外地からの引き揚げ者らに配布した。又、……一週間の興業を続けて得た四五万円の利益金は、そのうちの半分を各支部より申告された家族に対し、それぞれの条件に基づいて給付したのである」と記述されている。

一九四七年一二月一二日、奄美連合会全国臨時総会が大阪市大正区で開催され、ロシア文学者昇直隆（曙夢）氏が三代目会長に推挙された。以後、昇氏が奄美復帰運動のリーダーとして一九五二年まで尽力されることになる。一九四八年五月二七日、奄美連合大阪総会が大阪商工会議所にて開会され、平委員長以下の役員が再選された。しかし、その後、平氏の運営に対する批判があり、約二カ月間紛糾が続いた。「復帰運動の不統一にならないように」との観点から平氏が発言を求め、事態は収捨され事なきを得た。同年九月二日、全国奄美連合総本部（昇曙夢委員長）が、奄美群島と本土間の交通、貿易、送金などの自由を許可するよう「自由交易許可嘆願書」を初めてマッカーサー連合国最高司令官へ提出した。

奄美連合大阪は八月二一日に役員改選を行い、委員長が平次郎氏から吉田美英氏に代わった。神戸奄美連合会は九月、長田区二葉小学校で「兵庫県奄美大島祖国復帰協議会」を開き、会の業務を全て復帰運動へ切り替えることになった。

ウ　復帰対策委員会も設立

一九五一年六月一四日、奄美連合大阪府本部は福島区文化会館で会合を開き、「奄美諸島復帰対策委員会」を設立した。委員長には平次郎氏、副委員長には前田村清氏、吉田美英氏ら七人が就任した。また、六月二四日に行われた奄美連合全国総本部総会では「会の目的に郷土の復帰条項を加え、傘下に全国を統一した奄美群島日本復帰全国対策委員会を設置すること、一〇〇万人の署名運動（展開）」を決議した。組織は二本立てにしながら、会の目標、戦術を「日本復帰」一本に絞ろうということになった。同年七月一五日、府立大手前会館で四万人の総決起大会と銘打った「奄美連合大阪府総決起大会」が開催された。その時の様子については「朝来の篠衝く雨にもめげず会衆は郷土の帰趨を案じて大手前会館へと踵を連ね文字通り陸続たり。万堂に溢るる盛況は復帰の実現を如何に熱願して居るかを示すものである。同憂の郷徒が悲壮なる決意を以て形相に示す祖国に対する思慕の情は計り知れないものがある」（和田年表）と記述されている。奄美連合全国総会、復帰対策委員会が同年一一月一四～一五日、地方代表三〇名が参加して京橋公会堂で開催された。しかし、運動方針をめぐって意見が対立。「米国は信託統治にはしないと思うからあまり刺激的なことは避けた方がいい」とする消極論と、「あくまで民族の意志を主張して粘り強く闘い続けるべきだ」とする積極論で議論は白熱紛糾し、兵庫代表からは組織解体論も飛び出した。昇曙夢委員長は「運動は正式にこれからだ」と統一と団結を訴えて深い感銘を与えた。懇談の席では、奄美連合大阪本部の存廃についても話し合われたようである。

群島内各地での集団断食も相次いだ。奄美同胞の必死の働きかけも空しく、条約は九月八日に調印、一九五二年四月二八日発効し、奄美群島は正式に米軍の施政権下に置かれた。

講和条約発効は、復帰運動にも影を落とした。同年一二月一二日、復帰対策委員会兵庫（岡武雄委員長）は「講和後は復帰望みなし。……渡航も比較的楽になり、送金も出来るようになった現在、復帰運動も大部分の目的は達した。……神戸でも奄美会を作って、復帰対策委員会は解散し……」として突然解散決議がなされた。大阪と神戸は、関西における復帰運動の二大拠点である。講和条約の発効が影響して、拠点の一つが崩れることになった。この頃は日本復帰を求める強い思いと、やや諦めかけた弱い思いが交錯しながらの、日本復帰運動だったように思われる。

エ　新聞は誤報？　実は特ダネだった

復帰の前年となる一九五二年九月二六日午後七時、ＮＨＫはトップニュースで「奄美の日本復帰有望」という朗報を伝えた。ところが翌九月二七日の毎日新聞は、マーフィ米大使と岡崎外相との会見記事を掲げ、マーフィ大使が「北緯二七度半以北の奄美諸島の施政権を日本政府に返還するか、委託するかを考慮中である」と語ったと報じ、同日の朝日新聞は「奄美群島の行政権を返還する地理的な範囲はまだ話し合いは進められていない」と掲載した。

毎日新聞が報じた「二七度半」の「半」が物議を醸し、沈静化しかけた復帰運動を再燃させることにもなった。「半」が入れば、沖永良部島と与論島は日本に返されないことになる。「半」が入らなければ、他の奄美群島とともに復帰することになる。

復帰を目指す奄美群島にとっては重大な岐路を迎えたが、復帰史の中では、毎日新聞の記事は「誤報」として処理されている。小生も（神戸）新聞社に約四〇年間在籍し、記者として国会や中央官庁を取材したので、毎日新聞記事が誤報であるかどうかについて大きな関心を抱いた。この機会しかないと思うのでジャーナリスト的考察をさせていただく。

同一九五二年一〇月二五日、奄美関係者が総理府南方連絡事務局に行き、課長級に面談。記事の背景を確認したところ「毎日新聞から奄美大島は何度からかと問い合わせがあったので、二七度からだが、そうすれば沖縄県の一部が入ると話したところ、それでは二七度半ぐらいでよいだろう、と言って電話を切ってしまった。それが二七度半の記事になったのだと思う」と応答、奄美関係者は怒り心頭に発し、担当課長に詰め寄る場面もあった。

これより前の一〇月八日、神奈川県小田原市で行われた全国都道府県会議長会の席上、岡崎外務大臣が「小笠原と同緯度の線（北緯二七度半）は困難だろう」ということを発言。これを鹿児島県会議長がしっかり聞いた、と伝わってきた。県会議長に外相の話の真意を質したところ、「それは公式の席上ではなく個人的な話であったから、絶対に伏せてくれ」と言われたそうである。その後議長は、「岡崎外相は、米軍司令部では小笠原と同一緯度にある奄美大島の一部は帰らないということを言明した」と岡崎発言について言い直した。

この流れで見ると、毎日新聞の記事は「誤報」ではなく、「特ダネ」である。その時点では、正しい記事である。ニュースで予期しない「真実」が伝わり、社会で混乱が起きると、行政当局は「あれは新聞の誤報です」と言って煙幕を張りながら混乱が収まるのを待つ。この記事などもその類であろう。毎日新聞の記者、多分外務省担当であろうが、総理府にも取材し、岡崎外相に面談し「米国側の腹の中」をつかみ取っていたような感じがする。それでなければ、あの大胆な報道・記事は出て来なかったであろう。毎日新聞の報道がなければ、ある日突然、沖永良部島、与論島を分離する形での群島の日本復帰が決定、実行されていたかもしれない。この報道は二島の関係者だけでなく、奄美同胞全体を復帰へ向けて押し上げる力となった。

報道から数日後の一〇月四日、知名町、和泊町、与論村では奄美全島完全復帰の総決起大会が開催され、一大運動を展開することになった。一〇月一九日には神戸市葺合区八幡神社境内で、関西総決起大会が開かれ、多数の来賓が烈烈たる熱弁を振るった。圧巻だったのは分離返還反対陳情のため、神戸を訪れた沖永良部島和泊町長東仲一氏、知名町長岡本経良氏の歓迎式である。国鉄（現ＪＲ）三ノ宮駅頭で行われたが、駅長が「歓迎の盛大なる事、終戦以来初めて」と漏らしたそうである。各新聞社、放送局（当時はラジオだけの放送）も両町長の取材に駆け付けた。

一九五三年六月六日、奄美大島復帰対策委員会前田村清副委員長と及川永保事務局長は、米国内において大きな政治的発言力を持つルーズベルト元大統領夫人の西下の機会を捉えて、奄美同胞の窮状を訴えるメッセージを新大阪ホテルで手渡すことに成功した。七月二五〜二七日、横浜市の神奈川県会議事堂、東京の参議院会館で奄美大島日本復帰全国大会が開催された。大阪側は長期戦を覚悟して運動に取り組もう、との腹案を持ち大会に臨んだ。

オ　突然のダレス声明に勇躍歓喜

奄美同胞四〇万人の悲願である「日本復帰」は、同一九五三年八月八日、唐突な形で実現することが決まった。韓国からの帰途、日本に立ち寄ったダレス国務長官が吉田首相、岡崎外相と会談した後、内外記者団と会見。「米国政府は奄美群島に対する諸権利を……日本政府に管理権が回復するよう、放棄することを希望している」との声明を発表した。八年に及ぶ米国支配から解放され、日本復帰の実現が決まった瞬間である。終戦の翌年である一九四六年、兵庫県尼崎市で起きたさざ波が小波となり、大波となって「日本復帰」を勝ち取ることになった。待ちに待った朗報は電波（ラジオ）にのって全国に伝わった。八月九日、奄美大島復帰対策大阪府委員会は「万感胸に迫り、全国民並び国会の援助の賜物であります事を肝銘します。……米国政府当局が全国民の世論を十分理解されて……」とのメッセージを発表した。八月一〇日、復帰対策大阪のメンバーは、官公庁や報道機関に感謝のため訪問しお礼を述べた。

ダレス声明は、関西の運動家らにどんな印象を与えたのであろうか。徳之島出身で、関西奄美会などの役員をされた富不二友氏の談話を、第八九回関西奄美会総会記念誌から引用する。「ダレス声明は忘れることができない。声明を受けて、一〇日にはバスを貸し切って新聞社、大阪府庁、大阪市庁に感謝の挨拶回りをしました。一九四七年の奄美連合大阪府本部の発足時から常任幹事として積極的に復帰運動に参加しました。関西金属工業の社長で同郷の先輩でもあった前田村清さんは、物心両面で運動を支援した人物で、おやじと呼んで慕っていました」と語っている。ここで、多くの方の復帰運動体験談を盛り込みたいところであるが、他界されているため叶わない。
復帰が現実のものになった日の奄美同胞の動きも気になる。和田年表には、「復帰に勝利したこの日、大阪市北区高垣町の事務局には運動に身を挺し、苦節八年を共にした同志や郷党が続々と詰めかけ……新聞記者団のインタビューや撮影に平委員長、及川事務局長らは大わらわである」と記されている。嬉しさと忙しさでてんてこ舞いという状況が見て取れるようである。

カ 今後への期待

戦後、八年にわたる異民族支配を経ながら、一切の武力も行使せず、一滴の血も流さず、私たちの祖先が復帰を勝ち取ったことは、世界でも稀有な出来事と先輩たちを称える気持ちでいっぱいになる。二〇二三年、日本復帰七〇周年を迎えるが、その時に「ユネスコ記憶遺産」に登録するよう、自然遺産登録後、運動を始めたらどうであろう。登録申請は官民問わずに出来るということなので、私よりも若い人たちの踏ん張りを期待している。人生で困難な状況に陥った時、祖先が断食をして日本復帰を勝ち取ったということを思い起こすと、きっと、元気と勇気が湧いてくるはずである。

（中井和久）

3 鹿児島奄美会

ア 沿革

鹿児島奄美会が発足したのは一九一八年と記録されているが、沖州会はそれ以前の一九一四年に創立されている。[17] これ以降、各郷友会が生まれ、それがまとまり在鹿大島郡人会の誕生となった。戦後は鹿児島奄美会という名称になるも、一九五一年一一月に大島郡人会の会名を復活し、さらに復帰後の一九五四年鹿児島奄美会と改称した。一九四八年三月

17 以下、鹿児島奄美会（二〇〇九）『鹿児島奄美会誌』を参照した。

に鹿児島市大正会館で鹿児島奄美連盟設立総会を開いている。出席者は三五〇人となっている。一九四八年六月に奄美会館で総会を開き、武山会長の挨拶、会務報告の後、任期満了に伴う役員改選が行われた。会長榊純則（天城）、副会長大庭猛夫（三方）、江島田照（早町）、幹事長平窪池島（和泊）、顧問武山宮信（和泊）の各氏が当選した。

イ 在鹿日本復帰協議会の結成と活動

奄美会館で一九五〇年三月九日、復帰運動を設立するための発起人会を開催した。発起人は奄美会会長榊純則（天城）、市議会議長岩切重秀（龍郷）、市議会議員本恵三、商工会議所貿易部会長有島文夫、県織物工業協同組合専務理事水間才三、本場大島紬工業協同組合理事長藤山清、奄美社武山宮信が出席。欠席は、当日旅行のため欠席の保岡武久副知事、永井深造市議会議員、豊島林良奄美連合委員長らの各氏である。

在鹿奄美同胞八〇余名は一九五一年八月四日、中町都島で遅まきながら鹿児島奄美大島日本復帰協議会を結成して、奄美会と奄美連盟の別なく、全郷友を網羅する態勢を整え、役員を次のように選んだ。委員長岩切重秀（龍郷）、副委員長隆義心（名瀬）、上原憲光（笠利）、向井猛太（喜界）、宮一（伊仙）、沖元達（和泊）の各氏で、事務所は岩切委員長が社長をしている泉町一二番地の昭和物産（株）の事務所に置き、同所で頻繁に役員会を開いて署名運動をおこし、市外の郷友に対しては奄美社が手配した。そして、八月九日午後六時三〇分から鹿児島市中央公民館で一〇〇〇人の県民大会を開き、田中茂穂県議会議長、勝目清市長、新川近義市議会議長、代議士等が登壇して、早期日本復帰の実現に向けて活動することを確認した。

第二回県民大会は一九五二年一月四日、県自治会館で開いた。大会委員長は復帰運動本部長たる田中茂穂県議会議長で、重成格知事をはじめ一一名の発起人が登壇し、「緊急に大島を日本に返せ、これこそ窮乏の大島を救う第一の道である」と力説し、「われわれのこの叫び、ワシントンに、東京に、全国に轟け」と大声疾呼すれば、参加者すべてが感激の涙で頬を濡らした。哀調切々の日本復帰の歌のメロディが流れ、興奮の拍手は場外に響いた。続いて島に思いを通わせる奄美民謡や沖縄舞踊が繰り広げられた。このとき、重成知事が壇上に躍り出て「赤い蘇鉄」を披露され、会場から割れんばかりの拍手喝采を浴びた。

在鹿大島郡人会主催（会長保岡武久）で、一九五三年八月二二日、鹿児島市中央公民館において、市民及び市外の群島民一二〇〇人が参加し、静けさのうちに祝賀行事を進めた。司会宮原一市議、開会の祝辞福島又二副会長に続き挨拶保岡武久会長、宣言沖元隆副会長、祝辞重成格知事、田中茂穂県議会議長、勝目清市長、岩野鹿児島地裁所長、衆参議員四氏、二階堂三郎県教委委員長、復帰万歳重成知事音頭の各氏である。

ウ　鹿児島奄美会の課題

鹿児島奄美会は前身となる在鹿大島郡人会が一九一八年に産声を上げ、昨年一〇〇周年を迎えた。現在は一一市町村の郷友会で組織され、会員同士が親睦を深めつつ、災害時の復興支援など古里への貢献活動を続けている。鹿児島奄美会は復帰運動に直接的にかかわることは少なかったが、先人たちの偉業を称え、復帰運動に込めた思いは何だったのか、その思いは果たして今の奄美に実現されているのか、未だ実現されていない課題は何なのか、に思いを馳せたい。鹿児島奄美会も本土郷友会の一つとして、復帰運動を折に触れ振り返り、奄美に文化の香り豊かな民主的社会を築こうとした先人たちの思いをきちんと受け継ぎ、それを語り継いでいかなければならないと思う。

（福崎榮市）

4　沖縄奄美連合会

はじめに

戦後沖縄に渡った奄美の人達は当時の状況から日常の自己の生活が精一杯で、奄美の復帰運動にほとんどの人が関わる余裕はなかったと考えられる。このことは二〇〇三年、筆者が主催した「奄美群島復帰五〇周年記念事業」時に復帰運動に対する奄美出身者への聞き取りからも確認されている。沖縄に渡った奄美人については歴史の陰の部分であり、関心を持つ研究者も少なく文献も限られている。「語らない、書かない奄美の人達」「語ってくれない、書いてくれない沖縄の人達」ということもある。奄美の復帰運動は奄美人の誇れる偉業として語り継ぐべきことであるが、復帰後の在琉大島出身者の厳しい現実をも語り継がなければならないと考えている。

沖縄に渡った奄美の人々は、奄美の日本復帰後には外国人として差別され、そうした沖縄社会の厳しい環境の中にあって、在琉大島人は「愛郷心と同胞愛」そして古くから沖縄・奄美に伝わる「互助の精神」で結成された郷友会の存在に心の拠り所を求めてきた。筆者は長い間沖縄に住み、沖縄奄美連合会長としての任にある関係上、在琉大島人の状況、在琉大島人に対する処遇や沖縄郷友会の活動などについて述べておきたい。

ア 沖縄に渡った奄美の人達

戦後沖縄に渡った奄美の人達は大別して二区分できる。一つは占領軍に請われて沖縄に渡った人達である。彼らは米国軍政府から廃墟と化した沖縄の戦後復興と沖縄島再建のため、金融・流通・経済再建のための人材として請われて沖縄の地に渡った人達、たとえば、臨時北部南西諸島財政部長から一九四八年一一月五日、琉銀行初代総裁に迎えられ就任した池畑嶺里氏（瀬戸内町西古出身）、琉球官界にあってその手腕と豊富な経験を買われ、琉球諮問委員会に奄美代表として参加し、一九五一年四月一日に琉球臨時中央政府初代副主席（立法院副議長兼務）に就任された泉有平氏（瀬戸内町須古茂出身）などの各氏がそうである。また、一九五二年琉球政府立法院副議長に就任、翌年一二月一日、初代在沖奄美連合会長に就任された平山源宝氏（伊仙町出身）、琉球臨時中央政府の琉球商務官（駐日貿易代表団）として活躍された重村俊一氏（和泊町古里出身）などがおられる。

これとは逆に生きるため、職を求めて、夢を馳せて渡った人達もいる。奄美の貧窮する厳しい社会状況から多くの出身者が沖縄の地に渡ることになるが、基地建設に伴い一九四九年末頃から沖縄の労働者不足と渡沖が緩和されたこともあり、多くの老若男女が沖縄に渡ることになった。その数五万とも七万ともいわれている。「果たしてどれほどの人がこの地に渡り、どんな苦労をしたのか、本当のことは誰も解らないのでは……」ということになる。「一九五〇年から五二年にかけて毎月一〇〇〇名余の男女の働き手が島から消え、その数はついに五万人余に達した。……老人と子供ばかりの村がふえ、戦時中を思わせる状況に逆戻りした」（日本共産党奄美地区委員会一九八四：一七二）という。「青年男女の多くは職を求めて沖縄に流れ、アメリカ軍基地で働き、日本（本土）人の三分の一の賃金、労働三法の適用を受けない劣悪な労働条件下で苦しんだ」（薗二〇〇五）とも言われている。

イ　復帰直後の在琉大島人の状況と処遇

一九五三年一二月二五日の奄美復帰を受けて、在琉大島出身者は一二月二八日那覇市内の沖縄劇場で約六〇〇人が参加して「奄美復帰祝賀会」を開いたが、会場に祝いの雰囲気はなく、大島出身者の身分についての意見交換が延々四時間も続き、祝宴は一時間だけであった。

沖縄に住む奄美出身者は、初めこそ復帰の喜びに浸ったが、それもつかの間、心は不安で覆われていく。軍雇用員や飲食店、商店等で働く出身者の送金も制限されていく。当時の状況は一九九九年八月八日の琉球新報で「沖縄二〇世紀の光芒三―大島出身者に不幸な試練」の見出しで大きく一面で報道されている。

「奄美復帰に伴う在留大島人に対する布令」により、ダレス声明（一九五三年八月八日）の二日後から、米国民政府は琉球政府に対し「政府職員調査」を指示、外国人として公職から追放すべき大島出身者の把握に乗り出す。一九五三年一一月二六日に在琉大島出身者は日本復帰後には公務（公職）に従事できない旨の回答があり、同年一一月一九日には琉球政府は在琉大島出身者公務員の退職金問題等検討が開始された。また、一二月二五日に奄美諸島が日本に復帰すると、米国民政府は三日後の二八日には奄美出身者への融資と輸入貿易の制限等を琉球銀行に指示、さらに選挙権剥奪を表明した。さらに二九日には奄美出身者の外国人登録の仮登録を一月中、三カ月後に本登録する布令を公布した。

辞意を表明していた奄美出身の池畑嶺里琉球銀行総裁は、奄美滞在中の一九五三年一二月二四日解任された。泉副主席は一二月二二日付で辞職願を提出し、二五日付で受理されている。また、奄美選出立法議員八氏の議席は日本復帰とともに消滅した。

奄美の日本復帰は、平和憲法を持つ主権国家の下で生活できるとの気持ちが強かった。しかし、沖縄の奄美出身者には逆に不便さがまし、厳しい環境に置かれることになった。そのため、軍や民間で働く多くの奄美出身者は戦前からなじみの深い関西に向かった。既述したように、沖縄に残り、在留許可証明書の交付を受けた者は一万四八九四人で、沖縄永住が認められたのは一九六〇年であった。

一九六二年一月、第五代在沖奄美連合会長の泉有平会長は、参考人として立法院行政法務委員会で在琉出身者に対する処遇の現状について「奄美復帰前から居住する永住者（琉球籍を有する者）の権利と義務を主張、税法上では義務を負わされている出身者に琉球籍者としての権利と義務」を要望、「復帰後奄美から来た者（半永住者）が義務を負う扶養者の問題、公的金融機関の利用が許されていない、再就職（就職の自由がない）の取り扱い上の制約、各種免許受験も拒否されており、不動産取得の制限、生活保護法適用の差別、医療保護法の適用上の差別、公務員試験に受験できない、国費留学生に受験できない、被選挙権・選挙権がないなど在留出身者に対する対応・処遇等これらの問題について立法院が先頭に立って改善して頂きたい」（一九六二年一月一七日「立法院行政法務委員会会議録第四六号」）と、現状と要望をこめて意見陳述をされている。こうした働きかけや要望等により、納税義務だけ負わされていた奄美出身者の参政権が回復したのは一九六八年七月一五日であった（津留二〇〇〇）。

ウ 在沖奄美連合会の活動

奄美の日本復帰が目前に迫るにつれ、自己の身分・将来への不安を抱えて途方に暮れる出身者の状況に鑑み、一九五三年一二月一日、奄美出身有志が集い在沖奄美連合会結成に至った。当時は、まだ出身者がどの地域にどれだけ住んでいるのかの把握もないまま、沖縄本島の各地に地区奄美会事務所（県内八カ所）を置き、パスポート作成、在留申請・就職相談・身元保障等の唯一の相談窓口として有志が手弁当で活動したと聞かされている。郷友会の活動は、在琉出身者の処遇改善等の要望・陳情に加え、奄美との交易や日琉貿易の要請等多岐にわたるが、この陳情・要請活動は沖縄県が祖国復帰するまで継続されることになる。

筆者が一九七二年五月、沖縄復帰直後に渡沖して、印象に残った忘れられない奄美人の表情といえば、一つは復帰直後の堂々と奄美人として故郷への想いを語る時の出身者の表情であり、二つ目は沖縄で最初に奄美出身者が結成したボランティアグループ「芸能グループともしび会」（一九六七年結成）の慰問公演に同行し、奄美の島唄に涙を流して聞き入る出身者の表情である。沖縄に渡った奄美の人達の心の支えは「奄美は一つ」という思いと「同胞愛」、そして昔から伝わるその土地の言葉（方言）であり伝統芸能・文化である。この経験こそが筆者をして「シマサバクリ」に関わり続ける原点である。

この地に渡った人達は、在沖奄美連合会を通じて、兄弟・親族・出身集落の人達だけの交流から友人・知人・出身集落と繋がり、職場・郷友会組織へと交流が広がっている。在沖奄美連合会は、奄美の日本復帰後に非琉球人という扱いで、行政上の恩恵を受けることもなかった出身者の大きな精神的な支えともなっている。在沖奄美連合会は今日においてもそうした役割を果たしているのだが、願わくは沖縄・奄美に伝わるモアイ＝ユイマール（互助）の精神を肝に銘じ、いつまでも「つながり」を大切にしていきたいものである。

なかんずく、悲しい記憶も全てが史実、歴史の風化だけは避けたいと思う。

おわりに

住民の九九％の署名を集め、断食で抗議するなど、奄美の同胞が貧しい中で行った徹底的な復帰運動は、強大な米軍と対峙し、自治を獲得した貴重な歩みとして記憶にとどめなければならない。奄美の運動は、自治よりも米軍の運用が優先され、住民の人権が蹂躙された状況から脱しようと、復帰を目指した経験は沖縄と共通する。同時に奄美の日本復帰は在琉大島出身者にとって、厳しい現実となったことも忘れてはならない。既述したように、日本復帰後も沖縄在住の奄美出身者は「非琉球人」[18]として外国人登録を義務付けられ、公職を追放され、参政権や財産取得権を奪われるなどの苦難を強いられてきたことも後世に語り継いでいくべきことと考える。奄美と沖縄は魅かれあう半面、垣根もある（津留二〇〇〇）。奄美と沖縄は苦難の歴史だけではなく、豊かな自然環境、唄・三線・踊りなどの伝統文化、ゆい（助け合

18　なお、琉球住民とは、琉球列島に本籍を有し、且つ、現在琉球列島に居住している者をいう（米国民政府布令第一四七号―琉球住民の渡航管理）。

い）の精神など共通の風土を有している。これら可能性に富む資源を今後に生かさない手はない。発展に向けて共に手を携えれば相乗効果も期待できる。分断の歴史を乗り越え、新しい未来を切り開くためにも、同じ琉球弧として一体的に発展する構想や取り組みを一層推進する必要があるだろう。

（奥田末吉）

■コラム

復帰運動の立役者―中村安太郎―

季節はいつだったのか。暑い季節ではなく、かと言ってニシ風の吹く冬でもなかった。長袖のシャツをつけた晩年の中村安太郎さんに、私は偶然出会ったことがある。広大な砂丘を埋め立ててできた浜里団地の海のそば、モクマオウの防風林を囲む縁石に座していた孤独な老人、それが安太郎さんだった。

私は、朝の出勤時間で慌ただしく団地の階段を駆け下りてきて、老人が縁石に腰を下ろすところを目撃した。あ、中村安太郎さんだ、と思った。だが、声をかけることはしなかった。出勤時間が迫っていたこともあったが、声をかけることにためらうものもあった。

その頃、私は奄美の戦後史、軍政下奄美の密航を「さねんばな3号」に収録するため、六〇〇ページにも及ぶ中村さんの著書『祖国への道』を読み漁り、聞き書きの裏付けをしていた。全編に通じる士気の高い文章、世界の情勢を視野に入れながら奄美を語るときの柔らかさ。朋友・泉芳朗を「奄美大島日本復帰協議会」の議長に推すまでの熱い友情と交流。復帰運動の骨子となった信託統治草案への徹底的な反対の意思表示など。私は時に感極まって分厚い本を抱きしめて感動していた。安太郎さん七五歳の大著であった。その安太郎さんがそこにいる。しかも杖を頼る小さな老人となって佇んでいる。

ある日、私は意を決して声をかけた。私はあなたの本の愛読者です、と。安太郎さんは涙を流して喜んでくれた。晩年を浜里団地でお住まいだった安太郎さんとの貴重なひとコマである。一九九五年八六歳で亡くなる一年ほど前のことであった。

（佐竹京子）

第二部　日本復帰の実現とその後

第Ⅳ章　復帰運動と日本復帰実現

一、復帰運動の胎動

1 低物価政策

軍政下の経済政策の第一弾に出された低物価政策は、賃金と物価高を調整するために公定価格を決めて強力に進められたが、物価を低く抑えたために生産が停滞し、特に食糧不足はひどくなるばかりで、通貨の膨張とともに闇価格の横行、物価の騰貴等では日額「一〇円」の労賃や当時の公務員給与「三一五円」ではとうてい生活は苦しく、労働者の不満を抑えることができなくなった。軍政府も、低物価政策の失敗を認め、廃止した。一九四八年一二月一日布告三三号「自由企業令」を施行し、列島間の貿易が許可され、企業免許を得て民間事業を行えるようになった。政府職員、市町村職員、学校教職員が全官公庁職員組合を結成し、公務員給与引き上げを要求して軍政府に決議をあげたのも、苦しい生活からだった。この時代には、低い給与で生活できないということで役場職員や教職員が沖仲仕の仕事をする者もいたと語り継がれている。

2 食糧三倍値上げ反対闘争

米軍政府は一九四九年四月二九日の経済復興委員会常置委員会の席上、放出食糧価格の三倍値上げを指令し、四月一日にさかのぼって実施すると発表した。突然の指令は、これといった産業のない奄美の住民にとっては死活の問題であった。当時、奄美全体の通貨量は政庁発表の数字によれば、五四〇〇万円あり、一九四九年四月から同年一二月までの九カ月間の放出食糧未払い金額は七六〇〇万円に達し、衣料・薬品代金を合計すれば、群島の軍政府への支払い総額は約二億円になっていた。わかりやすく言うと、五〇〇〇万円しかないのに、二億円の借金が積もっていたことになる。こうした借金を負わされた上に、配給食糧代金三倍値上げとなれば、郡民は飢餓状態に陥る（中村一九八四：二一二）。この状況を橋口氏（二〇一一）は次のように述べている。

放出食糧代金の三倍値上げが発表された直後の名瀬市の配給所では、配給分の全部を受給できた世帯は一四％、金がなくて受給できなかった世帯が三一％だった。受け取れなかった人、母子、病人をかかえた世帯の生活は深刻であった。学校では戦争中も見られなかった欠食児童が出て街には不穏な空気さえあった。値上げで学校に行けずやめる児童もいた。市民の襲撃を恐れて配給所は警察が監視していた。当時、奄美には五四〇〇万円のB円票があった。値上げまでして未納金が二億円。これに値上げ分を加えたとしたらとても払える状況ではなく、完全に経済は破綻することが明らかであった。

これに対し、名瀬市では青年団を中心に各種団体や議会が「食糧値上げ反対の決議」をあげ、全官公労組は五月三日、大会を開催し次の決議をあげ要求をしている。

①食糧値上げ断行は行政事務遂行を不可能ならしめることを全官公吏の立場から陳情する。
②陳情を却下される場合は全員辞表を提出する。

この「公務員を総辞職する」決意が大きく発展し、肥後吉次を委員長とする名瀬市議会代表八名、民間代表四名に中央実行委員会等二八名の沖縄陳情団が組織され派遣された。

沖縄における米政府との交渉はゼロ回答に終わった。得た回答は、「戦災復興予算八三二万円を追加し、合計一五〇〇万円を即時使用できるようにする。それによって南西諸島民は自給自足を行い自治をなし得るよう援助を惜しまないものである」というもので、物価三倍値上げに対しては「ゼロ回答」に終わった。その責任を取り交渉にあたった陳情団は総辞職した。

食糧三倍値上げ反対闘争は、その後の日本復帰協議会結成の起爆剤となった。本土との交易、渡航、進学の自由も、何よりも日本人としての自覚から、日本に復帰しない限り救われないということが、この反対運動で明らかになった。

3 生活擁護会の結成

一九四九年七月五日、青年団や労働組合、それに地域代表が中心になって、「全大島生活擁護協議会」が結成され、①食糧価格の値下げ、②二四〇〇カロリーの絶対確保のスローガンを掲げ、党派を超えた食糧問題統一行動組織として、名瀬市民大会や郡民大会などを開催した。ところが、生活擁護会の活発な活動を恐れた軍政府によって、同年八月五日、「構成メンバーの中に軍政府に協力しない者がいる」（崎田一九九七：三八）という理由で解散させられた。

台所と直結する食糧問題は婦人こそ第一線に立つべきとして、婦人生活擁護会の組織化も進み、碇山百代、松江朝子、中村光枝、大司としえ、恵ヒデ、西シガ子、松崎かつえ、深佐妙子、祝美和子、吉田良子らが中心になって六月八日、婦人生活擁護会が結成され、各民主団体と手を携えて食糧値上げ反対運動を展開した（日本共産党奄美地区委員会一九八四：七七）。

一九五〇年一月一二日、全官公組の呼びかけで、婦人会、婦人生活擁護会青年団、商工組合、連教組、理髪組、露天商組合、借地借家人組合等計一四団体で「食糧問題対策協議会」が結成され、市民大会を開催し、会長に文英吉氏、副会長に森田義治氏、大山光二氏を決定した。市民の苦しい生活の実態調査を実施し、その資料にもとづく米軍政府のフリッジ教育官との交渉を通して、遂に一月二四日、米は三割、大豆は五割安くする等の「食糧価格に関する指令」を出させることに成功した(『名瀬市誌』下巻、一九七三:一七五)。この物価三倍値上げ反対運動が復帰運動へと大きく連動していたことは誰もが認めるところである。

二、奄美大島日本復帰協議会の結成と活動

1 結成前の動き

奄美が日本本土から分離された一九四六年以来、全群島民は生活が苦しくなり、米軍による言論出版・集会の自由が制限される中で、いつかは日本に帰る日の来ることを熱望していた。一九四七年八月、奄美群島内二一市町村長会は、日本復帰嘆願を決議して時の北部琉球軍政長官フレッド・M・ラブリー少佐に口頭で伝達し、続いて郡内各学校長会議も同様の決議をして請願しようとしたが、ラブリー軍政官は、「このような事項を受理する権能は自分には与えられていない」と言って拒否してしまった。そして、一九四七年八月九日の南海日日と奄美タイムスの両新聞に長官のメッセージを掲載し、「民間に広がっている大島の日本帰属(当時は「復帰」と言わず「帰属」と言っていた)については、根拠のないものであるから、そのような流言に迷わされないように注意するように」と発表した。また、「合衆国は、奄美・琉球を一つのグループとしてしばらくの間、ある種の信託統治をする意思をもっているものであり、北部南西諸島が日本に帰るというような一部の人々の意見は全く迷惑であり、その根拠は虚偽・希望的考えで、又は無意味な私見のいずれかである」と述べた。

一九四九年の食糧価格の三倍値上げ反対運動を通して、一日も早く「日本に帰りたい」という、二〇余万全郡民の熱望は日に日に高まってきていた。既述したように、一九五〇年三月二四日の夜、名瀬市連合青年団は青年決起集会を名

瀬小学校で主催したが、米軍政府の干渉を避けるため表向きは失業対策や食糧問題となっていた。その内実は先に宮崎県の大島青年団から送られてきた檄に応えて、郷土の祖国復帰を促進するための決起集会であった。軍政府の干渉や弾圧を極力回避するため、細心の注意と配慮をしたわけだ。一九五〇年九月・一〇月の全琉球の知事・議員選挙の頃から対日講和が具体的に動き出し、同年一一月二四日に「対日講和に対する七原則」が発表された。その第三番目に「琉球や小笠原諸島をアメリカの信託統治下におくこと」を明らかにしていた。このような情勢から奄美でも本格的な復帰運動の動きがでてきた。

2 奄美大島日本復帰協議会の結成

奄美では、一九五一年二月一四日、社会民主党の呼びかけで復帰運動を民族運動として展開するための超党派の奄美大島日本復帰協議会が結成された。協議会は議長に泉芳朗（社会民主党委員長）、副議長に盛景好（教職員連合会長）、文英吉（全官公庁職組委員長）を選び、宣言・趣意書を採択した。労働組合・青年団・婦人会などの三二団体が結集し発足している。

宣言で、「……われわれは講和会議を目前にひかえ、われわれの悲願である日本復帰を全住民の血の叫びとして、今や何等かの形で全世界ならびに各種国際的機関に向かって意思表示すべき好機に立たされております。われわれはかかる重大時局下に当たり、カイロ、ポツダム宣言等に示された、領土問題解決に関する世界民主主義連合諸国の公正なる態度に信頼、ここに大同団結、自主的に平和的に奄美大島日本復帰協議会を結成し、全住民の純真な民族感情を強力に結集、最善をつくして奄美二〇余万同胞の悲願達成のため邁進する」と高らかに謳い、趣意書では、「対日講和がいよいよ切迫するとともに、われわれ奄美大島に生をうけている者にとって、最も重大な関心と期待をかけなければならない問題は、わが郷土の帰属問題であります。……申すまでもなく、われわれが領土帰属を熱望することは、……真実一路の民族的心情から発したものであります。従ってわれわれの領土復帰運動は、決して他から強要されたり、あるいは特定の人々によって扇動されたりするものではなく、実に住民個々の自主的な意思を端的に表示する外、なにものでもないのであります。……ひとしくわれわれの胸底に流れているたった一つのこの願い、すべての住民がこの民族的必然の心情にたち直って、お互いに小異を捨て大同につき、願望達成に邁進しようではありませんか」と日本復帰への悲願の心情を訴え語りかけている。市内三二の各種団体の代表者会における申し合わせ事項は次のとおりである。

［申し合わせ事項］

①諸願運動を実践する組織として、政党並びに各種団体が自主的に、しかも超党派的に強調して、「奄美大島日本復帰協議会」を結成、名瀬市に本部、各町村に支部を設けること。

②具体的運動方針としては、全住民から自主的な請願署名を求め、これを協議会本部で一括して、マッカーサー総司令部・国際連合・極東委員会・対日理事会・吉田首相・衆議院並びに参議院、その他の国際機関に送達すること。

③これに要する経費は、各団体の分担金・一般住民からの任意醵出金を以て充当する。

この申し合わせは、①役所や特別の団体から命令・指示されて集まったのではなく、あくまでも各団体の自主的な参加であること、②政治政党の思想・信条を超越した島ぐるみの「日本復帰協議会」の結成であること、③運動のあり方も住民が主人公になって自主的に行うもので（講和条約三条琉球諸島信託統治）、反対の諸願署名を復帰協に結集し、マッカーサー総司令部等の国際関係機関に発送し民意を明らかにする、ことを特徴とし、その運動資金も住民自らがカンパで行う決意を示している。この申し合わせと決意が、運動の理念を貫いていると考えられる。

3 署名録と嘆願書の送付

日本復帰協議会の結成により復帰運動の幕は切って落とされた。復帰協議会が結成された二日後には臨時役員会議を開催し、署名活動の具体方針、すなわち、①署名は現在奄美群島に住んでいる一四歳以上の自由意思による署名を求めること、②署名活動は二月一九日に、全郡一斉に開始すること、③運動者は青年団、婦人会、区長、隣組長、教職員組合に要請すること、④運動資金は団体と個人の寄付金を集めること、⑤運動を組織し永続するために各市町村に支部を設置すること、等の運動方針を決めた（中村一九八四：二九七）。ここに復帰運動の基礎が固められた。確かに、「復帰ぬ土台作たんや、共産」という言葉がある通り、復帰の基礎は、共産党と青年団その他の支持者によって固められた。一九五〇年三月の「奄美共産党事件」と呼ばれる不当弾圧事件により幹部が検挙されるが、組織は残り、復帰運動の見えざる炎となった。

奄美大島日本復帰協議会の結成は、たちまち大きな反響を呼び、なかでも署名運動の展開は日本本土や沖縄の新聞・ラジオで何回も報道され広がりをみせた。一九五一年二月一九日、名瀬市を皮切りに開始された署名活動は、奄美群島全域に広がり、四月一〇日の最終集計で一四歳以上の一三万九三四九人（九九・八%）が日本復帰の意思表示をしたのである。民意の結集である署名録は五月、「奄美大島日本復帰についての陳情嘆願書」とともに東京に送られた。

既述したように、嘆願書は、まえがき、①二二万人の大悲願、②奄美群島と日本との民族的関係、③奄美群島と日本との歴史的関係、④奄美群島と日本本土との経済関係、⑤むすび、から構成されている。まえがきは、奄美群島人民の二二余万人の一四歳以上の住民による九九・八%の署名録を添えて陳情嘆願する旨の内容である。①の二二万人の大悲願は、いうまでもなく日本復帰は奄美群島民の総意であり悲願であるとするもので、②の奄美群島と日本との民族的関係では、奄美群島民は歴史上の記録からも言語、信仰、風俗、習慣も日本人と同一の祖先民族であることを訴え、③の奄美群島と日本との歴史的関係は、奄美群島は古代からの日本領土であり、カイロ宣言に抵触するものではなく、このことは日本歴史・東洋歴史・世界歴史並びに国際的外交文書によっても立証できるとする内容である、④の奄美群島と日本本土との経済関係では、黒糖、大島紬、鰹節などの需要は日本本土であり、産業・経済は一本との依存関係で成り立ち、日本と分離されたならば失業と飢餓に陥るであろうと訴え、⑤のむすびでは、人道的・人間的な自然感情を理解の上、全群島民の総意をもって嘆願するものであると述べている。

署名録はこの嘆願書とともに本土在住奄美出身者の組織である奄美連合総本部の代表たちの手で、関係機関に請願手続きがとられた。この請願を審議した衆議院は六月二日、参議院は六月五日にこれを採択し、「領土問題に関する決議」が可決された。復帰署名録は新聞報道やニュース映画を通じ、全国民に奄美群島の民意の結集をアピールした。

三、講和条約の調印と奄美

奄美群島民の九九・八％の署名も国会に届き、「奄美大島復帰決議」が国会で可決されたにもかかわらず、七月一〇日の最終的な対日講和条約の草案には、「北緯二九度以南の琉球諸島はアメリカの信託統治となる」ことが明らかになった。このことがラジオで放送されると、二〇万奄美郡民は深刻な衝撃を受けた。この草案に対し、中江知事は「講和条約最後の瞬間まで死闘を続ける一大決意を進める」と発表した。翌一一日は復帰協本部を中心に、連協組は緊急全郡教職員大会を開き、「信託統治絶対反対」の決議をあげ、奄美青年団本部でも中央委員会を開き、「信託統治反対」の打電を吉田総理と衆参両議長に打ち、声明を発表した。七月一二日には群島政府も日本への陳情団派遣を要請した。続いて全官公組が緊急大会開催、連逓も郵便局構内で職場大会を開催、名瀬市議会も吉田総理に要請・打電した。小中学生や高校生も学校のマイクを通して「日本に帰りたい」という作文を発表し作文集を新聞社や復帰協本部に届けた。

一九五一年七月一四日には名瀬市民総決起大会、一三日笠利町大会、一五日和泊町大会、一九日三方村大会、二三日龍郷村大会、二六日大和村大会、三一日瀬戸内町大会と次々と各地で開催され、「統治信託絶対反対」「日本復帰貫徹」のスローガンをあげた奄美の民族運動は、ラジオ・新聞を通して日本全国に報道され、大反響を呼ぶようになった。

一九五一年八月一日「信託統治反対」「日本復帰貫徹」の決意を込めて、郡民を代表する泉芳朗議長を先頭に全郡民の断食が決行された。泉議長は一日午前一時を期して高千穂神社拝殿で断食に入り、三方村・古仁屋・住用と次々に決行し、八月六日まで五日間の全郡的断食が終了した。そこには実に世界の歴史に残る民族運動の波があった。

第一回郡民総決起大会で全郡民の集団断食祈願に続いて、祖国復帰の要望を直接陳情する陳情団を派遣することが決議され、軍政府に対して渡航申請を行った。ところが理由も示されないまま不許可となった。復帰協議会では、ただちに対応を協議した結果、各市町村からの密航陳情団を派遣することになった。当初は三〇人の派遣予定であったが、最終的に参加したのは一一人、三方村大庭綱輝、大和村小池三熊、住用村師玉賢二、竜郷村高橋長男、笠利村松江謙志、喜界村中島忠彦、早町村三井喜禎、亀津町直喜久安、知名村石山榮川、和泊町大脇達夫、与論町福富雄の若者たちである。集団断食が終わった翌日の八月六日の夕刻、名瀬市の高千穂神社の裏の林の中で結団式を行い、八月一六日までに奄美連合東京事務所に集まり陳情活動を展開することが決められた。出発は二〜三人のグループに分かれて、小型発動機船に乗り、厳しい官憲の取り締まりの網の目をくぐっていくことになる。途中、逮捕されるなど、苦難の道程であったが、二〇日までには全員が顔をそろえることができた。「身の危険を冒して展開された密航陳情団の活躍は忘れてはならない復帰運動の足跡である」（実島一九九六：二〇五）。

一九五一年九月五日、いよいよ講和会議開幕の日を迎えた。復帰協議会本部は、米国サンフランシスコ会議に出席している各国全権に電報をもって最後の請願を行った。しかしながら、九月八日（日本時間九日早朝）ソ連を始め共産国側の反対があったにも関わらず、日本を含む四九か国が調印し講和条約第三条を認めることになった。[19] 全郡民の断食悲願もむなしく対日講和条約は原案通り可決され、北緯二九度以南の奄美、沖縄諸島及び小笠原諸島は祖国日本から完全

19　講和条約第三条　日本国は、北緯二十九度以南の南西諸島（琉球諸島及び大東諸島を含む。）孀婦岩の南の南方諸島（小笠原群島、西之島及び火山列島を含む。）並びに沖の鳥島及び南鳥島を合衆国を唯一の施政権者とする信託統治制度の下におくこととする国際連合に対する合衆国のいかなる提案にも同意する。このような提案が行われ且つ可決されるまで、合衆国は、領水を含むこれらの諸島の領域及び住民に対して、行政、立法及び司法上の権力の全部及び一部を行使する権利を有するものとする。

に分離され、アメリカの信託統治となることが決まったのである。この日、郡民は弔旗を掲げ、母国を失った哀愁に包まれ、まったくの虚脱状態に陥ってしまった（『名瀬市誌』下巻一九七三：二〇四）。この日は奄美にとって追悼の日となった。信託統治は民度が低い地域の住民を対象とするものであるが、沖縄や奄美の住民の民度や政治能力が日本本土の住民より劣っているとは言えない。したがって、この条約において、アメリカが琉球諸島を信託統治するということ自体、妥当性を欠くものであった。

（大津幸夫）

四、二島分離情報＝沖永良部島と与論島の復帰運動

対日講和条約の調印で、奄美の復帰運動は新たな段階に遭遇することになるが、とりわけ一九五二年九月二七日付毎日新聞が「奄美大島の返還の際、北緯二七度半以南の沖永良部・与論の二島は奄美大島から分離される模様である」と報道したことにより、沖永良部島と与論島では大いなる不安が全島を駆け巡った。

翌二八日付の南海日日新聞は「復帰は決定的だ　行政権の返還交渉中」「早ければ年内に第三条は素通り?」と報じていて、全郡あげての日本復帰運動に明るい兆しが見え始めたそのとき、鹿児島から一通の電報が届いて、状況が暗転した。南海日日新聞の三〇日付の紙面には「復帰は徳州以北鹿児島では南部復帰同盟結成」という見出しが載った。記事は鹿児島奄美社からきのう同社大島支局（支局長武山信夫氏）に入った情報によると「奄美大島の日本復帰は大島本島・喜界島・徳之島以北に限定され行政権が返還される模様である」と報じた。

和泊町立第二中学校の学校日誌には、「九月三〇日火曜晴天本土復帰おぼつかないとの電報に接す。全員悲嘆にくれる。七時半頃高校生復帰促進運動隊がトラック二台で和泊へ帰る車上で音楽ラッパを奏でていた」と記入されている。

ことの発端は、毎日新聞の九月二七日付のトップ見出しの記事であった。この「北緯二七度半以北」には沖永良部島と与論島は含まれないのである。この記事を読んだ鹿児島の奄美社が役場へ電報を打った。そして、島内の官公庁に緊

急連絡が入った。
島の最高学府の沖永良部高等学校では、緊急職員会議と学校集会が開かれて、対応策が話し合われ、三年生を中心とする生徒会役員が立ち上がった。一般島民はまだこの悲報を知らない。高校生は全島から集まっている。我々が一刻も早く集落に帰って知らせるべきだ。全島民が「二島分離復帰反対」を叫ばなければ、道は開けない。早速島を回って広報活動を行おう。

こうして二島分離という報道によって強い危機感を持った高校生が、日本復帰運動の先頭に立ったのである。この分離報道は、一〇月二日には誤報であることが報じられたが、沖永良部島と与論島の復帰運動は沈静化することはなかった。

第二中学校の学校日誌によると、小学生中学生を巻き込んだ復帰運動は一層盛り上がって行った。一〇月一日、生徒会で日本復帰の協議を行い、デモ行進・ポスター作成・作文などが決まる。一〇月三日、前日の日本復帰対策委員会の協議を受けて、朝から復帰デモ行進を行う。一〇月一〇日、日本復帰祈願のため昼食を抜き断食を行う。一五日、二回目の復帰断食を行う。一〇月一一日、沖永良部高等学校で学童大会が開かれ、各学校の代表者が意見発表を行う。与論島でも対応は早かった。一〇月一五日に名瀬市で開催された「民族分離抗議郡民大会」で、島民代表は島の実情を訴えた。

「我々与論島と永良部が分離の悲報を受け島民の嘆き悲しみが如何なるものであるか。体育シーズンの秋で学生児童のにぎやかなグラウンドに舞い込んだ分離の悲報は幼き児童生徒に永遠に脳裏に刻みこまれるであろう。村内各学校は諸行事、陸上競技会、全郡オリンピック参加も取り止めとなったのは当然である。（中略）村民一同の断食祈願決行は五体にみなぎる血みどろの叫びであり、二島分離への絶対抗議である」（一〇月一七日付の南海日日新聞）。

こうした島をあげてのデモ行進や断食決行は、さらなる段階へと発展していった。内からの切実な「血の叫び」を全国へ訴えるため、具体的な対策として次の行動が展開された。

二島では分離復帰絶対反対を訴え、「北緯二七度半以北復帰」が誤報であることの確証を得るため、和泊町・知名町・与論村は町村長を本土に派遣し、国会請願を行うことを決議した。一〇月九日両町長が上京し、精力的に陳情活動を行った。一〇月二五日、両町長は「二島分離は米極東軍の方針」という情報を得て憤激、さらなる運動の奮起を島に打電した。

島民は「沖永良部与論復帰除外反対署名」活動に立ち上がった。二島の署名活動は、全郡的な一九五一年二月と同年七月に続き三回目であった。島民は完全復帰熱願の「血の叫び」を署名に託した。

島内では、五回にも及ぶ町民大会や世並蔵神社と南洲神社における復帰祈願大会が開かれ、提灯行列や断食徹夜祈願も行われた。様々な復帰運動の中で特筆すべきことは、高校生の島内デモ行進とともに小中学生の取り組みであった。先生方の指導の下、運動会を中止して募金活動に協力し、昼食抜きの断食を行った。さらに、「日本に帰りたい」「日の丸の旗を掲げたい」という純真な思いで本土へ手紙を書き、島の実情を訴えて復帰運動の世論を喚起することとなった。こうした運動は全郡的な動きでもあった。

名瀬市で一九五二年一〇月一五日、南部二島分離反対郡民大会が開催された。この「民族分離抗議郡民大会」には一万人近い市民が参加し、「条約第三条撤廃による完全復帰」を宣言し、あらためて完全復帰を目指して闘うことを示した（崎田一九九七：二七二）。この件の舞台裏では極秘の訓令や報告が取り交わされていたが、正式に沖永良部・与論両島の分離返還はしない方針であることが決定したのは、新聞報道が発端で大騒ぎになってから一年近くたった一九五三年八月一五日のことであった（実島一九九六：二〇九）。

『週刊サンケイ』（一九五三年一月一八日号）は「日本復帰を希う〝わだつみの声〟」の特集を組み、「〝早く、早くもどしたぼれ〟運動の母体となった子供たちの悲痛な叫び」という見出しで、大城小学校の児童二人の作文を掲載した。知名町では全学校が作文を書いて、岐阜市長や関係機関と報道機関などに送付した。岐阜市では復帰作文の朗読会が行われて、市内の子供たちの励ましの作文と学用品が島に届けられた。

一九五三年、年が明けるとさらに県本土の世論に訴えるため、郡内の高校生代表九名が鹿児島に派遣された。沖永良部高等学校からは復帰運動のリーダーであった大吉敏仁生徒会長が派遣された。大吉は座談会で「我々の島だけ復帰は分離されるという誤報が出て、あのときは子供まで親たちの悲しみを見て泣いたことさえあった。島の高校は五〇名に一教室という程度ですが、わずか三〇〇名の生徒を収容する校舎がないのです。（中略）教科書は各自所持している生徒の本を写し書きにしている状態だ。まず徹底的復帰を叫びたい」と訴えた。

沖永良部高校生の広報デモ行進は「復帰の歌」とともに全島民の復帰運動を高揚し、高校生が主体的に島の歴史を築き上げたという貴重な体験となって、彼らの生き方に大きな影響を及ぼした。また、当時の小中学生も復帰運動に参加したことを「誇りに思う」と回顧している。

以上述べたように二島分離反対の復帰運動は、沖永良部・与論島民が主体的に関わった歴史的な運動であった。しかし、純粋に復帰のみを考えた運動のため、復帰に差し障るという理由で「沖縄帯結びの禁止」等が提唱されたが、内部における自立的な理論は形成されなかった。結局、復帰が実現するとその喜びは大きかったが、全郡が組織的に取り組み、主体的に経済復帰や政治姿勢を起ち上げるという、自律性を確立することはできなかった。（先田光演）

五、講和条約の発効と第二次署名

1 奄美現地の運動―「条約三条撤廃」要求―

講和条約調印後の奄美の情勢は、国際条約が決まったのだから……という失望する民意と、運動をますます強化する必要があるという意見が錯綜した時期がしばらく続いた。

一九五一年九月二三日復帰協議会は、全体会議を開催し民族運動として今後とも続行する基本方針を確認し、積極的運動に乗り出した。この間、新しい情報として「米国は国連に琉球の信託統治を提案しないで、主権は日本に残し米軍の基地だけを確保したいらしい」との報道も流れた。一九五二年一月一日「南海日日新聞」は、ダグラス・G・ハリング氏の特別論稿を掲載した。同氏の文中に「……分離は米国の真意ではあるまい。国際情勢の好転によって、大島は日本本土に復帰するであろう……」と、奄美の日本復帰を確信するという注目する論考を発表した。

また、同年一月二二日、米上院における条約の聴聞会でダレス特使は、琉球・小笠原の信託統治問題について「住民は日本への復帰を望んでいる。条約が発効してから、双方満足のいくように最善の方法を研究すべきである」と答弁した。しかし、日本復帰協議会結成一周年記念の一九五二年二月一四日、対日講和条約三条撤廃の陳情行動を実施するも、講和条約は一九五二年四月二八日に発効した。この日は「民族屈辱の日」となった。なぜなら、対日講和条約によって、日本は六年八カ月の占領状態が終わることになるが、北緯二九度以南の奄美、沖縄諸島及び小笠原諸島は祖国日本から完全に分離され、アメリカの信託統治下に置かれることになったからである。

この日、奄美では奄美大島復帰協議会主催の「祖国独立記念復帰促進郡民大会」が名瀬小学校校庭で開催された。郡民大会に先立って開かれた名瀬市内の小・中・高生による児童・生徒会には数千人の児童・生徒が参加した（崎田一九九七：二二四）。定刻八時に始まった郡民大会は泉議長のあいさつで始まり、児童・生徒の代表や市民代表、労働組合、青年団、人民党、市議会代表らが次々に登壇し、「祖国日本は今夜一〇時半を期して独立と主権を回復するが、同じ日本人でありながら、喜びを共にすることが出来ない現実」を痛嘆、条約第三条撤廃を叫んで琉球政府の買弁性を批判、平和と独立のための団結を叫んだ』（村山一九七二：三四八）。

さらに、大会は「我々奄美大島二十余万の全住民は、民主主義と平和と自由と独立を熱烈に愛する者であり、この線にそって広く世界の平和愛好諸民族に訴え、条約第三条の撤廃と完全日本復帰の目的完遂のため最後まで闘い抜く事を誓うものである」と宣言（主旨）し、三つの要請、すなわち、①立法院が講和条約の第三条撤廃宣言を決議するよう要請する、②祖国復帰運動に立ち上がった多くの琉球の入獄者に対し特赦令を出すよう琉球政府に要請する、③奄美からの密出国者を第三国人なみに扱い投獄しているが、これらの人々にも特赦の恩恵を適用するよう要請する――を決議した後、提灯行列を行い、夜の名瀬市内を民族運動一色に塗りつぶした。

一九五二年六月二八日、「奄美大島完全日本復帰郡民総決起大会」が名瀬小学校校庭で開催され、一万人を超える参加者がプラカードや提灯を持って校庭を埋め尽くした。大会は「条約第三条の撤廃と完全日本復帰の目的完遂のため、最後まで闘いぬく事を誓う」と宣言し、①条約三条撤廃、②軍事占領法規の廃止・日本諸法規の全面実施、③琉球立法院は即時条約三条撤廃に関する決議を採択せよ、という要求を採択した。

2 「条約三条撤廃」第二次署名

一九五二年七月三一日には国会において各政党の共同提案で「奄美・沖縄・小笠・千島列島の日本帰属に関する決議案が賛成多数で可決された。また、同年九月二六日のNHKニュースで「奄美大島が日本に帰ることが有望になった」という一大朗報が伝えられた。その夜は民族悲願成就の日近しと街の人々は喜びにひたっていた。このニュースは岡崎外相とマーフィ大佐との間に取り交わされた領土返還に関する日米両国の友好的な配慮を伝えたものであった。

ところで、一九五二年六月二八日の「祖国独立記念復帰促進郡民大会」で決議された「条約三条撤廃」の第二次署名運動は一一月一七日で終了し、集計結果が発表された。署名率は九九・九％で署名拒否は一一人であった。第一次署名は「日本復帰」という漠とした入口の署名であったが、第二次署名は「条約三条撤廃」という明確な態度表明を示すものである。このことは、一時停滞していた復帰運動が復帰協議会の下で粘り強く闘い続けられた結果である。

この署名録を携えて、泉芳朗、村山家國、原口純治の三氏は一九五二年一一月二三日、祖国復帰陳情のため上京した。東京では一一月三〇日、泉復帰協議会議長一行を迎えて、全国奄美大島復帰対策委員会（委員長奥山八郎）主催で、「旧鹿児島県大島郡完全日本復帰運動国民大会」（大会議長金井正夫）が戸板女子短期大学講堂で開催された。ところが、この大会では在京の奄美大島日本復帰青年会（会長山本忠義）が提出した「条約三条撤廃」を基本要求として決議するように求めた緊急動議は論議されなかった（『名瀬市誌』下巻一九七三：二一三）。

この動議否決について、泉芳朗は「一一月三〇日の全国大会で条約第三条撤廃の動議があって、これが否決されたため、現地住民の意志が無視されたような印象を与えたようであるが、これは大会準備委員会であらかじめ用意されてあったもので、対策委員としては信託統治反対のスローガンをずっと堅持しているので、当面の実質復帰が好転しつつあるこの際、諸種の情勢を勘案して、刺激を少なくする意味で、新たに条約第三条撤廃は保留することになったもののようだ。(中略)われわれの携えていった署名録は、東京対策委の在京先輩も同道で、吉田総理にも、マーフィ大佐にも渡した。この点は安心してもらいたい。東京をはじめ本土の復帰運動の統一組織については、東京の先輩もよく考えていられる。(後略)」と述べている(『自由』一九五三年二月号)。

3「実質復帰」の動き—金井書簡—

この頃、復帰協議会の「条約三条撤廃」の運動方針に反対する「実質復帰」の動きが公然化してきた。この「実質復帰」論は講和条約が発効したあたりから台頭してきた考え方である。日本復帰という目的は同じだが、それは「三条撤廃・完全復帰」の考え方とは運動の進め方で異なってくる。「実質復帰」論の特色は、国際社会において政治的指導権を握っているのはアメリカであり、そのアメリカを動かせば復帰は可能であるとする考え方に立つもので、それは東京の復帰運動において大きな影響力を持っていた復帰対策東京委員長の金井正夫氏が一九五一年一〇月頃、復帰協議会本部に寄せられた書面において見ることが出来る。

ご承知の通り講和条約第三条は、米国が国連に対し信託統治に関する提案をするとき、日本はこれに同意せよというのでありますから、その提案をするとしないとは米国の勝手で、おそらく米国はこの提案をしないだろうとの見方も強くなっております。結局これは今後の情勢によるものでありますが、安全保障条約さえ強化せられたら、信託統治協定の必要もないと思いますから、今後の国会で安保条約に対し反対党が騒いでもらわないことを希望する次第で、これが大島のためになることと存じます。従って復帰運動のスローガンに条約第三条撤廃を掲げる必要もなく、早期日本復帰要望だけで目的は足りると考えますから、御地においてもそのつもりで復帰運動を進めてください（金井一九六六：一九一―一九二）。

この金井書簡の論理は、教職員組合などが中心に主張していた「実質復帰」論と呼応していた（杉原二〇〇五）。この流れはひそかに大きくなり、一九五二年一二月二四日の復帰協議会全郡代議員大会で姿を現し、強行採決により「実質復帰」論が復帰運動のイニシアティブをとることになる。金井書簡の主旨は、日米安保条約を強化することで奄美の復帰は可能になるので、あえて復帰運動のスローガンに条約第三条撤廃を掲げる必要はないというものである。当時、本土や奄美での復帰運動が、ややもすれば共産党や反米分子に牛耳られる傾きがあるとして、金井は「このようなことでは米国の反感を買い、島民の純粋な復帰の念願が誤解されて復帰運動のブレーキになる。共産党とは別個に運動を展開しなければならない」と主張し、政党色の排除を訴えた。また沖縄側から共同で復帰運動を進めようとする提言に対しては「沖縄はアメリカが直接占領して、大規模な基地を建設中であり、早急には返還は難しい。まずは奄美だけをさきに復帰させて先例をつくっておき、時期をみて沖縄復帰を実現すべきである」と力説し、沖縄側からの共闘の要請を断ったという（『名瀬市誌』下巻一九七三：四三八）。

奄美では「条約三条撤廃」を掲げ完全復帰を主張する団体と旧鹿児島県大島郡復活を主張する団体が対立し、「政党色排除」の動議が可決され、奄美大島復帰協議会は分裂した。ただし、東京ではこの二つのスローガンを掲げたままの運動は様々な懸念があるという意見が強かった。そのため、全国奄美総連合の昇曙夢委員長は日本復帰という一大目的のために「小異を捨てて団結してもらいたい」と統一と団結を強調し訴えた[20]（東京奄美会二〇一三：一五）。その後、「信

20　これは奄美復帰運動史の中で最も重要な瞬間の一つとなった（ロバート・エルドリッヂ二〇〇三：一一〇）。

託統治反対と完全日本復帰」の運動を継続していくことが決議された。

いずれにしても、奄美の日本復帰は金井方式で実現したが、政党色排除は正しかったのか。「三条撤廃」を主張している人々は復帰運動が公然化する前から青年団を中心に日本復帰を訴え続け、復帰運動の底流を作ってきた人たちでもある（杉原二〇〇五）。もちろん、どちらの側も目的は同じで、日本復帰に奮闘してきたのは間違いない。だがしかし、復帰運動の最終段階にきたときにこうした判断を下したことが良かったのか。政治的判断による決定が、思考停止を誘発し、奄美の自律的発展の障害になっていないか。奄美の在り方や地域づくりを考えるとき、このことについて不問にすることはできないであろう。

六、日本復帰実現

1 婦人代表らの波状陳情

一九五三年度前半は激しい対立と政党色の排除が決まったが、運動は継続され、日本復帰という目的達成のため多彩な陳情が展開された。たとえば、一月三一日、鹿児島県高教組・鹿児島県教育委員会・南日本新聞社の招聘により、奄美大島高校生代表派遣団一行が、生徒の立場から日本復帰を訴えるために鹿児島に上り、県下の高校を回り、成果を上げて帰郷した。また、六月六日には奄美大島日本復帰協議会の婦人使節団として、奄美連合婦人会長基八重と同副会長橋口初枝の両女史が来日中のルーズベルト夫人に奄美の実情を訴えるために本土に上った。婦人代表は、「元鹿児島県大島郡即時復帰請願書」を差し出して、復帰促進への協力を要請した。その後、婦人代表らは、①政府のその後の対米折衝を明らかにする、②完全復帰の促進を国会を通じて確約させる、などの作戦をもって国会陳情を行い、復帰促進のために活躍し、奄美大島日本復帰協議会の使節の任務を果たして帰郷した。

［請願書］

昭和二一年一月二八日スキャップ指令以来、民族流難の悲涙に泣く吾々元鹿児島県大島郡（奄美大島）の全住民は、朝に夕に母国復帰悲願の血の叫びを続けて茲に八年間

一、一四歳以上九九・八％の血涙の請願署名録による嘆願

一、信託統治絶対反対、完全日本復帰即時実現鹿児島県大島郡の復活等大スローガンの絶叫

一、四月二八日痛恨の日の悲歓一八回にわたる郡民大会後度々の集団断食復帰祈願

一、陳情員本土派遣数回、文書電報に依る請願幾千度

等々……然るに、未だに冷たい二九度の鉄柵は厳として動かず、今や窮迫の極限に一日も猶予を許さない状況に立至りました。

一、基本産業の没落、経済の破綻、民力の枯渇、エンゲル係数八二・七％の苦しい生活、生活破綻による社会道義の悲劇

一、教育文化面に於ける劣悪な掘立小屋、雨漏教室、資材皆無の教育環境、教員の生活苦、進学の不自由と失業、義務就学率八七％への転落、体位、学力の低下、心的無気力化に依る童心の傷痍、少年犯罪の増加等々……単なる形容詞でない乾坤一擲、死の岐路に立たされた大島になりました。

何とぞこの血涙の叫びに耳を傾けて下さい。今まで毎々の機会に於いて賜りました救護の親心……衷心より深甚なる感謝を申し上げるとともに、希くば尚一層皆様の特別なる御厚情と御尽力を賜り一日も早く没落寸前の危急から奄美の島を救出下さいますよう重ねて請願申上げます。

昭和二八年六月

奄美大島日本復帰協議会会長　泉　芳朗

同全市町村会長　泉　芳朗
同教職員組合長　高元　武
奄美大島連合青年団長　林　忠道
同官庁職員組合長　奥山豊秀
同農業協同組合連合会長　大津鐵治
同農業協同組合連合会長　大野重隆
同紬生産組合長　友野兼彦
同商工会議所会頭　久井喜美悦
同連合逓信会長　瀬戸口長男
同全市町村組合執行委員長　楠田豊春
同連合婦人会長　基　八重

2 ダレス声明

ダレス国務長官は、京城で米韓共同の防衛条約を締結後、八月八日午後空路来日し、米大使館で吉田首相・岡崎外相と重要会談をとげた。この会談終了直後、ダレス長官は内外記者団と会見し、「奄美大島を全面的に日本に返還する」声明を行った。声明内容は次の通りである。

私は、東京で次の声明を発表する事を喜びとするものである。この声明の内容は、米国政府を代表して私から吉田首相に伝達してある。米国政府は、対日講和条約第三条の規定にもとづき、奄美大島群島にたいする諸権利を日本政府との間に必要な限り取り決めが締結され次第、日本政府に管轄権が回復するよう、放棄することを希望している。対日平和条約の第三条の規定に含まれる他の諸島に関しては、極東において現在の国際的緊張がつづく限り、米国が現在行使している、ある程度の管理ならびに権限を米国が保障することは必要である。かくて米国は、日米間に存在する安全保障条約の下において、同地域における平和ならびに安全保持を維持するに寄与するための諸責任を、より効果的に遂行することができよう。

なお米国は、同群島住民の福祉を増進するため、より一層努力すべきであろう。かくて予想される奄美大島の日本への返還、したがって同地域住民の日本本土への復帰は、米国政府にとって非常な満足と喜びである。

この朗報は地元南海日日新聞がいち早くキャッチし、同社の速報ニュースとして、マイクにあるいは号外となって、名瀬市内をはじめ全郡民に広がり、万歳の波は町から村へと伝わり、歓喜のるつぼと化した

3 受け入れ体制

ダレス声明後一九五三年八月二二日、完全復帰に伴う万全の方策を期するため、地方庁が中心となって進めていた仮称の「奄美大島復帰準備委員会」を正式の「奄美大島復帰対策委員会」に改め、規定を作成し発足した。会長に地方庁長の沖野友栄、副会長に加世田隆・大原正巳の両氏を決定、組織的には、群島の官民代表の中から法制・行政・農業・食糧・商業・大島紬・鉱工業・水産・林業・財政・金融・教育文化・社会労働・衛生・土木・運輸・郵政の十六部門からそれぞれ専門委員を選び、それに正・副委員長ならびに復協代表三名をもって総代表を構成し、重要議題を審議決定する。さらに各専門委員会の委員長と復協代表一名で常任委員会をつくって、総代会にかわり、緊急課題の審議をするシステムであった。こうして対策委員会では数度の会を重ねて、八月二六日作成された「奄美大島の日本復帰に関する要望書」を審議し、日本政府、琉球政府および琉球民政府へ提出することにした。九月には復帰に伴う事務引き継ぎのため、日本政府や琉球政府より調査団一行が来島、一〇月には鹿児島県議団・右派社会党調査団一行、一一月二九日に

は参院調査団が来島した(村山一九七二)。

一方、沖野地方庁長は一〇月二九日、対策委員会で審議された総額九八億円にのぼる奄美大島復興三カ年計画案をたずさえて本土に上った。日本復帰協議会では一〇月四日、復帰早期実現促進運動のため、復協副議長文英吉・同中央委員手島哲孝・同植田源一・同上野親二の諸氏を現地代表として本土へ派遣した。

一一月三日には、奄美群島の復帰に伴う法令の適用の暫定措置等に関する法律および付帯決議が第一七臨時国会で可決成立した。この法律は一〇か条よりなり、法令の適用についての必要な暫定措置を定め、第三条には復帰二カ月以内に郡区より衆議院議員一名の補選を行うことをうたい、第五条には名瀬市と亀津町に簡易裁判所をおくこと、第九条には奄美群島の振興に関し、必要あるときは他の法律の規定に関係なく、負担金または補助金を政令で特例を設ける、と規定されていた。

こういった復帰促進のための一連のうごきとは別に、返還される時期について変転をきわめ、群島民の気持ちを不安がらせたが、時期的には、どうやら年内には復帰することだけは確実となった。早期復帰実現をめざして、島民の郡民大会・断食はその後もなお継続していた。その結果、復帰に対する手続きは急速に進展し、日本政府は一二月一五日の閣議で、奄美大島の年内返還を実現することを申し合わせた。日米折衝が進まない原因の一つとして、大島に流通している一億八千万のB円を、アメリカ側が債務として日本側に払うかどうかという問題があった。しかし一七日には、中川アジア局長と米大使館パーカー参事官の間に、B円問題で意見の一致を見た。そこで米国の指示はまだなかったが、奄美大島の二五日返還は確実となった旨の情報が地元にもたらされ、郡民は歓喜、旗行列・市中行進と大変なにぎわいであった。

本土からは報道陣がどっと押し寄せ、NHKのテレビをはじめ、カメラマン等の取材で街はごった返した。二一日には夕刻入港の若草丸で東北大学教授中川善之助氏を団長とする一行九名の調査団が来島し、大島の家族・農地経済・農学・教育・法律・政治等各分野にわたって調査をはじめた。同日海上保安庁の宗谷丸で、政府要員四九名が日本円九億円・資材等を積んで名瀬港に入港した。奄美地方庁では、二四日午後、比嘉琉球政府官房長官をはじめ各界代表が列席して閉庁式を行い、ここに数奇の運命の幕をとじた（『名瀬市誌』下巻一九七三：二二九）。

4 悲願実現

「奄美群島復帰に関する日本国とアメリカ合衆国政府との間の協定」の調印式は、一二月二四日午後七時から、外務省で岡崎外相・アリソン大使の間で行われ、待望の日本復帰は、二五日午前〇時を期して実現した。この協定の調印により、奄美群島は一九四六年二月米軍の占領下におかれて以来八年目にして、ふたたびなつかしい日本の主権下に帰ったわけである。おそきに失したとはいえ、二〇余万郡民の悲願がようやく実現した（村山一九七一）。協定は、前文および本文九カ条より成り、復帰に伴う諸手続きを規定している。

ここでは日本外務省編「日本外交主要文書・年表（一）」により、協定の二・三の内容を要約してみる。米国は奄美群島に関し、日本国との間に取り交わされた平和条約第三条に基づくすべての権利及び利益を、一九五三年一二月二五日から日本国のために放棄する（第一条第一項）、奄美群島で米国が現に使用している設備及び用地は、日・米安全保障条約第三条に基づく行政協定に定める手続きに従って、米国軍隊が使用する（第二条一項）。手続きがおくれる場合は、完了までその使用を認めること（第二条二項）。奄美群島内に流通するすべてのB円を回収し、B円一対日本円三の割合で交換する。通貨の交換はできるだけ速く完了すること（第三条一項）。日本国政府は、奄美群島内の郵便組織のすべての金融上の責務を負うこと（同三項）、奄美群島内に存在する琉球政府及び日本国政府の財産は、その日に無償で日本国政府に移転及び返還する（同四項）などである。

（大津幸夫）

■コラム

人間　泉芳朗

私は泉芳朗の甥に当たるが、東京生まれの東京育ちで、復帰運動はもちろん島の事も知らずに過ごして来た。復帰六〇周年を記念した泉芳朗詩集の復刻版上梓を機に、実家に残る幾つかの資料を整理していると、知らず知らずのうちに復帰運動の熱や芳朗の人となりを感じるようになった。その結果として今思うのは、やはり歴史を発掘し伝えることの重要性である。

芳朗は奄美のガンジーと言われた。ガンジーは億単位の人々を動かし、芳朗は二〇万人有余の郡民、本土の支援者を加えても約四〇万人とその規模感には差があるが、彼我の圧倒的力の差の中で住民の想いが大国の政治を動かしたことは、むしろ特筆されるべきだろう。

復帰運動については既に多くの研究がなされ、資料・著作も数多く出されており、門外漢の私が介入する余地はないが、人間・泉芳朗というものを伝えることは出来るのではないかと思っている。例えば、大学ノートに書かれた名瀬市長時代の日記には、復帰運動の華々しい活動ではなく、日常の島での政が繰り返され、その後盛り上がる運動の兆しが垣間見える中で、当時を生きた人々の顔が見える。未発表原稿の中には、人一倍苦労を重ねた母への想いを綴った詩からは、家族への視線を感じる。復帰運動は、教育者であり詩人であった芳朗と、彼を囲む飾り気のない人々が成し遂げた。

そんな歴史を知った今、奄美の今を生きる人たちとの親交も深め、協力を得ながら、人間・芳朗を伝える仕事をしていきたい。

（泉宏比古）

■コラム

インタビュー　密航陳情団—師玉賢二さんに聞く—

日本復帰を願う署名は最終的に一四歳以上の住民の九九・八%に達した。この署名録は嘆願書とともに国会など各方面に送付されたが、日本復帰協議会はそれだけでは埒が明かないという思いに駆られ、群島の市町村から各一名ずつの決死の陳情団を送り出す決定をした。早速渡航許可の申請をしたが、軍政府はこれを却下したため、復帰協議会はそれならば密航してでも陳情団を送りだそうということになった。密航陳情団として市町村代表の使命を託されたのは一一名の男たちであった。師玉賢二さんもその一人である。住用村の代表を決める村集会が開かれ希望者を募ったが、誰も名乗り出ない。シーンと静まり返っている中、青年団活動として復帰運動にかかわっていた師玉賢二さん（当時二四歳）は、思わず「私が行きます」と手を挙げた。「子供が三歳、二番目の子がおなかに入っていたが、誰もいかなければ住用村の恥になる」と考えてのことである。

密航陳情団（左から３人目が師玉さん）（当田栄昶氏提供）

密航陳情団は、もしものことを考慮して三班に分けられた。水杯を交わし、東京での落ち合う場所を示し合って、八月九日、住用村代表の師玉さんを含む第一班は先発隊として定期船天神丸で名瀬港を出港し、翌朝国境の島・口之島に到着した。夜になると一〇トンにみたない漁船に乗り、危険を冒して本土を目指した。翌一〇日未明枕崎に到着、始発列車に乗ることができたが、伊集院駅で枕崎署員に逮捕され、枕崎署に護送された。二日間の取り調べ後、仮釈放された。この間の経緯について、師玉さんは「実情を訴えていたら、報道機関は大きく取り上げ、大々的に同情的に報道してくれた……。警察も気を使ってくれて、大変な思いをしたがこれに参加してよかった」という。名瀬港を出てから八日目にして東京に向かうことができた。

東京では各方面に出向いて積極的に陳情し、陳情団一行が奄美のそれぞれの島に戻ったのは九月初旬であった。師玉さんによれば、密航から帰島し、日常生活に戻ろうとしていたのに、「しばらくはアメリカ情報官に付け狙われていた」と。この命を懸けた密航陳情団の活動も、日本復帰の大きなうなりを巻き起こした。現在、生存しておられるのは師玉さんだけであるが、一一人の密航陳情団の男たちの存在は、「奄美復帰史にとっての輝ける星の一つ」である（佐竹二〇一八：一五三）。最後に師玉さんは、奄美の島づくりについて、「人々が全体のことを考えて一致協力する精神を涵養し対処すること」が必要と強調された。

（二〇一八年一一月二九日、田畑聞き取り要約）

■コラム

インタビュー　復帰運動の語り部─楠田豊春さんに聞く─

太平洋戦争後の約八年間、米軍支配下に置かれた鹿児島県・奄美群島が日本に復帰してから六五年が経過した。新しい時代を築き上げるためには悲願の復帰を果たした先人の行動力に学び、それを語り継ぐことが大切だ。「復帰運動の父」と呼ばれる詩人、故・泉芳朗氏の側近として活動されていた楠田豊春さん（九六）は自著『日本復帰五〇年の回想』のなかで、「署名運動や断食祈願を通して、無抵抗の抵抗を続けて、平和的に民族自決の道を切り開いてきた」ことに、復帰運動の真の意義があり、「今日の経済日本の繁栄の裏に奄美や沖縄の人々の大きな犠牲があっ

楠田豊春さん（楠田哲久氏提供）

たことを広く国民に読み取ってもらわなければならない」と述べておられる。この点はインタビューでも強調された。

楠田さんは現在体調を崩されておられるが、「……奄美の復帰運動はあくまでも平和的手段で達成された唯一の民族運動であり、誇りにすべきであり、今日の日本の繁栄の陰に、奄美や沖縄の人々が異民族支配という苦境に置かれた事実があることを忘れてはならない」と力強い。

この立場から楠田さん自らが節目の年に行われる「奄美群島日本復帰」の記念式典で、群島各地の小中高校生に「先輩たちがいろいろな抵抗と努力をして今日がある。歴史を継ぐのはあなたたちだ。日本人としての誇りを持って頑張ってほしい」と語っておられる。「復帰運動の精神こそ、新しい島おこしの出発点だ」とも。

楠田さんは名瀬市役所に勤務しながら奄美大島日本復帰協議会中央委員として復帰運動に尽力され、のち名瀬市市会議員、奄美大島青年会議所初代理事長、「泉芳朗先生を偲ぶ会」代表、奄美郷土研究会顧問等を歴任されている。現在、「泉芳朗先生を偲ぶ会」代表はご子息の楠田哲久さんが継がれ、毎年一二月二五日、聖地おがみ山にある泉芳朗先生の胸像への献花、復帰の歌斉唱、断食悲願の詩朗読等を市民とともに実施している。

（二〇一九年三月一一日　田畑聞き取り要約）

第Ⅴ章　復帰から復興へ—振興開発事業の評価と課題—

一、特別措置法の概要

最初に、わが国に地域対象の特別措置法が制定されたのは「離島振興法」（一九五三年七月二二日法律第七二号）である。同法は、国土の保全等において重要な役割を有しているものの、産業基盤及び生活環境の整備等が他の地域に比較して低位にある離島について、その地理的及び自然的特性を生かした振興を図るための特別の措置を講ずることを目的としたものである。しかし、当時米軍政下にあった奄美、沖縄、小笠原は、この法律適用外であった。奄美が日本復帰後には同法の適用が可能であったが、復帰後の奄美に対しては単独の特別措置法が制定された。それが一九五四年六月二一日法律第一八九号の「奄美群島復興特別措置法」である。この奄美単独の特別措置法は、後に小笠原諸島と沖縄の日本復帰（返還）に伴う単独特別措置法の先例となった。

この法律は、鹿児島県大島郡の区域で北緯二九度以南にある地域（以下「奄美群島」という）の復帰に伴い、同地域の特殊事項にかんがみ、その急速な復興を図るとともに住民の生活の安定に資するために特別措置としての総合的な復興計画（以下「復興計画」という）を策定し、及びこれに基づく事業を実施することを目的とするものである（法第一条）。

ところで、特定地域の特別措置は、法の制定順に、「離島振興法」にはじまり、日本復帰順に「奄美群島復興特別措置法」「小笠原諸島振興開発特別措置法」「沖縄振興特別措置法」と相次ぎ立法化されたが、特別措置内容は地域事情により、一様ではなかった。

①「離島」と「沖縄」は、一〇年間の時限立法で、延長も一〇年ごとで、「奄美」「小笠原諸島」は五年間の時限立法で延長も五年ごとの法体系に分かれている。②特別措置法による優遇措置は、国の補助率、設計単価、起債、税制など多岐にわたるが、優遇度合いは、「沖縄」「奄美・小笠原」「離島」の順で、特別措置による金融機関は、「奄美」と「沖縄」のみ設置された。③特別措置法ゆえ、国の毎年度予算において当該地域へ一定の予算規模が確保されるため、他地域との競争にさらされることなく計画的事業計画・執行が可能となった。④結果的ではあるが、特別措置法の制定年度が異なったため、一〇年おきに延長されるタイミングが、「沖縄」「離島」「奄美・小笠原」の順番で順次改正されることとなる。したがって、「奄美」は先行する「沖縄」と「離島」がどのように法改正されるかを見定めたうえで法改正が出来るポジション（位置）にあるが、奄美が「沖縄」「離島」に先行することは難しい位置にある。⑤「奄美・小笠原」は五年ごと立法のため、法の大幅改正は、「沖縄」「離島」（一〇年立法）の改正に連動して、一〇年周期で検討され、中間の五年延長は、〝単純延長〟と通称された。⑥「沖縄」と「離島」の一〇年立法は、中・長期展望に立って計画が立てられるメリットがあり、「奄美・小笠原諸島」の五年立法は、時代の変転に柔軟に対応できるメリットがあるとされる。⑦特別措置の一環として、歴史的に、黒糖を原料とする焼酎を造ってきた奄美群島に限り、黒糖焼酎（焼酎乙類）が、酒税法の特例通達で認められた。

表1は、奄美群島の特別措置法の年度、法律名、計画名をまとめたものである。このように、「復興」（一〇年）、「振興」（一〇年）、「振興開発」（四六年）と、名称を変えながら、六六年目を迎えた。

表2は奄美群島の特別措置法による事業区分、年度、事業費をまとめた。二〇一七年度までに、総事業費で二兆五一

表１　奄美群島の特別措置法の変遷

年度	法律名	計画名
1954 ～ 58年 1959 ～ 63年	奄美群島復興特別措置法 (延長)	奄美群島復興計画（５か年計画） (10か年計画に改定)
1964 ～ 68年 1969 ～ 73年	奄美群島振興特別措置法 (延長)	奄美群島振興計画（５か年計画） (10か年計画に改定)
1974 ～ 78年 1979 ～ 83年	奄美群島振興開発特別措置法 (５年間延長)	奄美群島振興開発計画（５か年計画） (10か年計画に改定)
1984 ～ 88年 1989 ～ 93年	(５年間延長) (５年間延長)	新奄美群島振興開発計画（５か年計画） (10か年計画に改定)
1994 ～ 98年 1999 ～ 2003年	(５年間延長) (５年間延長)	第3次奄美群島振興開発計画(５か年計画) (10か年計画に改定)
2004 ～ 08年 2009 ～ 13年	(５年間延長) (５年間延長)	奄美群島振興開発計画（５か年計画） (10か年計画に改定)
2014 ～ 18年 2019 ～ 23年	(５年間延長) (５年間延長)	奄美群島振興開発計画（５か年計画） (10か年計画に改定

出所：鹿児島県「奄美群島振興開発総合調査報告書」2018年3月

表２　奄美群島の特別措置法に基づく「復興」「振興」「振興開発」事業費の推移

事業区分	年度	事業費（単位：円）
復興事業	1954 ～ 1963年	20,999,735,522
振興事業	1964 ～ 1973年	43,810,938,947
振興開発事業	1974 ～ 1983年	317,089,671,692
新振興開発事業	1984 ～ 1993年	602,963,878,647
第３次振興開発事業	1994 ～ 2003年	841,806,042,410
振興開発事業	2004 ～ 2013年	512,566,495,060
振興開発事業	2014 ～（４年分）	175,779,137,676
総　計		2,515,015,899,954

出所：鹿児島県大島支庁(（2018）『奄美群島の概況』

五〇億一五八九万九九五四円、うち国費は、一兆六〇七六億五五〇四万五四〇円が支出された。

これまでの六四年間の「復興」「振興」「振興開発」の特別措置による事業と計画は、奄美では総称して「奄振事業」「奄振計画」と呼んでいる。

（花井恒三）

二、奄振事業の弊害

1 環境破壊

私ども人間は、環境の影響を受けながら生命を維持しているが、同時に生活活動のなかで環境にさまざまな変化を与えている。その変化が一定限度をこえて生態学的均衡に影響を及ぼす状態が環境破壊である。ここでは、奄振事業の弊害の一つである環境破壊を若干の例を挙げてみておきたい。

奄振法制定以降、インフラ整備を重点に道路、港湾、空港、河川、海岸、林道、砂防、土地改良等の工事が急ピッチで進められ、日本復帰当時五六三キロの路線が二〇〇一年には三三九四キロに延びた。山腹を削って道路が新設・拡幅・舗装され森を分断して林道が次から次へと開設された。道路建設に伴って排出される土砂（赤土）は、当初はその場で谷間に落とされ川を真っ赤に汚し、微粒子からなる赤土は海を染め、サンゴ礁に沈殿した。森林のバリカン刈り（皆伐）も彼方此方で目につくようになり、自然環境への配慮や生態系への負荷などは顧みられなかった。それでも一九七〇年頃までは、事業の計画や工事の進め方への疑問や批判の声は一部にすぎなかった。

基俊太郎氏によれば、計画立案の時点で三つの間違いが潜んでいたと指摘し、次のように述べている。「第一は、奄美の風土や生活を本土的尺度で考えたことと、一方では逆に奄美の亜熱帯性について、その長所、短所を過大視したことであるが、これらはともに奄美の自然についての実態に即した認識を欠いていた点で共通している。第二は、従って自然それ自体の生産性についての研究がおろそかにされ、生産即産業という早とちりにより、明治以来の国是である「産業を興す」ことが生活のすべてに優先したことである。第三は、施策のすべてに対して、第一、第二の要因とあわせて、人の要素が欠落していたことである。つまり、人をどのような社会単位で捉えるかということがなされずに、単に所得の対象としての抽象的な人が考えられたにすぎない。そして、これらは当然のように、自然の破壊、生産性の低下、人口の流出という三つの大罪を犯すことになったのである」（基一九九三：二〇三―二〇四）。

ところで、奄振事業による環境破壊が著しく目立つようになったのは、一九七〇年の後半以降である。奄振予算が前期の期間より三・五倍（二八二億円から九九三億円）に増え、事業は大型化し、これまでの事業に湿地・海岸の埋め立てが加わり、消波ブロックが張り巡らされるようになった。「土木振興事業」と揶揄されるような不必要な工事、過剰な事業が増え、巷では「こんなはずではなかった」「島がなくなる」という声があがった。新聞紙上では「できたのは箱物ばかり」「コンクリートづけにされた島」という表現がたびたび載るようになった。

奄振事業は地元負担を伴うので、財政力の弱い市町村財政を圧迫する。奄美一四市町村の二〇〇三年度末の地方債残高（借金）は一三六一億円で、これは前年度に比べ一八億円（一・四％）の増加となっている。二〇〇三年度までの五〇年間の実績は、事業費一兆八三〇〇億円、国費一兆一六〇〇億円、地元負担六六〇〇億円＋α、補助率は五〇年間トータルの単純平均で六三・七％である。加えて問題なのは、奄振事業が「ODAの国内版」になっていることである。日本のODAは無駄な工事、環境・地域社会の破壊、利権がらみで事業費の多くは日本の企業に吸収される、との批判がある。トンネル、港湾など大きな事業は本土の大手とのベンチャーが組まれる。建設資材や食料品その他の関連物資のほとんどは本土から購入されるので、事業費の八割強はストレートに本土に吸い上げられる。結果として「利権で食い物にされる島」にされている（薗二〇〇五）。この点について、皆村氏は「奄振事業は奄美にとっては物的固定資本の形成以外にわずかのおこぼれがあるのみで、投資によってもたらされる所得の乗数効果[21]のほとんどは、ザルと同じように

21　所得の乗数効果とは投資が増大したとき、その増加分の何倍かの所得の増大をもたらすことを言う（皆村二〇〇三：九一）。

すぐに漏れてなくなってしまうのである」（皆村二〇〇三：九四―九五）と分析している。こうした結果を招かないためには、住民が地域の主人公として自ら設計し、立て直す主体的な取り組みが必要になる（吉田一九九五：二七一）。また、利権などを排除し、公共事業が公正に執行され、その効果が地元に波及しているかどうかを監視するオンブズマン制度のような監視機関の設置も必要になろう。

年を追うごとに自然破壊は加速した。海岸線のアダン林は伐採され、必要のないところにまで護岸堤が張り巡らされ、おまけに消波ブロックまで並べられた。トンネル工事から排出される土砂は湿地、干潟、砂浜を埋め、護岸堤に打ち寄せる波は砂を沖に流した。海の幸を育んだイノー（礁地）からタコ、貝、海藻、ウニ、小魚が消えた。産卵をあきらめて海にもどったカメは浜に足跡だけを残した。「自然の貯蔵庫」は「瀬死の海」に変わった。たとえば、奄美大島の集落がある海岸で自然のたたずまいを保っているのは嘉徳（瀬戸内町）、喜瀬崎原（笠利町）だけで、人家があるところで自然のたたずまいが一部残っているところは土盛（笠利町）、打田原（笠利町）だけになった。また、砂丘が自然のたたずまいを保っているのは嘉徳砂丘（瀬戸内町）だけである。[22]

それでも奄振事業関連で計画された港建設、湾の埋め立て、護岸堤設置、離岸堤設置、海中プール建設、林道の拡幅・舗装計画、等を、地元住民や環境ネットワーク奄美が中止させた所は一四カ所。企業による大規模な森林伐採計画阻止二件、クロマグロ養殖計画一件、放射性廃棄物処理計画を断念させた二件がある。

このように、日本復帰後の「振興開発事業」は島々の自然にさまざまに影響を及ぼしてきているが、環境へのダメージだけでなく、財政問題、地方自治の在り方、国と地方との関係、歴史的背景、地域の産業・生活・雇用・文化とさまざまに関係してくるのだが、奄美の先人が生きた「ヒト」と自然との関係、人と人との繋がりを〝きちんと受け継いでいたなら〟という思いに駆られる。

22　ちなみに奄美大島の集落は、大字単位で（旧）名瀬市一七、住用町一三、笠利町一八、大和村一三、宇検村一三、瀬戸内町四九、龍郷町一五、計一三六である。

環境問題が国際社会の重要な政治課題になっている現今である。自然に生かされている人間が自然を我が物顔にかき回し、食い荒らしてきた。地表だけでなく空中から地中まで。地球は一つ、資源は限りがある。歴史に何を学び、現実をどう受け止めるか。将来への展望は？　環境問題が国際政治の重要課題になり、資源、異常気象が報道されるたびに奄美のアンマやフッシュが、私たちに残した幾多の示唆が頭をよぎる。

インフラ整備やハコ物中心の奄振事業に批判の声が出されるようになった一九七四〜七八年以降、「ハードからソフトへ」の声があがった。そう遠くない将来に世界は、食糧危機が到来する可能性をはらんでいる。食糧自給率が低い日本は深刻な打撃を受けるだろう。そのとき主食から野菜まで域外に頼っている奄美はどうなるか。想像するだけでぞっとする。黒糖収奪で地獄を味わった先人たちは、米を確保するために山奥の川沿いに「かくれ田」をつくった。森や川には口をうるおす食べ物があった。豊饒のイノーは人々を飢えから守った。今その環境はない。コンクリートをこねるだけを奄振事業にしてはならならない。食糧自給率を少しでも高めるための農業振興策を、とりわけ米の復活を重点に。あわせて、長年の歳月をかけて自然を活用して創りあげた世界に誇れる産業文化・大島紬の再興に総力を挙げなければならない。

2　生物多様性の危機

島嶼（森、川、海）の野生生物の生息地が攪乱・破壊され「地球の宝」と言われている奄美の生物多様性は深刻なダメージを受けている。主役は基盤整備事業。これに盗掘、移入種（マングース）、外来種、ノネコの被害が加わる。これらもまとめて人間の仕業ではないか。なお、環境庁自然保護局が一九九一年三月に発行した『平成二年度南西諸島における野生生物の種の保存に不可欠な諸条件に関わる研究報告書』は、「隔離された島嶼において特有の生物種を有し、固有の種または亜種に分化しているものが多いという点で世界的にも注目されている地域」『サンゴ礁の浅海海域を包含した海岸から山頂まで、河口から源流までの集水域全体の自然生態系を一つのユニットとして、それぞれの種がそれぞれの地域の自然個体群を維持している状態で人為の影響のない状態で保護することが望ましい。そのためにはこれ以上の生息環境の人為的改変を行わないことが必要である」と述べている。

筆者らは、奄美諸島の自然が各地で無造作に破壊されていく当時に「奄美の海辺を守る会」（のちの「環境ネットワーク奄美」）を結成した（一九九〇年）。結成以来、島々の自然（森、川、海）を守り、貴重な生き物が賑わう多様な生態系を守るため、島々の自然保護運動の多くに直接・間接に関わってきた。そして環境ネットワーク奄美は、一九九五年二月二三日、アマミノクロウサギ、オオトラツグミ、アマミヤマシギ、ルリカケスを原告に「自然の権利訴訟」を起こした。奄美大島の二カ所に計画された森林を伐採してのゴルフ場建設に反対して、県当局に林地開発の許可を取り消すよう求めた訴訟である。同時に、奄美の自然が直面している破壊の現実を明らかにし、島の自然、シマの生活、文化の特性を見直す機会にできたらとの思いからであった。

私どもの訴えに対して、龍郷町の市理原の開発は「将来に向かって失われた」と判示し、旧住用村の市崎の開発は、手続きが適正を欠いていることとアマミノクロウサギが生息していることを指摘して、開発に歯止めをかけるものであった。判決は「原告らに原告適格を認めることはできない」として却下されたのであるが、法曹界からは〝裁判所を動かした〟〝異例の判決〟〝実質勝訴〟の評価を受けた（薗二〇〇五）。この裁判によって、自然を見直す機運が高まってきたといえよう。

3　採石場がもたらした戸玉集落の悲劇

戸玉集落（旧住用村、現奄美市住用町）は、多様な生態系賑わうイタジイの深い森を背に奄美最大のマングローブ林が茂る住用湾の湾口に位置する。集落を流れる戸玉川、金川は清水を絶やすことはない。ニシカゼ（北風）が吹き込む北側には金川岳から続く尾根が張り出し、フェンカゼ（南風）通る南側には戸玉崎（岬）が延びている。これらはまさしく奄美大島に見られる森、川、海に抱かれている集落の見本のような自然条件の地。ここに三二世帯七二人が暮らしていた。静かな佇まいの戸玉集落が一変するのは、採石業が始まった一九七七年頃からである。オットンガエル、アマミノクロウサギの鳴き声やアカヒゲ、ルリカケス、アカショウビン、カラスバト、メジロのさえずりに代わって騒音、震動、粉塵が集落を覆うようになった。赤土、土砂で川は汚れ、汚濁水が海に流れ込んだ。併せて、採石の不法投棄が広範囲にわたり、サンゴが死滅した。かつて戸玉崎の海はウニ、トコブシ、イセエビ、水イカ、甲イカなど魚類の産卵場所で、海がしけて外海漁ができないときの漁場だった。戸玉港の敷地に山積みされた採石は島内をはじめ奄美の島々や沖縄に運ばれた。戸玉岬のカメゴモリは破壊され、神山もハッパで吹っ飛んだ。

一九七七年頃、ある事業所が庭石を採取するとかで始まった採石業が、やがて四事業所に増え、ダイナマイトによる破砕、大型削岩機を使った砕（採）石が人家から五〇～一〇〇メートルそこその場所で行われ、当時の採石量は奄美群島の五〇％を超えた。

戸玉集落は業者と公害防止協定書（一九九六年七月）を交わしたが、誓約は守られなかった。風に乗って採石場から舞い込む粉塵、船積みのときの粉塵。ダイナマイト破砕でひびが入り雨もりが生じたコンクリート家屋。集落民は終日雨戸を閉め、洗濯物を外で干せない生活をしなければならず、幼児が喘息を発病した家族は他集落に転居した（一九九〇年）。また、若い夫婦は村を離れた（一九九二年）。集落は住用村当局や県大島支庁に「数えきれない、うんざりするほどの請願、陳情を繰り返してきた」（区長談）が、事態は改善されなかった。

「もう耐えられない、がまんも限界」という状況の中で、一九九〇年一〇月にK産業が集落の北側に砕石事業を計画して、県に事業認可の申請をした。戸玉集落は怒り心頭、こぞって申請を認可しないよう県大島支庁に申し入れた。住用村（旧）も、「集落の意見を尊重する」との意見書を県に提出し、住用村議会（旧）も「集落民は粉塵や騒音、さらには振動の公害に苦しめられ、安心で健康な生活を奪われている。岩石採取に伴う土砂流失で漁場が汚染され、漁業に深刻な影響を受けている」と認可反対の陳情を採択した。

住民の要請に対して大島支庁は、「業者から最後の書類が提出された。通常の手続きをすすめており不認可要件に当てはまらない」（九一年五月一九日）と答え、新規の砕石を認可した。支庁長が言う「最後の書類」とは環境アセスのことで、アマミノクロウサギの調査を業者が場所を限定し昼の一日だけ二人に依頼して「アマミノクロウサギはいなかった」と報告させ、書類は業者が作成してあった。当該地一帯は、アマミノクロウサギの生息密度が高く、砕石作業が一週間ほど休んだときは作業現場まで現れる地域である。

二〇年来続いた集落民の不安、怒り、嘆きはさらに度を増し、集落の存亡につながりかねない危機感が集落を覆っていた二〇〇四年七月、前年度に新規参入したK業者の砕石現場に大規模な亀裂が見つかった。集落を流れる戸玉川の上流で集落から六〇〇メートルの場所に四〇～五〇メートルの亀裂が見つかった。さらに尾根付近にも亀裂が走り、崩落の恐れがある土砂は大型ダンプ一万五〇〇〇台分と推定された。

二〇〇四年七月三日、住民の三割以上に当たる二四人は隣の山間集落公民館や名瀬市の知人宅に避難した。亀裂幅はさらに広がり住用村（旧）は九日、全世帯に避難勧告を出した。住用村と県大島支庁はそれぞれ対策本部を設置、名瀬警察署は災害警備本部を置いた。

県は採石業者に災害防止命令を出したが期限まで工事に着手しなかったので、大島支庁は行政代執行で仮設堤防工事に着手した。五万立方メートルの土砂を止める応急対策で設置費は五〇〇〇万円。二〇〇四年一〇月一二日、仮設堤防を設置してから県大島支庁と住用村は三カ月ぶりに避難勧告を解除した。避難勧告解除からまもなくの一〇月二五日、K産業は再び事業認可申請を県大島支庁に提出した。住民は「たいへん迷惑をかけた業者が再び申請するとは信じられん。亀裂が問題になってからわびの言葉もない。土砂除去は別の業者にさせろ」と反発。県大島支庁は、今度は不認可処分にした。

県は、雨期対策の応急措置を施した後、二〇〇五年四月二五日から災害防止対策工事（恒久対策工事）を始めた。環境ネットワーク奄美は当面の課題として九項目を要請した。

戸玉集落民は三〇年近くの長い間、被害に泣き不安をつのらせ憤懣やるかたない日々を送ってきた。そして我慢の限界を超えた状況の中で闘い続けてきた。行政の住民を見ようとしない姿勢、事業者の社会的責任を問うことはもちろんだが、一つの島に暮らしている我々住民も自らの生き方と重ねて肝に銘じておくべきである。奄振による公共工事は便利さと効率をもたらした。が、その陰には戸玉集落に象徴される犠牲があったこと、そして自然環境の破壊をもたらしたことを忘れてはなるまい。

（薗博明）

三、補助金政策の意義と限界

1「奄振」の評価

①奄振法のスタートが、「離島振興法」の仲間入りでなく、単独立法であった意義は大であった。

②単独立法ゆえに、〝奄美枠〟と呼ばれる奄美への国費投資金額が一定規模で確保され、地元も、その事業枠内で計画的にすすめられたのである。

③「振興開発事業」（一九七四年～）段階が、所管庁が自治庁（自治省）から国土庁（国土交通省）へと移管されたタイミングと重なり、予算規模の大幅増に利することとなった。

④この段階になると、奄振事業の概念が、国土庁一括計上予算プラス各省庁事業、県単独事業（県単）のトータルで奄美振興を図る旨形成され、そのため、地元では、国土庁（国土交通省）の社会資本整備（基盤整備。ハード系）と、各省庁事業のソフト系事業をコーディネートした総合的な企画力が高まった。

⑤特別措置法の一〇年おき法延長の年次順が、結果的に、「沖縄」「離島」「奄美・小笠原」の一年ごとの順番となったため、「奄美」は先行する「沖縄」を参考にできたことも有利に働いた。

⑥二〇〇四年度以降の奄振法延長議論のタイミングで、民間版「奄振」委員会（奄美とゆかりのある各省庁の元事務次官（級）で構成）による、〝奄振に交付金制度導入を〟との提言は、一〇年後の法改正で実を結ぶこととなった。

その提言は、ハード系中心の奄振事業のせめて一～二割でも交付金化し、地元裁量で企画立案できるソフト系予算がつくれたら、〝奄振〟効果が一層増すだろうとの主旨であった。この時は、〝沖縄〟や〝離島〟に先がけて〝奄美〟が先行する状況になく、次の〝沖縄〟先行まで待たなければならなかったものの、歴史的には〝奄振交付金〟の井戸を掘った画期的「提言」であった。

⑦「(社)奄美振興研究協会」が設置され、奄美群島総体の振興調査事業の受託が可能となり、以後各種振興調査が増大した。その後、広域行政組織である「奄美群島広域事務組合」が設立され、調査事業を引き継ぐとともに、奄美群島全体のソフト事業が可能となった。

⑧「郡民一人当所得（対全国比）」も確実に伸びてきた。「郡民一人当所得（対全国比）」は一九五三年には二七・五％にすぎなかったが、二〇一三年は七二・九％になった（鹿児島県『奄美群島振興開発総合調査報告書』二〇一八年三月）。しかし、今日でも格差は歴然としてある。

⑨近年では、一九八五年に比し、野菜、畜産、果樹、花き、養殖漁業、黒糖焼酎、観光、建設業（平成前期ピーク期を迎えたが現在は減退）、海上輸送額（移入・移出共）、乗客数（航空）、第三次事業（卸小売業、サービス業共）、金融機関貸付残高、郡民一人当所得、郡内純・総生産額などが確実に伸びている（鹿児島県『奄美群島振興開発総合調査』二〇一八年三月、及び鹿児島県大島支庁『奄美群島の概況』一九八五年版、二〇一八年版）。

⑩奄振事業初期に比べ、地元事業者の技術力が高まり、本土請負事業者から自立し、受注数も増した。地元Aランク事業者は、トンネルや港湾など、特殊工法を要する工事以外はほとんど地元で受注が行えるようになり、地元雇用も増した。

⑪奄振は、他法に比し、「補助率」だけでなく、「起債」比率（自治体の借金度合い）や〝地元単価〟（離島物価高を加味した設計単価）なども配慮されているため、財政力の弱い自治体にとっても、奄振事業による振興策を可能ならしめた。

表３　奄振期間中の人口65歳以上比率、就業者労働力率

人口（人）	65才以上比率%	就業者労働力率%
1955年　205,363	7.7	77.6
1965年　183,471	10.0	68.5
1975年　155,879	13.0	62.7
1985年　153,062	15.9	62.8
2000年　132,315	25.8	55.3
2010年　118,773	29.1	55.8
2015年　110,147	31.3	56.8

出所:鹿児島県（2018）『奄美群島振興開発総合調査報告書』

⑫奄美は地元メディア力豊富な地域ゆえ、奄振事業の報道も数多くなされ、住民の意見反映が素早く表面化するため、事業の透明性が高い。

⑬自治体では、奄振事業の継続により、起債（借金）が増し、財政運営の硬直化をきたすため、行財政改革において、起債償還（借金返済）の範囲であらたな起債（借金）枠を設定するなど、建設事業の中・長期計画を立てて財政運営に努めている。

２　課題・限界

①奄美群島の人口は、復帰後の昭和期約三〇年間で五万人、平成期の約三〇年間で五万人、それぞれ減少し、逆に六五歳以上人口は平成期に急激な勢いで増加した（表３）。労働力人口は徐々に減少し、昨今は、奄美もまさかの人手不足時代に入った。

②一九八五年に比し、次の産業が減退した。農業、米作、さとうきび、林業、水産業、漁船漁業、商業、製造業、大島紬、建設業（平成前期ピーク期を迎えたが、現在は減退）、乗客数（海路）である（鹿児島県『奄美群島振興開発総合調査』二〇一八年三月、および鹿児島県大島支庁『奄美群島の概況』一九八五年版参照）。

③国の予算は縦割り型のため、省庁間だけでなく、同じ省庁でも部局ごとに固定化されているため、一事業を一気に集中して仕上げたいと思っていてもそうはいかない。たとえば、「トンネル」に集中したいと考えても「港湾」枠から持ってくるわけにもいかず、その逆も同様である。従って、部局ごとの〝奄美枠〟の範囲で、各島間・市町村間で調整し合うことになる。

④開発行為と自然環境・景観・生態系保全のテーマは避けて通れない課題である。行

政が地域住民の要望を受けて計画しても、途中で「要らない」との反対運動が起きたり、築造したあとに撤去を求める要望が起きたりする。行政が企画する段階から計画の透明性と住民参画がしっかりなされてないと、国・県との手続きを終えていざ予算執行との段階で摩擦が起きると、せっかくの事業が迷走する。

⑤特殊・大規模工事はゼネコン大手など本土企業が請け負い、地元企業は下請け・孫請けとなる。さらに工事の原材料が地元調達できず、大半が本土からの大量移入となったりする。この場合、事業規模の大きさに比し地元経済循環は小規模にとどまることとなる。

⑥労賃について、設計単価と請負事業者が労働者に支払う金額に差があり過ぎるとの指摘がままある。

⑦行政は事業の企画段階で数値目標など事業効果を内外に示すのだが、そのとおりにいかないこともある。民間経済は常に動いていて、公共事業の規模とスピードと、実業界の規模とスピードは必ずしも一致するとは限らず、この場合、事業効果が後年度にずれていく。

⑧事業効果を発揮するためには、「産学官」「農商工」連携は不可欠としても、これに市民活動団体（消費者運動なども加わらないと、事業主体者のひとりよがりになることがある。

⑨林道・港湾・漁港などの社会資本（生産基盤施設）の整備がすすむ一方で、車両や船舶など動力による一般人の自然界への出入りが容易になり、オーバーツーリズムで生態系のリズムを壊したり、貴重な動植物乱獲、盗採、盗掘が行われたり、人と自然との共生が課題となっている。

⑩農業従事者の建設業従事者へのシフト（移動）がすすむとともに米作減反政策が重なり、農村地区の百姓力や自給力、島内循環型農産品生産力が共に減退し、「復帰運動期はお金がなくても（物々交換や結い社会などで）生きられたが、復帰後は（分業社会で）次第にお金がないと生きられなくなった」時代になりつつある。

⑪奄美は、亜熱帯性の温暖・湿潤気候とサンゴ礁に守られているため、自然や生態系の回復力、再生力、増殖力豊かな地域であるが、開発の規模とスピードと自然保全のバランスの問題は常に起きる。赤土流出防止や三面張りコン

クリート河川、道路側溝、外来種草花の法面工事など、工法改良はなされてきたものの、今も技術開発途上段階にある。

⑫奄振への住民意向反映は、五年ごとに法延長前後に行われる。「奄美群島振興開発総合調査」(鹿児島県)、「奄美群島成長戦略ビジョン」(奄美群島広域事務組合)、「奄美群島の在り方検討委員会」(同)、「奄美群島振興開発協議会」(県)、「奄美群島振興開発計画」(国)などにおいて、住民アンケート調査はじめ各種団体・郷土出身者・識者による意見・提言、パブリックコメント等行われている。しかしながら、奄振を活用した自らの振興策を調査・研究・検証する恒常的な民間機関が不在である。かつての、(社)奄美振興研究協会のような、民間のシンクタンク機能を有する常設機関の設置が望まれる。

⑬行政は補助金事業導入に精力を注ぎ、住民は行政に要望することに精力を注ぐ「おんぶにだっこ式」「補助金依存体質」と評される地域構造、住民と行政の協働による地域づくりの「企画力」の減退などと評される近年日本の地域力の弱体化は奄美も例外ではなくなってきた。行政頼みではなく、住民自治で行政を補い、協働して地域づくりに力を合わせた復帰運動の「原点」に学びたい。

3 令和期の振興開発事業へ向けて

①日本復帰(一九五三年一二月二五日)を果たした後、復帰後の奄美はどのように変わったのか?

復帰前の通貨「B円」(米軍票)一円が日本円三円で交換された結果、その分、物価も上がった。復帰運動体であった「奄美大島日本復帰協議会」は解散し、変わって、経済界がリードする「奄美大島復興協議会」が発足した。法規、政治、経済、文化、教育、労働運動、婦人団体などすべての分野で本土スタンダード(標準)が一気に押し寄せ、あわただしく、復帰前の「横軸型社会」(本土との往来がないため、奄美の人たちだけで横軸でつながっていた社会)から「縦軸型社会」(あらゆる分野で本土に系列化されていった社会)へと変わった。復帰後初の衆議院選(奄美群島一人区)は本土の各政党から奄美出身者が次々と立候補し、地元から立候補した復帰運動の象徴的存在であった泉芳朗も中村安太郎もあえなく敗れた。奄美が横軸型社会から縦軸型社会へと変わったことを象徴づける出来事であった。このような時代背景の下、奄美は特別措置法を屋台骨に、復興・振興・振興開発の道程を歩み、今年度六六年目の奄振事業をすすめている。今後の令和期の振興開発事業はどのようにすすめばよいのであろうか？

②令和期の奄振は、昭和期の奄振事業で基盤整備された建造物の更新・リニューアル期と重なる。そのうえで、AI（人工知能）、次世代5G（高速大容量）、IOT（あらゆるものが住民とインターネットでつながる）などのスマートアイランド時代とも重なる。

さらに、現行奄振の、本土との格差・不利性改善の目標に加え、奄美の国土・国民への貢献が期待されるであろう。奄美の貢献とは？　大都市圏がリードする「経済大国日本」の価値に対し、奄美は、対極の「ゆったり暮らす日本列島」の価値を担うというもの。国民は、これら二極価値を同時に享受することでより豊かな人生を送る。それでは、奄美が担う価値は何か？　それは、「世界自然遺産求心力モデルの島」「二地域居住」「アイランドテラピー（島で癒す…国民の健康・保養・養生・レクリエーション基地）」「長寿・子宝」「セラピー系（癒し系）福祉産業（転地療養等）」「天の利・地の利産業」「半農半Xスローライフスタイル」「生活満足度・経済満足度指数の高い結い社会」など、まさにセラピー系保健福祉の充実度の高い島化である。

奄美は、「本土っぽいけど本土でない。沖縄っぽいけど沖縄でない」ファジーの魅力。併せて「九州と沖縄の双方から手を引っ張られる恋人役」「細く長く生きる島」「沖縄の奥座敷」……。

令和期のこれからも、〝奄振〟は〝沖振〟（沖縄振興法）と〝離振〟（離島振興法）の中間ポジション（位置）をキープし続けることで国益にも叶う、と考えている。

（花井恒三）

■コラム

アカショウビンと自然保護

ああ、今年も夏が来た。アカショウビンの親子がこの森で子育てを始める。ひな鳥が成長し、一人前に鳴き方が上手になる八月いっぱい頃まで「クッカルルー」の鳴き声を聞くことが出来る。アカショウビンも我が家の近くのこの森が気に入ったとみえて、こうして毎年やってくる。私たちは、きれいな空気を提供してくれる森、森林浴のできるこの場所で共存しているのだ。

うだるような暑い日でも、「クッカルルー」の鈴を転がすような鳴き声が聞こえると、暑さも忘れる。夏告げ鳥の鳴く声は毎日聞こえるが、その姿になかなか出合えない。やがて夏が終わり、アカショウビンの親子が森を去る頃になると、来年もまたこの森に帰ってきて、美しい鳴き声とオレンジ色のきれいな姿を見せてくれるよう願っている。

亜熱帯の樹木は成長が速い。ここに住み着いて二十数年になるが、森の木々は我が家の屋根に覆いかぶさるような巨木になった。これが台風や大雨の時にわが家を守ってくれている。個人的なことを書いたが、奄美の固有種とされる生き物が住み着いている森を大切にしないといけないということだ。人間と動植物が共生できるにはどうしたらよいのか。貴重な生き物たちの住む自然、台風や洪水などの災害から守る自然の保全は私どもの第一義的課題でなければならないと思う。

（松夫佐江）

第Ⅵ章　地域づくり再考―復帰運動に学ぶ―

はじめに

復帰記念日となる一二月二五日には、奄美群島各地でイベントが開催されている。これが単なる記念行事に終わることなく、また、単に美談として聞くだけではなく、復帰運動の原点に立ち返り、今を生きる指針、現在および将来の奄美の在り方を学ぶ必要がある。そういう意味で、奄美の地域づくりを語るとき、「奄美復帰運動の原点に帰れ」と言われ続けてきた。奄美の復帰運動は、住民一人一人が主人公になる大衆運動、草の根運動が原点である。それは主役なき闘争、島民全員が主役として闘った運動、しかも群島ぐるみの非暴力運動であった。そこには未来に繋ぐ「地域づくり」の現代的意義がある。以下、復帰運動に学ぶ若干のアイテムを述べ、併せて奄美の自立的発展に触れておきたい。

一、復帰運動期の奄美社会

1 文人型リーダーの存在

復帰運動にかぎらず、住民運動のリーダーは、何よりも現場からの発想を持ち、主体的に地域創生を目指すような流れをつくる卓越した能力が求められる。泉芳朗（詩人・奄美大島日本復帰協議会議長）や昇曙夢（ロシア文学家・全国奄美連合委員長・東京奄美会長）のような各氏が適任者としてそこに存在していた。復帰後の運動を含め、奄美の住民運動は住民が文人型リーダーを押し上げ、文人型リーダーが先頭になり運動を強力に進めることができた。

2「地域循環型経済圏」

一九四六年から一九五三年までの八年間、奄美は米軍政下に置かれ、全てが外界から閉じ込められた世界の中で生きることになった。その結果、戦前に鹿児島から来た商人たちは一斉に本土に引き揚げ、学校の教員を含むすべての公務員も鹿児島に全部帰ってしまった。したがって、自分たちの地域内で循環型社会や経済圏を構築するしか他に方法はなかった。経済では「物々交換」なり、日本円でなくB円という米軍票により、循環型経済圏を構築した。現在は移出入経済主軸の縦割り型経済で全てを回す時代になっているが、「地域づくり」を考える上では、現在の縦軸型経済圏に対して、復帰運動の頃の横軸型経済圏（地域内循環型経済圏・地産地消型経済圏）をいかにして回復していけるかが課題となっている。

3 横割り型社会

「地域循環型経済圏」から分かるように、奄美の地域全体が横割り型中心の社会であった。物流も人の往来も閉ざされていたから縦割りがない。現在は、縦軸型社会がますます横軸型社会よりも強まり、政治も経済も地域社会も、縦軸と横軸のバランスが保たれなくなり、このことが地域のまとまりを欠く原因にもなっている。復帰運動でみせた先人たちは「横軸の力強さ」を維持していた。こうした先人たちの群島挙げての復帰運動に学び、「絆」を再構築する必要がある。

4 救世主—島口と黒糖—

行政分離により、外界から閉じ込められた奄美の人々を救ったのは何か。その第一は「島口」＝方言である。島の言葉が、薩摩藩政の時に奄美を救い、また米軍政下の時にも奄美を救った。奄美を統治する相手方に島口はわからない。間接統治のため、地域の中間支配層が間に立つが、島人同士は米軍や薩摩藩に分からぬように島口でお互い語り合い、島を救う作戦を練る。これこそ島口が奄美を救ったことの典例である。近年、方言が見直されており、海外では方言を公務員試験の必須科目にし、那覇市では面接試験に方言を加えたり、また沖永良部島や与論島の保育園では、毎朝のあいさつを方言（島ことば）で交わしているところがある。これらの取り組みは方言の大切さを示すものであり、多様性が求められている今日だからこそ、奄美語（方言）の継承が必要といえよう。

もう一つが黒糖である。薩摩藩のときも奄美を救ったのは黒糖とソテツであった。復帰の時もソテツと黒糖、それに大島紬が奄美を救ってくれた。これら、いわば「歴史産業」が復帰運動の貧しかった時代の奄美の人々を救ってきた。これらはこれからも奄美を救うに違いない産業であり、大切に伝承・継承する必要がある。

5 直接民主主義と間接民主主義

復帰運動期は、間接民主主義よりも直接民主主義が上回った時代だったという評価ができる。換言すれば、住民運動が行政の力を上回った時代だったということである。一九五三年一二月二五日の名瀬小学校校庭で行われた復帰の日の祝賀会での挨拶は、県知事や大島支庁長などの行政の長ではなく、住民運動の代表の泉芳朗氏が行った。このことは、直接民主主義が間接民主主義を上回った時代の象徴といえる。

付言すると、奄美の復帰運動は「民主勢力」が先行（潜行）して、「保守勢力」が乗っ取った住民運動であったということができる。どのような時代も、支配されたときの抵抗権運動は、民主勢力が先行する。ところが、それだけだと少数運動で支配者側に分断され、やられっぱなしになるが、復帰運動が成功した要因は、そこに保守勢力が乗っかっていく。乗っかるだけでなく、執行部を乗っ取っていった。保守勢力が乗っ取って民主勢力も含めすべてを抱き込む。それが地域全体に広がり、奄美の復帰運動（住民運動）全体が勝利したという形になった。

このＤＮＡ（情熱と強い団結力）が復帰後の奄美の住民運動史にも引き継がれ、枝手久島石油企業進出反対闘争にしても徳之島核燃料再処理工場建設反対闘争にしても、近年の普天間米軍施設の徳之島移設反対の闘いにしても、常に民主勢力や意識層が先行するが、保守勢力がそこに乗っかる。あるいは保守勢力をも巻き込む。ここで初めて地域運動は成功する。そこには常に文人型リーダーが存在する。

これらの教訓を筆者は「復帰の辞書」と呼び、この辞書を引く力を付けようと、後継世代に呼びかけている。奄美経営がこれから壁にぶつかったり、迷ったりするときは、先人たちがどういうふうにして突破したのだろうか？という復帰運動の「辞書」を引き、その原点にもどろうと呼びかけている。

二、「全国奄美連合」と現地運動の連携・協働

一九四六年一二月八日には東京で全国奄美連合総本部（委員長奥山八郎氏）と奄美連合東京本部（委員長伊東隆治氏）が、一九四七年一一月に東京で奄美青年同盟（委員長久留義隆氏）がそれぞれ結成された。また一九五〇年三月二四日に東京奄美学生会（会長高岡善成氏）が発足し、四月六日には新橋駅前、数寄屋橋、渋谷、新宿などで四五日間にわたり「奄美大島の復帰と渡航の自由」を訴えて街頭署名運動を展開した。これが復帰運動の火をつけ燃え広がった。

奄美は米軍政下で閉ざされ、マスコミも入れない時代であったから、全国的に奄美で何が起こっているか分からない。ところが、全国奄美連合が本土で奄美の復帰運動を展開するので、ＮＨＫや全国紙がそれを報道し、全国に奄美の状況が広まった。この「全国奄美連合」が現地の復帰運動と呼応し、復帰運動の車の両輪となった。この時のＤＮＡが五年前の全国一一（東京・埼玉・神奈川・中部・関西・神戸・滋賀・広島・福岡・鹿児島・沖縄）の奄美会が春の選抜甲子

園に一同に会し、大島高校の「応援団最優秀賞」（日本一）に輝く原動力となった。

三、「自立」・「自律」と抵抗権

「じりつ」には自ら立つ「自立」と自らを律する「自律」があるが、この両者について若干触れておきたい。奄振（奄美群島振興開発計画）をはじめ、多くの制度設計で「自立」（目的）という言葉が多用されているが、自立という目標を達成するための自律、自分たちの地域を自分たちで律するという、この「自律」（手段）の力が今衰えてきているのではないか？　この点について、復帰運動期には、既述したように、本土商人も、本土からきていた学校の教職員や大島支庁職員もすべてが本土へ引き上げたため、自分たちで立ち上がるしかなかった上に、立つためには自分たちで律するという社会を作った。これが「結い社会」であると筆者は考えるが、これが現在、奄美の「結い経済」とか「スロー経済」と評価される自律型経済圏の原点になっている。

奄美の小・中・高校生は、九年前の奄美豪雨災害の際のボランティア活動経験を通して、盛んに「結い」の言葉を好んで使うようになったし、選抜甲子園球場で大島高校生が応援団席で繰り広げた人文字も「結」であった。

ところで、米軍が線引きした人の往来と物流ラインがあって、そこから先は北上するなというのが口之島北端の北緯三〇度線である。これは米軍が作った布告ラインだから、これを越えて行く人たちや物資の流通は布告違反罪で罰せられ、船も没収される、歴史の上では犯罪であった。ところが現在では「抵抗権」を行使した勇敢な人たちだったと再評価をしようという検証が行われている。歴史の評価というのは、その当時は米軍政布告違反でも、もともとは民主的に決めたラインではなく、米軍が勝手に決めたラインだから、密航・密輸貿易はむしろ「抵抗権」の発揮ということになる。

（花井恒三）

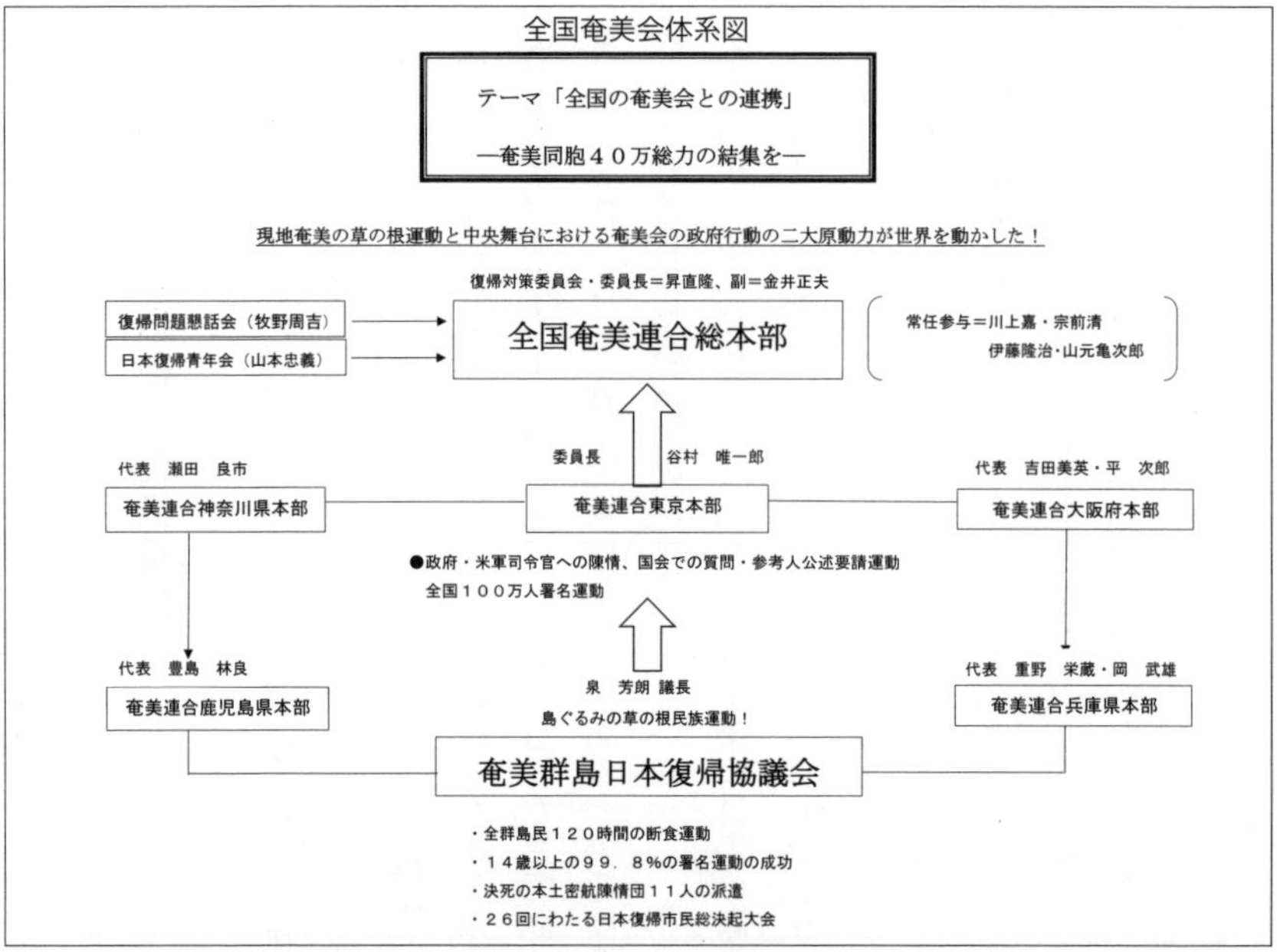

四、自立的発展をめざして
―「全国奄美人大会」―

奄美の日本復帰は、現地奄美の草の根運動と全国奄美同胞との連携により実現した。この「ＤＮＡ」を再び一つにするように、奄美群島一体となった施策の展開を行い、奄美群島の振興開発のための成長を自発的に推進する必要性がある。この観点から、復帰六〇周年の節目にあたる二〇一三年には「復帰運動に学ぼう」という趣旨で多彩な催しがあった。先人たちに学び感謝する集いである「奄美群島日本復帰六〇周年記念式典・祝賀会」等は、関西三月一七日、東京一〇月六日、沖縄一〇月二〇日、中部一一月三日、奄美一一月九日、鹿児島一一月二四日というように各地で開催され、多数の奄美出身者が集い、いずれも盛況であった。その他のイベントも数多く開催された。ここでは、主として全国の奄美人に呼びかけて実施された「全国奄美人大会」を取り上げることとする。

1 第一回「全国奄美人大会」

全国奄美人大会実行委員会（大津幸夫実行委員長）は二〇一三年一一月一〇日、奄美の日本復帰六〇周年を記念して、民間初の第一回「全国奄美人大会」を奄美観光ホテルで行った。スローガンは「奄美四〇万同胞が復帰運動に学び、総力を結集し、奄美の自立的発展を目指そう」である。大会は「奄美群島復帰を伝承する会」（西平功会長）、「復帰を語り島づくりを考える会」（河野真人代表）、「奄美郷土研究会」（大津幸夫会長）の三団体が主催し、講演と証言の二部構成である。

まず第一部は松本英昭氏（元自治省事務次官）が「価値ある島―奄美の創造―」と題して講演された。氏は奄美の在り方検討委員会委員長を務めた経験から、これまでの奄振をはじめとする行政の施策は奄美群島民の自立的発展への気持ちを高めなかったのではないかと問題提起され、奄美の自立的発展には外海遠隔離島という地政学的な位置がもつメリットとデメリットを見極め対処する必要があり、これからの奄美振興には復帰運動のようなオール奄美の結集が必要であると強調された。第二部は「復帰運動の教訓に学ぶ―証言者は語る―」と題して、楠田豊春氏、師玉賢二氏、石神京子氏、松夫佐江氏、先田光演氏、高野八一氏、右田昭進氏、大勝方興氏、久保和二氏、奥田末吉氏、村山カツエ氏の群島内外に在住の一二人が証言した。楠田氏は復帰運動の経緯を、師玉氏は密航陳情団に参加した経験を証言され、また石神京子氏は当時の名瀬婦人会について語った。

2 行事の総括と自立提言

二〇一四年三月二三日には「日本復帰六〇周年記念行事の『総括』と『自立提言』シンポジウム」が鹿児島県立図書館で開催された。主催は「奄美群島の日本復帰を伝承する会」「復帰を語り島づくりを考える会」「奄美郷土研究会」の三団体で、その内容は日本復帰六〇周年記念行事を振り返り、経過と総括を行い、奄美の自立発展についての提言を行うもので、提言は奄美郷土研究会会長の筆者が行った。

ここでは行事名、すなわち、①行政が行った一一月九日の六〇周年記念式典と祝賀会、②年間を通じた「つなぐ」委託行事、③県立奄美図書館の復帰六〇周年の事業、④全国奄美人大会を中心とする民間団体の行事、⑤奄美市を中心とする行事、等々の行事の経過・反省と総括を行い、奄美の自立発展を展望した。たとえば、所得格差については、六〇年間で約二兆三〇〇〇億円の奄振事業費が投じられて、二〇一〇年現在、奄美市民所得格差は、対国七八％、対県八九％、法人税の約五割は市外企業が占めているのが実態であり、奄美群島経済の自立度の指数である「域際収支」は、一九七五年度は移出額三二六億九〇〇〇万円で移入額六六七億九〇〇〇万円になっており、三四一億円の赤字になっている。この赤字分を奄振事業の公共事業や公務員給与・社会保険料等で穴埋めしてきた。二〇一一年度現在の赤字額は九〇二億円で、群島総生産額の三〇％に当たり、その赤字を奄振事業に頼る依存財政の実態は現在も続いているのが現状である。

以上のことから、これからの一〇年こそ「自立への道」へ挑戦する必要があると考える。そこで私どもは下記の提言書をまとめた。

■奄美の自立的発展をめざす提言書

［一］復帰六〇周年記念事業として実現したい三大重点課題

一、「日本復帰運動記念会館」の建設を実現すること

［建設基本構想］

第一条　現奄美博物館の内容の近代充実化を図り、隣接地に併設して「日本復帰記念館」を建設する。両館の内容が、奄美世界自然遺産登録とともに歴史・文化遺産を伝承する拠点になり、日本復帰運動をユネスコの世界記

憶遺産登録に発展させる実績を構築することにもなる。
第二条　奄美市名瀬本庁舎建設基本構想策定委員会の中で検討し、常設展示公開できる「復帰記念館」を設置し、学校・社会教育・観光等に活用できるようにすること。

二、奄美群島日本復帰資料の収集（発掘・調査・検証）と保存・活用をすすめる。（仮称）「日本復帰資料収集推進委員会」を発足させ、その事業費を奄振交付金で予算化すること。
①奄美博物館・県立奄美図書館の復帰資料の検証
②ロバート・エルドリッチ贈呈公文書（奄美博物館所蔵）
③沖縄県公文書館（アメリカ政府公文書）「奄美関係資料調査」
④鹿児島県・沖縄県の検証資料
⑤民間団体・個人所有の資料発掘

三、奄美群島広域事務組合を広域自治体（奄美圏機構）として充実強化をはかり、全国奄美会連絡会の結成を継続的に努力すること。
①今年度から創設された奄振交付金（非公共事業二一億三〇〇〇万）を活用し、奄美群島の連合自治体としての機能を強化し、全国奄美会との連携強化を具体的にすすめるよう努力すること。
②そのため広域事務組合及び全国奄美会対策の予算化を実現すること。

［二］奄美の復帰運動に学ぶ自立的発展をめざす提言書

（一）奄美航路・航空運賃の低格・格安運賃の実現。奄美群島内及び鹿児島本土の低格割引とともに奄美と福岡・大阪・東京間の格安運賃の実現をはかる。
（二）奄美に高等教育機関（大学・研究所）の設置。
（三）奄美一二市町村に奄美会と連携する窓口＝「奄美課」の設置。
（四）奄美群島観光物産協会を第三セクターの株式会社「奄美群島観光公社」へ移行させ、関東・関西等の都市に「あまみアンテナショップ」を建設し、奄美会の『結いの郷』にすること。
（五）本土在住奄美会の方々も利用できる「共同墓地」「共同納骨堂」の整備を行政計画ですすめていただきたい。
（六）名瀬おがみ山の復帰記念広場に自動車で自由に登れるようにして、一大観光展望台を実現すること。
（七）地方分権・「道州制と奄美」をテーマにした研究を行政と民間共催ですすめていただきたい。
（八）世界文化遺産登録をめざす鎌倉市との友好都市交流をすすめていただきたい。
（九）「奄美サンタマリア・アイランド」文化遺産構想と長崎市との友好都市交流をすすめていただきたい。
（一〇）「復帰の力を復興へ」ということで、昭和二九年七月に「奄美大島復帰協議会」（議長村山家國南海日日新聞社社長・民間三九団体）が結成され、「復興費三〇〇億円獲得、全額国庫負担による完全復興」を全群島民の統一要求目標として出発して、今年で六〇周年を迎えた。

今こそ、「奄美自立的発展の原点」に帰り、「奄美群島成長戦略ビジョン」を具体的に実現するため、官民一体となった運動組織を設立し、恒常的に、奄美群島民と奄美会四〇万同胞が総力をあげた「自立化運動」を展開することに全面協力していただきたい。

3　第二回「全国奄美人大会」

全国奄美人大会実行委員会（大津幸夫実行委員長）は二〇一八年一一月二四日、県立奄美図書館で奄美群島日本復帰

六五周年記念の第二回全国奄美人大会を行った。オープニングでは「日本復帰の歌」「朝はあけたり」を斉唱し、開会にあたり、筆者が「次の七〇周年へ、奄美の将来像に新しい統一見解を持たねばならない。シンポジウムで、いろいろな意見を出していただきたい」と述べ、続いて後援団体から代表として、奄美群島広域事務組合管理者・朝山毅奄美市長（代読）と同市議会の師玉敏代議長が登壇してあいさつされた。

基調講演は叶芳和氏（瀬戸内町加計呂麻島出身、元日本経済大学大学院教授）が、「奄美群島の新しい目標」の演題で行った。講演冒頭に叶氏は、「復帰運動を記念するシンポジウムだが、未来志向で語り合うのが大事でないか」と強調され、「奄美のこれからに、シビック・プライド（誇りの持てるまちづくりをすること）の地域振興戦略が目標になるだろう」と述べられた。また奄美の農業や産業の可能性に言及して、サトウキビ農業や島豚を例示し、「サトウキビは農業のイロハをしっかりすれば、単収が上がり今より所得がアップするだろう。食文化として『島豚』を復活させ、付加価値を生むような取り組みをしてもらいたい」とアドバイスした。

講演に続き奄美人代表者四者が登壇して各自の取り組みを報告された。中部奄美会の谷山政弘会長（和泊町出身）は、高齢者が運動や軽作業ができる環境整備を提言され、「医療費の抑制や人口増など地域への波及効果が期待できる」と説き、沖縄奄美連合会の奥田末吉会長（龍郷町出身）は、郷土教育の必要性と、奄美のことが分かる冊子の作成を提言された。（公財）奄美奨学会の大江修造代表理事（龍郷町出身）は、サトウキビ農業を災害に強いものにして、二〇二〇年の小学校のプログラミング教育必修化に向けた対応などを報告、神奈川県横須賀市在住の大倉忠夫弁護士（喜界島出身）は、密航と抵抗権を説明して「軍政府の圧迫にひるまず、困難を乗り越えて活路を開こうとした勇気と努力こそ語り継ぎ学ぶべきことだ」と発表された。あまみエフエムの麓憲吾代表も、自身の経験を交え「島の未来を担う子どもたちにアイデンティティを持ってもらい、島へ戻ってきてもらう必要がある」と話した。今回は前回に続き、二回目の「全国奄美人大会」であったが、前回同様、奄美の自立発展を考えるうえで有意義な大会となった。

（大津幸夫）

五、地域づくりの視点と課題

私どもが奄美の現在および将来のことを展望するとき、奄美の復帰運動の根底に流れる息吹を感じとる必要がある。「地域づくり」の視点から、いくつかの要素をあげるとすれば、「奄美の復帰運動は高校生も主役だった」「本土在住奄美出身大学生も復帰運動の先頭に立った」「閉ざされた時代ゆえに芸術・文化が創造された時代（奄美文化ルネッサンス）」「閉ざされた時代ゆえに奄美の経済人が自立していった時代」「行政は資材提供のみ。マンパワーは集落民の結いの力（行政と地域の協働力）」「地産地消型市場形成」「米軍政の傀儡政権機能と群島政府のバランス」「復帰運動期に大島紬の本土移出を突破した先人たちの中央交渉力」「野山の隅々まで開墾して子どもたちの食料を確保した働け働け一筋の親の力」「集落民、青年団、ＰＴＡの力で校舎や集会場を建てた地域力」「少しばかりの食べ物を子どもたち同士分け合った分かち合う精神」「物資は貧しくとも心豊かだった時代」など等は、奄美の記憶遺産としてとどめたい。

翻ってみると、復帰運動は反米にあらず、奄美の精神文化に裏打ちされた民族意識と真理の覚醒による平和欲求を貫いた。武器ではなく、言葉による無血の運動であったからこそ、今なお高く評価されている。むかしも今も、住みよい地域社会は平和でなければ成り立たないからである。

繰り返すことになるが、奄美の先人たちは米軍による直接の軍事占領を民族の危機として捉え、人権と生活擁護、自由と民主主義、民族主権の回復の旗を高くかかげて苦難にみちた闘いを展開した。幾多の弾圧にもかかわらず、住民主体の非暴力運動の高まりにより、本土在住の奄美出身者とともに大同団結した結果なし得たものである。奄美の復帰運動は後に講和条約第三条をめぐり混乱がみられたものの、住民主体の非暴力運動の高まりにより、本土在住の奄美出身者とともに大同団結した結果なし得たものである（田畑二〇一九）。その意味で、奄美復帰運動は「日本の戦後の社会運動の中で最も成功した一つの例」（Ｒ・エルドリッヂ一九六八：七七）と評価されているのである。

筆者はかねてから復帰運動の現代的意義を高く評価し、地域づくりの原点は「奄美復帰運動期」にあると述べ、オール奄美で日本復帰という目標を掲げた横割り型社会に注目してきた。私どもが福祉的地域づくりの視点から復帰運動に学ぶべきは、そうした先達たちの粘り強い精神で取り組んだ横軸＝連携・協働の仕組みを基にした地域の保健福祉の充実化であろう。

（花井恒三）

■コラム

つながりと地域力

まちづくりは住民参加が前提になる。誰もがまちづくりを他人任せにできないし、地域社会に無関心ではいられないはずである。奄美は戦後の米軍政下で辛い生活を余儀なくされたが、八年後に悲願の日本復帰をかちとった。貧窮に喘ぎながら、オール奄美による縦横無尽のつながりが形成され、日本復帰という目標に向かった粘り強い活動がそれを可能にした。ここに多くの学びがある。自らの地域はそこで暮らす住民たちが主体的に目標に向けかかわる努力こそがまちづくりなのだ。

自分たちが住んでいる地域は、現にそこに暮らす住民の活動にかかっている。その活動の基礎には、住民間のつながりと地域再生に対する熱い思いがなければならない。それがあれば、住民の主体的で前向きな行動が期待できる。その行方は、決して物資の豊かさだけを求めるものではない。不自由や不便さを知恵や技能で乗り越えることで達成感が生まれる。目に見えるにぎやかなものだけが地域振興ではない。地域振興には資源が必要だが、一見地味であっても、そこに暮らす人の暮らしの中の明るさや、例え近所のちょっとした「ねぎらい」の一言だけであっても、それは大切な資源の一つになりえる。むしろ費用をかけたサービスの何倍もそれが有効なこともある。

そういった人々のつながりを生かし思いを形にするしくみは重要である。だがしかし、今日では、強すぎるつながりが生活のしづらさを感じさせる部分もある。そうはいっても、人は人の中で人らしく生きることができ、目に見えないつながりの中で助け合いながら生きているものである。そういったものを大切にするしくみが、生きがいと活性化を生み出す。それが地域力であり、それが地域の好循環を生み出すのではないかと私は思う。

（早川理恵）

第三部　奄美の保健福祉―復帰運動を教訓にして―

第Ⅶ章　奄美におけるシマの暮らし―その秩序と独自性―

はじめに

奄美の復帰運動は、自治よりも米軍の運用が優先され住民の人権が蹂躙された状況から脱するため、先人たちが心血を注いで取り組んだ運動である。住民の圧倒的多数の署名を集め、断食で抗議するなど、強大な米軍と対峙した地域力の源泉に学ぶことが、奄美の復帰運動を正しく評価し、新しい未来を切り開くためにも大切なことと考える。ここでは、奄美諸島（以下「奄美」という）のシマの暮らしから、そこに伝わる「はなし」やシマの自治と共助の習俗を確認し、奄美のシマの地域力（結びつき）の源泉、支えあう文化について若干の検討を試みてみたい。

一、奄美におけるシマの概要

1 奄美のシマ

奄美では部落・集落のことを「シマ」「ムラ」ともいうが、ここでいう集落（シマ・ムラ）とは、行政上の行政区域とは異なった「集まり」のことであり、「シマ」は締まり（掟）を共にする集団、「ムラ」は人家の群がりの意と解されている。奄美では、神も死霊も祖霊も人々も共存している空間のことを「シマ」と呼んでいる（『龍郷町誌』一九八八：三二)。奄美は、人の住む喜界島・大島・加計呂麻島・請島・与路島・徳之島・沖永良部島・与論島の八つの島とその他無人の島からなる。これらの島を地形で分けると、比較的平坦地である島(喜界島・徳之島南部・沖永良部島・与論島)と険しい山に囲まれている島(大島・徳之島北部・加計呂麻島・与路島・請島)に分けることができる。

平坦地に属する島々では、シマの場所として、海岸線に沿った平野部あるいは隆起珊瑚礁からなる海岸段丘上の比較的平坦な土地を選んでいる。山に囲まれている島々に比し肥沃で豊かな耕地に恵まれ、さとうきび農業を主軸にして発展してきたシマも多い。しかし、段丘上には河川が少なく、水(農業用水・飲料水)が不足していた。簡易水道が敷設されたのは一九五〇年代のことであった。これらの島々はその立地条件により隣接するシマとの交流が比較的容易であったため、シマの構成メンバーは、一つのシマ内の居住者に限らず、他のシマにまたがっている例もみられる。しかし、祭祀組織やことばなどではそれぞれのシマとしてのまとまりが強く、シマごとの区別は明確である。一方で、山に囲まれている島々は、険峻な山と海とが極端に接近していて、平地とみなされる土地が少なかった。平地は、海に浸食された浦々のわずかばかりの洲渚であり、ここに多くのシマが半農半漁を生業としてつくられた。シマを結ぶ交通路は、現在では整備されているが、以前は、高峻な山地の峠を越すか、あるいは海上に求められていた。しかし浦から浦への道のりは手漕ぎの舟で数時間もかかったという。つまり、前面を広大な海、後背を高峻な山々にはばまれたシマは外部との交流も少なく、孤立性が高く、封鎖的にならざるを得なかった。それだけに古い生活様式がそれほど変質することもなく受け継がれているともいえ、そしてシマごとの区別も明確である。また経済生活面では自給自足というきびしい原則に従わなければならなかった。

このように奄美の八つの島々は、地形において違いはあるが、人々の生活の基盤は、それぞれのシマであった。そしてシマごとに、ことば、祭祀儀礼、年中行事、八月踊りなどの内容には違いがみられ、それぞれに秩序を持ち独自性が強いという点は同様である。

2 シマの発生と構造

奄美では集落（シマ）創始の条件としてまず「水」が求められている（水野一九七四：九六）。『名瀬市誌』によると、原始からおよそ八世紀・九世紀ぐらいまでを部落共同体（マキョ）の時代といい、当時のシマは、清泉、聖林、神の道、祭りの庭という四つの基礎的構成要素をもっていた（『名瀬市誌』上巻一九八三：一三二―一四二）。聖泉（水）は、生活に欠かせないものの一つであるが、水を得て定着した人々は、五穀の豊穣、子孫の繁栄を祈り、生活の安寧を神に頼んだことはいうまでもない（水野一九七四：九六）。四つの構成要素のうち、聖林は、山手の小高い土地を頂く天の神がシマにおりてくる場所（御岳）であり、そこからシマの中を貫き海に出て海のかなたに通じる神の道（シマに訪れた神をお迎えし、お送りする道）がある。そしてその麓の水を得やすい場所に創家とその耕地が立地する。そこは神をお迎えする際のみそぎを行う清泉と神祭りを行うための浜ウドン（御殿）のあるウドン浜やシマの中にあるミャーと呼ばれる広場や聖屋（ドネヤ・アシャゲ）、忌み屋等からなる祭りの庭があり、これら四つは神とのつながりで考えられている。子孫や移住者は創家より御岳に近い上の方には住居を構えることができなかった。マキョの中心となる家を「ウフヤー」「フーヤ」（大家、大親）といった。そしてこのウフヤーの家の男子（エヘリ）がシマのまとめ役となり、女子の一人（オナリ）がシマの祭りをつかさどってエヘリを支えていた。

二、シマに伝わるはなし

シマジマには多くのはなしが伝わっている。ここでは『瀬戸内町誌』民俗編に記載されているはなしをとりあげ概観してみる。[23]

23　この部分「シマに伝わるはなし」の引用・掲載は瀬戸内町編集委員会編（一九七七）『瀬戸内町誌』民俗編に拠るが、このことは瀬戸内町から許諾を得ている。

瀬戸内町は、大沈降によって形成された大島海峡によって、奄美大島南部と分離した加計呂麻島、請島、与路島からなっている。一九五六年の町村合併促進法により、それまでの四町村（西方村、実久村、鎮西町、古仁屋町）は対等合併して瀬戸内町となった。ただし、旧四町村の中には五六のシマがあり、それぞれに独自の慣習などがある。

1 島建加那志の話

ア 節子（話者：瀬戸内町節子九〇歳代）

「節子はハナジマ（海幸山幸の多い活気ある村の意）であり、すたれることはない。珊瑚礁に折れる白波は、節子村の笑顔である。

はじめ、国々島々はできていたが、まだ定着しないで海上を流れ漂っていた。そこで沖縄から来たビジディンという神が、天のアマミコという神にお願いして土を持って来させた。それでまにあわなかったので、さらに土と石とそれから槌を持って来て、島づくり国づくりを始めた。節子の村には白砂の浜をつくり、村の真中に川をつくり、一糸乱れのない村にした。村の通りは虎の形にして、入り口は虎の口に似せてつくり、邪悪なものを入れないように形どった。

山は湯湾岳が一番で、二番目は烏帽子岳、三番目は節子のタンノ岳、四番目は古仁屋のキャンマ山である。そしてそこにそれぞれ綺麗な水を流した。ビジディンの神は七人の眷属を引きつれ、旗差し物を掲げ、馬に乗ってこられた。村の榕樹の大木はビジディンの神が植えたものであり、そこには刀や金のたらいがあった。その金のたらいはいつか盗難に遭った。そのあとに大きなお化け茸が生えた。後に神の口を借りて分かった事だが、お化け茸が生えたのは、金のたらいを盗まれた事に対する神の咎めだったと分かった。

ビジディンの神石は、今も村のミャーの近くにある。節子の沖にあるタマタディル（二又岩）は、昔、喜界にあったが、西の方の湯湾に向かって流れて行くのを、キュラユキダリ（雪のような白い清らかな肌をしたという意）という美人神が白羽扇で招いて、そこに止めたという」（『瀬戸内町誌』民俗編一九七七：七二、五〇四）。

★沖縄から来たビジディンという神が、島づくり国づくりを始め、節子の村に白砂の浜や川をつくった。村の通りや入り口は虎に似せてつくり、邪悪なものを入れないように形どり、タンノ岳には綺麗な水を流した。また村の榕樹の大木は神が植えたもので、そこには刀や金のたらいがあった。金のたらいはいつか盗難にあい、そのあとには大きなお化け茸が生えた。それは、金のたらいを盗まれた事に対する神の咎めだったことが、後に神の口を借りて分かった。ビジディンの神石は、今も村のミャーの近くにあり、また節子の沖にあるタマタディル（二又岩）は、昔、喜界にあったが、湯湾に向かって流れて行くのを美人神が白羽扇で招いて、そこに止めたという。

本伝承には、節子のシンボルで守り神である「二又岩」がでてくるが、かつてシマの人々は、すべてのものに神の姿を見出し、（二又）岩のような無生物にも神の姿を認め「立神」と呼んだ。瀬戸内町の立神は、旧西方村の西古見や旧鎮西村の渡連、旧実久村の西阿室などにもみられる。また油井には、シマの入り口にあるウレグチグンギン（権現様があるところ）に続く海側に陸上の立神があり、それは石灰岩の巨岩であるという（登山二〇〇〇：一九三―一九四）。

イ　嘉徳（話者：瀬戸内町嘉徳五〇歳代）

「昔、嘉徳の村に、八本の角と八本の尻尾とを持ったアハウシャンムィという赤い怪牛がいた。一度人間を食べると、一週間も眠り、微動だにしなかった。鼻が長く、百五十米くらいもあったという。その鼻を伸ばせるだけ伸ばし、村人や通りかかる旅人を捲き殺した。長い鼻だとすれば、牛ではなく、象だったかもしれないと村人は語る。鼻ではなく長い長い舌だったともいう。その赤い怪牛を那覇の首里から来た王族のヲナリ・ヰヒリ（妹兄）が退治したという。この兄妹は、部落の北東部に張り出した岬にある洞穴に住んでいた。その近くの海には、真水が水面からかなり高く噴き出す場所があった。ウフビリャ（大坂）というところであった。その洞穴は、今は埋まってしまったが、そこには金の煙管と金の杖があるという。この兄妹神が赤い怪牛を退治したときには、大きな竪穴を掘り、金の杭を穴の周りに立てたという」（『瀬戸内町誌』民俗編一九七七：四七五―六、五〇五）

★昔、嘉徳の村に、アハウシャンムィという赤い怪牛がいた。鼻が長いその怪牛は、鼻を伸ばせるだけ伸ばし、村人や通りかかる旅人を捲き殺した。部落の北東部に張り出した岬にある洞穴には、那覇の首里から来た王族のヲナリ・ヰヒリ（妹兄）が住んでおり、この妹兄が赤い怪牛を退治したという。兄妹神が赤い怪牛を退治したときには、大きな竪穴を掘り、金の杭を穴の周りに立てたという。この妹兄が住んでいた洞穴の近くの海には、真水が水面からかなり高く噴き出す場所があり、ウフビリャ（大坂）というところであった。その洞穴は、今は埋まってしまったが、そこには金の煙管と金の杖があるという。嘉徳に伝わるアハウシャンムイを退治したヲナリ・ヰヒリの住んでいた洞穴は、ホチノカミといい、シマではノロの祭祀の際には、ホチノカミとムリヤマ（嘉徳の神山）は必ず参詣するところであったとのことである（『瀬戸内町誌』民俗編一九七七：三四〇―三四一）。

ウ　池地（話者：瀬戸内町池地八〇歳代）

「池地のミチョンに祀られている神様は、はじめ支那からやって来たという。そして、それから降りて、村の背後の岳で亡くなった。それで、そこをノロモリ（呪女森）と呼んでいる。そして、いつの時代かはっきりしないが、昔の人たちが、その神様たちを敬い墓を作ることにした。その時、墓石にする珊瑚礁を海から運んだ。ところが、肩に担いで運ぶのは不敬だというので、海からこのノロモリまで一列に並んだ村人たちは、その珊瑚礁を両手で捧げるようにして持ち、ずっと手渡しして運んだといわれている。ノロモリと呼ばれる森は、今も古い珊瑚礁が積まれていて、かつての聖域のたたずまいを見せている」（『瀬戸内町誌』民俗編一九七七：四八〇、五〇五）。

★池地のミチョンに祀られている神様は支那からやって来て、村の背後の岳で亡くなった。そこをノロモリ（呪女森）と呼んでいる。亡くなった神様たちを敬い墓を作るために、墓石にする珊瑚礁を海から運んだが、肩に担いで運ぶのは不敬だというので、海からノロモリまで珊瑚礁を両手で捧げるようにして持ち、ずっと手渡しして運んだといわれている。ノロモリと呼ばれる森は、今も古い珊瑚礁が積まれていて、かつての聖域のたたずまいを見せている。本伝承に取り上げられているミチョンと呼ばれる場所は、池地のウーヤマ（大山）にある聖地であり、昔はそこから神様が鉦を叩いて降りてくるといわれたようである。またノロモリと呼ばれる場所は、ノロの墓だといわれ、その近くから山芋の草を切ると、乞食になったり、いろいろな罰が当たるといわれているようである（『瀬戸内町誌』民俗編一九七七：三三九）。

2 イナダマガナシ（稲霊加那志）の話

ア 薩川（話者：瀬戸内町薩川八〇歳代）

「昔、ある男が山で寝ていた。目が覚めてみると、寝ていた頭のところに水がたまっていた。そして池になっていた。そして今度やって来る一週間あとには、イニャダマ（稲霊）の花を咲かせてやろう、だからもう一度、山へ登って来なさいという神のお告げによる夢をみた。そしてそのとおりにしてみると稲が豊作になり、分限者になった。旧六月のアラホバナ（初穂花）の神事では、アクカデ（悪風）、ニギャカデ（同上）を入れてくださいますなと祈願する。米の穂の先には針がある。これは、人間が食べてみると、薬であるが、お祓いを済まさないで食べると、この穂の先のノギは、針よりも何よりも恐いものになる。針をつけてフクソウナモン（果報なもの）は米である」（『瀬戸内町誌』民俗編一九七七：四九〇、五〇六）。

★昔、ある男が山で寝ていて目が覚めると、頭のところに水がたまって池になっていた。男はイニャダマ（稲霊）の花を咲かせてやろう、という神のお告げによる夢をみたので、そのとおりにしてみると稲が豊作になり、分限者になった。旧六月のアラホバナ（初穂花）の神事では、アクカデ（悪風）、ニギャカデ（同上）を入れてくださいますなと祈願する。米の穂の先には針があり、これは人間が食べてみると、薬であるが、お祓いを済まさないで食べると、この穂の先のノギは、針よりも何よりも恐いものになる。

イ 篠川（話者：瀬戸内町篠川八〇歳代）

篠川のトホヤマという奥山に、昔、イナダマガナシ（稲霊加那志）が何町歩も、ゆらゆらと稔っていた。それを刈って帰ってきた人が村一番の分限者になった。イナダマガナシを見つけた人は、「これは、私が戴きます」と声をかけ、四隅で三穂ずつ刈り取らないといけない。そうすれば刈り終わるまであったが、そうしないで刈ろうとするものなら、また、たちまちもとの荒れ藪になったという。ノーメイフィシュという人が、その伝説と稲霊加那志の刈り方を教えてくれた。今、生きておれば、百五十歳か百六十歳くらいのひとである（『瀬戸内町誌』民俗編一九七七：四八八、五〇五）。

★昔、篠川のトホヤマという奥山にイナダマガナシが何町歩もゆらゆらと稔っており、それを刈って帰ってきた人が村一番の分限者になった。イナダマガナシを見つけた人は、「これは、私が戴きます」と声をかけ、四隅で三穂ずつ刈り取らないといけない。そうしないで刈ろうとするものなら、また、たちまちもとの荒れ藪になったという。

ウ 池地（話者：瀬戸内町池地八七歳）

「昔、アハヒギムニチ（赤ひげの餅稲）とか、クルヒギムチニ（黒ひげの餅稲）といって栽培するものだった。それで、今年はアハヒギムニチで、また、去年はクルヒギムニチといった調子で、毎年高倉を葺いたそうな。ところが、その稲がアマダリ（軒下）に落ちて、やがて青々と芽を出すころになると、引いて行く水がすべてを流し去って行くように、その家が貧乏になってしまったそうな。大切にして拝まなければならない稲で、高倉の屋根を葺いたために、神のたたりに触れたのである」（『瀬戸内町誌』民俗編一九七七：四九一、五〇六）。

★昔、アハヒギムニチ（赤ひげの餅稲）とかクルヒギムチニ（黒ひげの餅稲）といって栽培するものであった。そこで今年はアハヒギムニチ、去年はクルヒギムニチと、毎年高倉を葺いた。ところが、その稲が青々と芽を出すころになると、その家が貧乏になってしまった。つまり、大切にして拝まなければならない稲で、高倉の屋根を葺いたために、神のたたりに触れたのである。

以上、イナダマガナシ（稲霊加那志）に関するはなしを取り上げた。登山によると、瀬戸内町のノロは、稲の豊作を祈願するために、「アラウバナ」（旧暦六月の壬の日）という行事を行うという（登山二〇〇〇：五二）。またこのころは「ウチキヘ」という穂掛け行事（田んぼへ行って稲を三穂刈ってくる行事）があり、各家では、この穂掛け行事を行う。

そしてその年の豊作を感謝し、翌年の予祝をしていたという。なお人々は稲にも霊魂が宿っていると信じており、盆や正月の季節は人から霊魂が抜けやすいので、霊魂の象徴である餅を食べて無病息災を願うという（登山二〇〇〇：一九四―一九五）。このように、はなしのなかで語られている稲作行事が「アラウバナ」や「ウチキヘ」として奄美の祭事習俗にみられる。また人々は稲を稲霊加那志（霊魂が宿っている）と信じ、稲に無病息災を願っているのである。

3 ヒジャマ（火玉）の話

ア 蘇刈（話者：瀬戸内町蘇刈八〇歳代）

天の神様が、ヒジャマ（火玉）に「君は下界へ降りて行って、あの家を焼いてこい」と言った。ヒジャマは天の神様が指差した家へやって来て、その家のからっぽになった甕壺に入って、その家を焼こうと機会を伺っていた。けれどもその家の女主人が、朝夕、ウマツガナシ（火）に用心して、水桶という水桶全部に水を汲み溜めてあるので、どうしても焼くことができなかった。たまりかねたヒジャマは、その甕壺から出てきて次のようにいった。「天からあなたの家を焼くようにといわれてやってきたが、あなたが用心深いので家を焼くことができない。しかし、自分は煙がないと天上へ帰ることができない。どうか、海辺にオーヤドリッグヮ（青柴小屋）を作ってそれを焼いて、その煙で私を天に帰してくれないか」。それで村人たちは、そのヒジャマの願いを聞き入れて海辺にオーヤドリッグヮをつくることになった。そしてそれを焼き捨てた。その時、村人たちは、バケツに水を入れて持っていき、その火を消した。甕壺はそのままにしておかないで、蓋をしておくものだという。蓋をしておかないと、風が吹くたびにワンワンうなり渡る。そうするとその音を聞いてヒジャマがやってくるという。ヒジャマは凧のようにディー（尾）を引いて飛ぶ。青色とも赤色ともいえない星の輝く色をして、薄暮を選び夕御飯時にやって来る。その時は、雨戸を叩き、「ヒジャマだ。ヒジャマだァ」とをらび、囃したてると、ヒジャマはその音を聞いて飛び去ってしまう。ヒジャマグヤ（火玉小屋）は、池の尻の砂浜に、干潮になると姿をあらわす石の上に、約一間角に、人間が入れるくらいに、やゝ円形に作り、ちゃんと入り口も作った。

青柴や羊歯類で葺いたものである。壁に火をつけて焼いた（『瀬戸内町誌』民俗編一九七七：四九八—四九九、五〇六）。

★天の神様が、ヒジャマ（火玉）に「あの家を焼いてこい」と言ったので、ヒジャマは、その家のからっぽになった甕壺に入って、その家を焼こうと機会を伺っていた。けれどもその家の女主人が、ウマツガナシ（火）に用心して、水桶全部に水を汲み溜めてあるので、どうしても焼くことができなかった。そこでヒジャマは、その甕壺から出てきて、「天からあなたの家を焼くようにといわれてやってきたが、あなたが用心深いので、家を焼くことができない。しかし、自分は煙がないと天上へ帰ることができない。どうか、海辺にオーヤドリッグヮ（青柴小屋）を作ってそれを焼いて、その煙で私を天に帰してくれないか」と言った。そこで池の尻の砂浜の干潮になると姿をあらわす石の上に、約一間角に、人間が入れるくらいに、やゝ円形に、ちゃんと入り口もあるヒジャマグヤ（火玉小屋）を作った。それは青柴や羊歯類で葺いたものであり、壁に火をつけて焼いた。甕壺は、蓋をしておかないと、風の音を聞いてヒジャマがやってくるという。ヒジャマは、薄暮を選び夕御飯時にやって来るので、その時は、雨戸を叩き、「ヒジャマだ。ヒジャマだァ」とをらび、囃したてると、ヒジャマはその音を聞いて飛び去ってしまう。

イ　網野子（話者：瀬戸内町網野子八〇歳代）

ヒジャマを見た時は手を叩いた。村の中に落とさないように、叫んで騒動した。村に落ちないで海に落ちたことが二度あった。ムナハンド（空の水甕）は家の後に放置してはいけない。

ある日柄の悪い時、家普請をしたら天の神様がヒジャマを落とそうとした。ヒジャマがその家主に次のように語った。「天の神様からの命令で、あなたの家に落下して、火事を起こそうと思うのだが、あなたは神の意志にそむき、日柄の悪い日に家普請をしたことを知っていてその災いを未然に防ぐために、水甕にはいっぱい水をためていて、みじんも隙がないから私はあなたの家を焼くことができない。私はあなたの家を焼き、その煙を伝わって行かないと、天へ二度と帰ることができない。だから、どうか浜にオーヤドリッグヮ（草葺きの仮小屋）を作って、それを焼いてください」。家主がそれを聞き届け、その願いをかなえると、ヒジャマはその煙を伝わって天に帰った。昔は、ヒジャマを見ると、浜辺にオーヤドリ（青柴の仮小屋）を作り、燃やして煙を出した。それをキトー・アスィプ（祈祷遊び）といった。海に流れこむ川口でやった。日柄をみてやった。燃やして後、消すまねをした。玩具のような小さな小屋を、柴や茅を使用して葺いた。ヒジャマは直径二〇センチぐらいの赤い火の玉である。海上に出ると、花火のように無数の火の粉に砕けた。尾は引かないが、海上に落下する寸前、竿のような長い火の棒になる（『瀬戸内町誌』民俗編一九七七：四九九―五〇〇、五〇六）。

★ヒジャマを見た時は手を叩いて、村の中に落とさないように、叫んで騒動した。なおムナハンド（空の水甕）は家の後に放置してはいけない。ある日柄の悪い時、家普請をしたら天の神様がヒジャマを落とそうとした。ヒジャマは、その家主に、「天の神様からの命令で、あなたの家に落下して、火事を起こそうと思うのだが、あなたは神の意志にそむき、日柄の悪い日に家普請をしたことを知っていてその災いを未然に防ぐために、水甕にはいっぱい水をためていて、みじんも隙がないから私はあなたの家を焼くことができない。私はあなたの家を焼き、その煙を伝わって行かないと、天へ二度と帰ることができない。だから、どうか浜にオーヤドリッグヮ（草葺きの仮小屋）を作って、それを焼いてください」と言った。そこで家主がその願いをかなえると、ヒジャマはその煙を伝わって天に帰った。昔は、ヒジャマを見ると、浜辺にオーヤドリ（青柴仮小屋）を作り、燃やして煙を出したが、それをキトー・アスィプ（祈祷遊び）といった。それは海に流れ込む川口で、日柄をみてやった。

ウ　薩川（話者：瀬戸内町薩川八〇歳代）

旧暦八月の初丙の日は、奄美ではアラセツ（新節）と呼ばれ、ヒニャハムガナシ（火之神加那志）の祭りである。このアラセツの夜、ミャー（祭りの広場）では、篝火を炊き、円陣を組んで八月踊りをする。この篝火を炊くのは、その火の煙によって、セチドリ（節鳥）を天へ帰すためのものだという。

セチドリとはヒジャマ（火の玉）のことである。セチドリは、村に火をつけるために、ひそかに天の神様から命ぜられて、村のある家の裏庭にある味噌甕の空いているものにひそんでいるというのである。そして、家主が油断をしたり火の使い方が粗末であったりすると、その家に災厄をもたらそうと、その機を伺っているという。しかし、村人たちは、そのことをよく知っているので、なかなか用心深く、セチドリは火を吐いて、いっこうに家を焼くことができない。たまりかねてセチドリはその家主に篝火をたいて、その煙で私を天に帰してくださいと懇願するという。アラセツの前夜（ヨーファシ）の日から、シバサシ（八月初壬の日）までの七日七夜を踊り明かすのは、この火の神の使いであるセチドリ「節鳥＝ヒジャマ（火玉）」を天へ帰すためのものだと考えられる。昔、アラセツ（初丙の日）に大火が起こり、七日七夜を燃え続けた。そしてシバサシ（初壬の日）にようやく柴や水で消し止めたという。ヒノエの日に「火」が起こり、ミズノエの日に「水」で消し止めたことになる（『瀬戸内町誌』民俗編一九七七：五〇一、五〇七）。

★旧暦八月の初丙の日は、奄美ではアラセツ（新節）と呼ばれ、ヒニャハムガナシ（火之神加那志）の祭りである。アラセツの夜、ミャー（祭りの広場）では、篝火を炊き、円陣を組んで八月踊りをするというが、篝火をたくのはその火の煙によってセチドリ（節鳥）を天へ帰すためのものだという。セチドリとはヒジャマ（火の玉）のことであり、セチドリは、村に火をつけるために天の神様から命ぜられて、村の家の空の味噌甕にひそんでいるというのである。家主が油断をしたり、火の使い方が粗末であったりすると、その家に災厄をもたらそうと、その機を伺っているという。しかし村人たちは、それをよく知っていて用心深く、セチドリはいっこうに家を焼くことができない。そこでセチドリはその家主に篝火をたいて、その煙で私を天に帰してくださいと懇願するという。アラセツの前夜（ヨーファシ）の日からシバサシ（八月初壬の日）までの七日七夜を踊り明かすのは、セチドリを天へ帰すためのものだと考えられる。昔、アラセツ（初丙の日）に大火が起こり、七日七夜を燃え続け、そしてシバサシ（初壬の日）にようやく柴や水で消し止めたという。つまりヒノエの日に「火」が起こり、ミズノエの日に「水」で消し止めたことになる。

以上、ヒジャマ（火玉）に関するはなしを取り上げたが、薩川では、はなしに取り上げられているように、アラセツ（八月の初丙の日）の夜に篝火を炊き、円陣を組んで八月踊りをしている様子が写真で示されている（登山二〇〇〇：四五―四六）。シマの人々は八月踊りを踊って、太鼓を叩き、広場をにぎわせ、篝火と煙の力を借りてヒジャマ（節鳥）を天へ帰しているのである。

三、シマの自治活動と相互扶助

1 自治活動

既述のように、シマとは、人家の集まりではあるが、それとともに一つの締まり（掟）を共にする自治体であり、旧薩摩藩（大和世）時代の統治下にあっても、シマの秩序はそのシマジマの自治に則っていた。明治・大正時代では、シマの長を区長といい、その諮問機関には有志と称するものが十数名、また区長の仕事を執行する者がいた。ここではシマの自治活動の中で、根瀬部と有良の集会（ヨレ）や防火活動としての「ゥマチガナシ」、疱瘡神追いを取り上げる。

アヨレ（集会）

根瀬部には「コボレ」と呼ばれる自治活動を象徴する者がいた。コボレは区長の女房役あるいは助手として、村役場や島庁からの令達事項を各戸に配ったり、触れる役割があった。自治活動の一つにヨレ（集会）があるが、恵原（恵原二〇〇九：三―六）によると、根瀬部では、ヨレを招集する際には、区長の命を受けたコボレがシマの要所要所に立って各戸に聞こえるように叫んで知らせていたという。根瀬部のヨレは、内容によって四つの種類があったとされる。それは、①普通のヨレ（代理を頼んでもよい集会であり、あまり重要な議題はない）、②ミョウデナシのヨレ（名代なしの集会で、各戸から一人出席しなければならないもので、各戸にもれなく達しなければならない事項を協議するか説明する）③コシュヨレ（一家の責任者の意見を聴かなければならない事項を協議する）、④ヒルヨレ（協議事項が長引くことが予想される場合）である。ヨレの招集のために触れるのは、おおよそ夕暮れ時刻であり、ヨレの種類によって叫ぶことばが異なっていた。奄美にはハブがいるので、日没後まで野良にいる人はおらず、夕暮れの時間帯だと必ず触れを聞くことができる。そしてシマの人々は触れの声を聞くと、集合時間を告げずとも二〇分前後で同時に集まったとされる。集まるとコボレがトリケツ（出席）をとる。トリケツは一番戸であるトネヤ（シマの中央）からはじまり、シマが広がった順番で呼ばれることになっていた。欠席の場合は、コボレが「不参」と叫び、区長が記帳する。ヨレへの出席は義務であったため、欠席した場合は罰則として後にムラブ（賦役）を取られるのである。また求（求二〇〇七：一三八―一三九）によると、有良でも明治時代から続く区長制が戦後も続いており、区長の下には使丁と呼ばれる区長の代理がいたとされる。使丁はシマの家々に必要事項を伝達する職務であり、必要な寄り合い（集会）について、辻々で出会を呼び掛ける役割であった。また区長の諮問機関として役員がおかれ、班が構成され各家をまとめていた。

イ　防火

奄美のシマジマには、消防組織があり、消防用具が準備されていたようである。恵原（恵原二〇〇九：一〇―一三）は、大正時代以前の防火について、根瀬部では年中行事の一つとして竈検査があったが、これ以外でも長日照りが続くなどの際には竈検査を実施していたとする。コボレにより竈検査があると触れられると、各戸では、竈や囲炉裏などを清掃、不備個所を修理し、各家庭に義務付けられている防火用具を検め、竈検査に備えたという。そして冬季の三カ月の間は「ユマワリ」が回って火の用心を呼び掛けることになっていた。ユマワリは当番制で、女子家庭を除く各家庭が順番で一夜を受け持っていた。このように根瀬部では用心をしていたので、夜間の火事はあまりなかったというが、出火があった場合は、以下のように消し止めた。まず出火を発見したものは、「ゥチマドー」（火事だー）と叫んで近所に知らせる。この声を聞いたものは、水桶をもって駆けつけ消火にあたる。シマでは「火事」の声を聞くと、シマ全体の人が集まってきて、とにかく火を消すことに全力で取り掛かった。その際、たとえば、自分の家に火の粉が散っても、家財を持ち出そうとはせず、とにかく消火にあたるので火事は一軒で消し止められることになったという。

有良では、八月の節、アラシチは火の祭りであり、最初の丙の日に祭っていた（火の祭りの日）。火の神や災いをもたらす悪神、悪霊を鎮めるためにも行ったといわれる。ある八月に有良で火事を起こした者がおり、その火元の者は「根なしかずらを採ってきて首に巻いて村の中の人にお詫び」をしたとされている（求二〇〇七：一三八―一三九）。

ウ　疱瘡神追い

四方を山で囲まれ、他所へ行くのが大変であったシマ内で悪疫が流行するのは、大事件であった。根瀬部では、疫病でシマが全滅しかけたことがあり、とりわけ厳しかった。あるとき、根瀬部の士族であったある家の子どもが天然痘に感染したため隔離された。その家は分家共一族二家が人気のない海岸の畑に移転することになり、シマとは完全に隔離された。シマでは総出で、その二家に「疱瘡神追い」を掛け、家を半壊し、また男たちは毎日シマの三方に組分けして疱瘡神追いをしたという（恵原二〇〇九：一五）。また有良では、疱瘡が流行ってきたということが伝わってきた際に、青年たちは、シマに通ずる出入り口すべてに魔除けを下げ、番屋を立てて、当番制で昼夜の不寝番に当たったとされる（求二〇〇七：二二四―二二五）。

2　相互扶助

奄美の経済生活の多くは、半農半漁の自給自足であったが、それは家族だけでは賄えず、血縁や地縁といったシマの人々の共助によって行っていた。共助のための作業は「ユイ（結い）」といわれる伝統的相互扶助と捉えられる。「ユイ」は一定の目的を持った組織、強い団結力を示す言葉として広く使われてきたようであるが、そこには単に労働力を一つにする経済的な意味だけではなく、ヒトとヒトとの関係をつくる社会的な意味（社会結合）が含まれている（恩田二〇〇六：四〇）。「ユイ」は、シマの慣習的な形態によって規定され、その意味でも広義、狭義に分けられる。ここでは、根瀬部と有良の「ユイ」の習俗として、広義のユイとされる「ウブシ」と「タンミ」「ケンゼ」「カセ」と狭義のユイとされる「ユイワク」、また「コウ」（講）、さらに分配的行為（モヤイ）に類する「タマス」についてまとめる。

まず、「ウブシ」と「タンミ」であるが、ウブシとは「家普請」、タンミとは「頼み」のことである。つまり家を建てることや屋根替えのための労働力（人手の手伝い）を頼むということを意味する。戦前は補助者の大部分はタンミによる人手で賄われていた。恵原（恵原二〇〇九：一七―一九）によると根瀬部では、ウブシをするためにタンミで来てもらった際には、タンミ人名簿にそれを記帳しておくこととされていたという。しかしこの労力は必ず戻す（返す）ものではない。状況によっては後年ウブシ依頼に来ないこともあり、厳密な労働力の貸し借りとはいえないものであった。また求（求二〇〇七：一三三―一三四）によると有良でのタンビ（頼み）の使われ方は、この人でなければそのことができないという仕事を一方的に頼むやり方を言う場合があるとする。たとえば、結婚式などにお祝いの刺身を持っていくために、その前に漁の心得のある人に一緒に漁に行ってもらう（タンビイッショ）ことなどをいう。

次に「ケンゼ」であるが、これは「献菜」をさす。恵原（恵原二〇〇九：一九―二〇）によると根瀬部では、タンミで手伝って貰っている人に対して、一日に三回、「お茶」と称する間食が準備される。しかしこの間食に必要な野菜類をすべてウブシを催す家で準備することは難しかったので、親類その他で各々持ち寄って調えていたという。これが「ケンゼ」である。ケンゼを受けた場合は、ケンゼ受控簿に記載しておき、参考にはするが、ケンゼもタンミと同様に戻さない（返さない）こともあったという。

次に、「カセ」（加勢）であるが、カセとは、タンミの場合と異なり、労働力の提供の依頼はないが、その家の多忙な状態を見かねて、自発的に駆けつけ作業を手伝うことをいう。恵原（恵原二〇〇九：二一）によると根瀬部では、カセはタンミとは異なり自分から手伝いにいくため、カセに行く者は、自分の食事ばかりでなく、カセを受ける家の分までの食事を持参することがあるという。また求（求二〇〇七：一三二―一三三）によると有良では、台風の後片付けなどは、道具を持ち寄って「カシイ」（加勢）で行っていたという。

そして、狭義のユイをさす「ユイワク」であるが、これは、労働力の貸し借り関係で共同作業を行うもので、その季節の期間内で返賦を終わらせるものである。ユイワクはその家の者だけで行うより、大勢で一挙に行った方が効率的に終了させられる作業について行うものであり、その代表的なものが田植えである。ユイワクについては、その互酬規制は強く守られるものであり、ユイはユイで戻し（返し）、金銭で戻すことはしなかったという。求（求二〇〇七：一三二一一三三）によると有良でのユイワクは、労働力をマグアン（仲間または組）等に入れ、労力を戻すという、貸したり戻したりしながら巡回していくものであったという。とくにマグアンでユイワクをすることは楽しく、その後、一緒に食事をする時間はなおさら楽しかったとされている（求二〇〇七：一三八）。

また「コウ」（講）とは、相互金融組織のようなもので、利子のつかない金を借りることができるものである。恵原（恵原二〇〇九：二二）によると根瀬部では、講を組織することを「盛る」といい、かつては、長患いをしたり、不慮の災害を被ったり、家普請など、どうしても多額の費用が必要となった場合にのみ組織されたという。加入者は講を頼まれると、金融的損失は度外視して、頼む者（「親」）を救うという共助の意味で加入していた。また親は、講を盛る夜は、加入者全員にごちそうをするが、このごちそうを受けることをコンセー（講酒）飲むといった。

さらに奄美には分け前を表す「タマス」という言葉がある。これはモヤイに類する分配行為を指しており、分配されるのは当事者だけではない。たとえば、狩りや漁で獲物を射止めた場合、鉄砲の音を聞き山に駆け付けた者や漁の現場に居合わせた者もその獲物の分け前をもらう（タマスに与る）ことができ、獲物をたべる席には誰でも参加してよいことになっていたという。この「タマス」から、シマにいる植物や動物は個人の所有物ではなく、シマの者すべての共有物であるという考えがあったことがわかる。

このように奄美のシマにおいてはさまざまな互助行為が共同生活を支えていたのである（大山・山下二〇一七：二二）。

四、おわりに―まとめと考察―

奄美のシマジマには多くの伝承が残っており、シマに伝わる「はなし」には、それぞれのシマの場所や名称が取り上げられている。山下は、南島の民間説話における討論（天人女房譚について）の中で、天人女房譚は、シマの中での秩序を語ることであったとしている（荒木・山下一九八二：八一）。すなわち、たとえば、シマには「……アモロオナグが浴びるアミーゴという神聖な泉があり、通りすがりの者が見ると平凡なものにしか見えないけれども、見る人が見ると神聖なものに見え、それに意味がつけられるというような信仰の世界が島という小さいかたまりの中にある」（荒木・山下一九八二：八二）とし、シマには「聖なる山、神の道などというのがあって、そういう世界に住んでいる人たちにとっては、『天人女房』の話が入ってきたときに、それは単なる話ではなくて、自分たちの秩序を位置づけるための話として機能させる。……（はなしが）自分たちの考えの中に位置づけられる」（荒木・山下一九八二：八一―八二）と述べている。

本稿で取り上げた島建加那志の話においても、たとえば、節子では、お化け茸が生えたのは、金のたらいを盗まれたことに対する神の咎めであったと語られている。また節子にある「二又岩」を、シマの人々は「立神」とし、神の姿を見出していた。嘉徳では、昔、シマにいたアハウシャンムイ（赤い怪牛）を退治したヲナリ・ヰヒリが住んでいた洞穴を「ホチノカミ」といい、このホチノカミとムリヤマ（嘉徳の神山）は、実際のノロの祭祀の際には、必ず参詣するところであったという。そしてアハウシャンムイが埋められたという場所がシマの中に特定され、瀬戸内町文化財ハンドブックに示されている。またシマの人々は稲にも神の姿を認めており、薩川では、稲（米）は、アハフバナ（旧暦六月の壬の日）において、神祭りをして大事に戴くこと、池地では神様の稲は大切にして拝まなければならないところを、その稲で高倉の屋根を葺いたために神のたたりに触れたことなどが語られている。さらにヒジャマ（火玉）の話では、蘇刈においては、ヒジャマは空っぽになった甕壺に入ってその家を焼こうと機会を伺っているので、空になった甕壺には蓋をしておくものだといわれていること、網野子では、日柄の悪い時に家普請をしたら天の神様がヒジャマを落とそうとしたことなどが語られている。

奄美のシマは四つの構成要素を備えた共同体である。シマの四つの構成要素は、すべて神とつながっており、信仰的な背景に包まれた奄美のシマがそこにある。人々はそれぞれのシマの中で秩序ある生活を営んでいるが、シマにおける「はなし」は、ある何かを説明するものでもあり、シマにおいてその「はなし」が伝わるということは、その「はなし」

の中にある説明をシマの人には信じられたということである（山下一九九八：五四八）。そこで「はなし」は意味を持つことになる。伝えられた（信じられた）「はなし」は、それぞれのシマにあるので、各シマの人々は、自分のシマの「はなし」について意味を知り、そのことによってその「はなし」が、それぞれのシマの秩序につながることになるといえるであろう。

またシマは、それぞれに独自性を持ち、シマごとに共通の「ことば」「習俗」があり、そこには民俗的な基礎を持つ独自の暮らしがある。そしてシマの暮らしの中には特有な自治組織があり、その活動は、各シマの慣習的な形態によって規定される。そこでは実質的にシマの人々の合意に基づいた自治を基盤にして展開されていく。たとえば、根瀬部や有良でみられたヨレ（集会）への参加は義務であり、そこではシマでの暮らしを進めるうえでのさまざまな伝達、協議など共同生活全般にわたる意思決定がなされていた。ヨレでは、顔を合わせ話し合いを進めていきながら、共同意識や一体感を高めていくことになる。このことはシマの人同士のコミュニケーション力、とくに共感しあう力を育んでいるといえるであろう。そしてシマの自治組織は、マッキーバーのいうアソシエーションとしての機能を持ち、シマの生活の安定を図っていると思われる。シマ独自の自治活動により、シマはシマが望ましいと思われる状態を保つための秩序をもつ。そのため仮にシマの秩序を乱す、あるいは秩序が乱れる出来事に対しては、罰則などをもって対処するのである。つまりシマの人々はシマの一員として、シマの秩序を遵守しなければならないのである。このことはシマの人々にシマを再認識させ、確認することを促す機能を果たすこととなり、帰属意識やエスニシティを醸成させる一助となると思われる。

たとえば、奄美（名瀬）の教員から聞いた話であるが、名瀬で寮生活をしていた高校生が校則違反をし、謹慎のためにシマに戻された際の反省文の中で、生徒はシマの境界と考えられる場所を越えたときの気持ちを「ほっとした」と記載していたという。このことはシマの境界を越え自分のシマに足を踏み入れたことが、その生徒にとって、シマへの回帰を意味したと思われ、そのような表現になったと考えられる。また周りを海や山に囲まれた過酷な場所で、土地を耕し、種をまき、収穫するといった一連の作業は、一つの家族のみでは困難であり、シマでは共同作業を行わざるを得なかった。共同で行われる労働は、基本的には受けたものは戻すことで平等に行われなければならず、このこともさらに共同意識や一体感を強め、凝集性を高めていった要素の一つと考えられる。

これらシマでの暮らしは、無自覚のうちに自分の住んでいるシマへの所属や同種、同類性の意識を強く刻みつけることになる。つまりシマでは、意識せずとも暮らしを通して仲間意識やつながりを強化し、シマを原点として人々を強く結びつけると考えられるのである。奄美のシマは秩序と独自性をもっており、日本全国に散らばった奄美出身者を含む奄美の人々の暮らしの源はそれぞれのシマにある。

前章までに分析、検討された奄美の復帰運動もシマジマの人々がシマでの暮らしの中の力をもとに日本復帰に向けて自分たちの意思を表現し、なし得たものである。そしてその結果として、ロバート・D・エルドリッヂ（Robert・D・Eldridge）が述べるように「戦後日本において最も成功した、社会的、政治的な運動の一つ」（Eldridge二〇〇三：七七）となったのであろう。

現在の奄美は多くの地域と同様に、人口減少、少子高齢化、市村合併などにより、その姿は変容を余儀なくされている。シマがその生活の基盤としていた農業やシマの平和と安寧を祈願する祭祀行事が変貌し衰退、形骸化していることも事実であり、人々が原点としていたシマジマはそれらの影響を受けていることは当然であろう。しかし、奄美の人々の原点はシマにあり、シマの地域力（結びつき）はシマの暮らしの中に認められるということを考えると、奄美における地域力の強化、再生についての検討をするには、「シマ」という視点を忘れてはならない。

（山下利恵子）

■コラム

生き抜くヒントが奄美にある―自然との共生―

力を束ねた時のエネルギーが計り難い強大さを発揮することを立証したのが奄美の日本復帰運動であった。この流れに則り、力を合わせてシマ（奄美）の歴史文化を掘り起こし未来につなげようと一九九三年「ゆらおう会」という女たちの集まりができた。その二年後に会誌『いじゅん川』を発刊、九・一〇合併号まで発行した。以来、現在まで緩やかではあるが、片時もペンを離さず編集作業に取り組むのが私のライフワークとなっている。

なかでも生涯をかけて伝えていきたいのが奄美の食文化だ。食は命の根っ子、すなわち命綱である。かつて砂糖製造で奴隷の島となった奄美で島民の命を救ったのが島内に自生するソテツや山野草であった。飢えをしのぐために口にしたソテツは当時はソテツ地獄などといわれたが今では救荒食物の一つである。正しい調理法を用いることで、栄養価の高い健康食とされている。

時は令和を迎えた。私たちが生きてきた激動の昭和期から現在に至るまで、人々の暮らしを見守り、苦しい時も食糧難に喘いで食べるのも困難だったときに、そっと暮らしに寄り添ってきたのは奄美の自然だ。

何気なく島に自生する野草が今では薬草として注目されてきた。喜ばしい、と同時に野草をいかに大切に未来へと繋げていくのか。大いに食文化の宝の掘り起しを続けていこう。

この地の星に平安を願いつつ。（西シガ子）

第Ⅷ章　高齢者の生活と保健福祉ニーズ
―加計呂麻諸島における地域住民の生活と福祉ニーズより分析する―

はじめに

瀬戸内町は奄美大島本島の南部に位置している。町役場のある古仁屋から海を隔てたところに加計呂麻島が細長く横たわっており、両島で複雑に入り組んだ大島海峡を形づくっている。加計呂麻島からさらに南に海を隔てたところに請島と与路島がある。

加計呂麻島は古仁屋からカーフェリーで二五分のところにあり、請島は古仁屋からフェリーで一時間一分のところにある。与路島は請島から一六分のところにある。

瀬戸内町は、海を隔てた三つの離島を行政区に持つ特殊な町である。大島本島からさらに海を渡るこれら三島は、奄美大島特有の台風や低気圧の影響を受けやすく、外海を渡るフェリーの欠航等が頻繁に発生し、住民にとっては生活するうえで不安定であり、不自由な要素となっている。いわゆる離島の離島といわれる所以がここにある。

瀬戸内町は六四の集落からなっているが、加計呂麻島には集落が三〇、請島には請阿室・池地の二集落、与路島には与路集落が一つで、半数以上の集落が離島の離島にある注目すべき行政地域である。

筆者らは、二〇〇三年から二〇〇五年にかけて、奄美大島瀬戸内町の加計呂麻島・請島・与路島における高齢者調査をした。これら三島は二〇〇四年の調査時において高齢化率は、加計呂麻島：芝集落六〇・九％・花富集落七五・〇％、請島：請阿室五八・〇％、池地五五・七％、与路島：五二・九％の超高齢社会であり集落の存続自体が危うい状況にあった。

今日、人口減少や高齢化率の高さに対して限界集落と定義づけられ[24]、集落の存続に関して憂慮されているが、こうした見方の中から地域再生への妙案が生まれることは稀である。六五歳以上の高齢者が集落人口の過半数を占める状態にある、という現状を分析することは重要であるが、もう集落として維持し続けていくには限界にあると悲嘆するのでなく、発達の余地を残した「発達余地集落」として対策を講じることが大切である。

筆者らは、二〇一一年から二〇一三年には科学研究費補助金（基盤研究（B））による「琉球弧における地域文化の再考と地域再生プランおよび実践モデル化に関する研究」を、二〇一四年から二〇一六年に科学研究費補助金（基盤研究（B））による「琉球弧型互助形成にみる島嶼防災と地域再生実践モデルの開発に関する研究」を奄美大島から八重山諸島まで対象を広げ、様々な角度から地域再生に関する地域住民の意識性等について一貫して継続研究してきた。これらの研究の中で見えてきたことを提示することで、今日紙面を賑わしている「限界集落」や「消滅集落」なる言葉に対するアンチテーゼとしての、「発達余地集落」について論じてみたい。

一、人口・世帯の推移にみる変化

表1は、瀬戸内町全体と、離島の離島である加計呂麻島・請島・与路島（以下、「加計呂麻諸島」と記す）の人口・世帯の推移と、一九五五年を基準にした各年度区分ごとの比率である。

24 六五歳以上の高齢者が地方自治体総人口の過半数を占める状態にある自治体に対して「限界自治体」と名付けた大野の定義を、冠婚葬祭や田圃や道路の普請等に対して共同体としての維持が困難な状態にある集落単位に置き直したものである。

表1　人口・世帯の推移　　単位：％・人・世帯

		1955年	1970年	1985年	2000年	2015年	2018年
人口	瀬戸内町全体	100%(26,371)	65.5%(17,273)	50.3%(13,269)	44.2%(11,649)	34.3%(9,042)	25.4%(7,460)
	加計呂麻島	100%(8,513)	45.1%(3,841)	23.6%(2,009)	20.0%(1,704)	14.8%(1,262)	14.5%(1,235)
	請島	100%(1,174)	52.3%(614)	27.7%(325)	17.0%(200)	7.1%(83)	8.5%(100)
	与路島	100%(996)	51.5%(513)	23.7%(236)	16.6%(165)	8.4%(84)	7.0%(70)
世帯数	瀬戸内町全体	100%(6,455)	85.8%(5,537)	80.5%(5,198)	78.3%(5,052)	68.4%(4,413)	65.0%(4198)
	加計呂麻島	100%(2,096)	61.3%(1,284)	45.4%(952)	38.9%(815)	31.3%(657)	40.1%(841)
	請島	100%(295)	65.1%(192)	50.5%(149)	38.3%(113)	19.0%(56)	23.4%(69)
	与路島	100%(218)	69.9%(153)	53.9%(118)	41.6%(91)	23.9%(52)	21.1%(46)

資料:町民生活課　3月末現在

瀬戸内町全体では、一九五五年を基準にすると、二〇一五年には人口が三四・三％と大幅に減少し、二〇一八年に二五・四％まで減少している。しかし、世帯数の減少幅は六八・四％・六五・〇％とそれほどでもない。

奄美大島・瀬戸内町には大学等の高等教育機関がなくへき地ではあるが、更なる僻地といわれる加計呂麻島諸島には高等学校もなく、生徒は中学校を卒業するとシマを離れざるをえない。その結果、一九五五年を基準に二〇一五年を見てみると、請島では人口で九二・九％の減少で、世帯数は八一・〇％の減少となっている。また、与路島でも人口で九一・六％の減少で、世帯数で七六・一％の減少となっている。この数字を見ると、限界集落を通り越してすでに消滅集落に近づいているように見える。

ところが、二〇一五年と二〇一八年を比較してみると、瀬戸内町全体では人口・世帯数ともに減少しているが、加計呂麻島において人口は横ばいだが、世帯数では八・八ポイント上昇している。請島においては人口で一・四ポイント（一七人）、世帯数で四・四ポイント（一三世帯）増加している。

これは、二〇一四年三月に入学児童数がゼロになり休校となっていた請島の池地小学校が、島にゆかりのある二家族が転入し、二〇一七年四月から学校が再開されたことにも起因している。ここに地域再生のカギが隠されている。この点に関しては、後述する。

二、基準点のとらえ方（統計処理の問題）

我が国の場合、生産年齢人口は未だ一五歳以上六五歳未満の年齢に該当する人口を生産年

表２　人口の推移の比較

		1970年	1985年	2000年	2015年	2018年
人口	瀬戸内町全体	100%	76.8%	67.4%	52.3%	43.2%
			100%	87.8%	68.1%	56.2%
				100%	77.6%	64.0%
	加計呂麻島	100%	52.3%	44.4%	32.9%	32.2%
			100%	84.8%	62.8%	61.5%
				100%	74.1%	72.5%
	請島	100%	52.9%	32.6%	13.5%	16.3%
			100%	61.5%	25.5%	30.8%
				100%	41.5%	50.0%
	与路島	100%	46.0%	32.2%	16.4%	13.6%
			100%	69.9%	35.6%	29.7%
				100%	50.9%	42.4%

資料：国税調査を筆者加工

表３　世帯の推移の比較

		1970年	1985年	2000年	2015年	2018年
世帯	瀬戸内町全体	100%	93.9%	91.2%	79.7%	65.0%
			100%	97.2%	84.9%	75.8%
				100%	87.4%	83.1%
	加計呂麻島	100%	74.1%	63.5%	51.2%	65.5%
			100%	85.6%	69.0%	88.3%
				100%	80.6%	103.2%
	請島	100%	77.6%	58.9%	29.2%	35.9%
			100%	75.8%	37.6%	46.3%
				100%	49.6%	61.1%
	与路島	100%	77.1%	59.5%	34.0%	30.1%
			100%	77.1%	44.1%	39.0%
				100%	57.1%	50.5%

齢人口と称して統計処理しているが、果たしてこれで適切に現状を反映できるのであろうか。

学校基本調査年次統計によると、一九七五年以降高校進学率は九〇％を超え（九一・九％）、今日では九六％台で推移している。但し、半数は通信高校生が含まれている。大学進学に関しても、二〇〇五年に五〇％を超え、現在は五〇％後半で推移している。このような現実の中で、一五歳以上一八歳未満のどれほどの人数が労働者として生産年齢人口に含まれるのであろうか。これらを考慮するとき生産年齢人口は、一八歳以上とするのが妥当であり、基準を変更する時期に来ていると思われる。

同様に、限界集落を論じるとき、基準点をどこに置くかで実態は大きく異なる。限界と名付けられる集落であるがゆえに、基準の年度を現在に近づければ近づけるほど減少率は小さくなる（表２・３参照）。

ところが、二〇一五年と二〇一八年を比較してみると、瀬戸内町全体では減少傾向にあるが、限界だと言われる集落を抱えている請島において人口が、加計呂麻島において世帯数が、増加している。これらのことを考慮するとき、限界集落の基準点を一九八五年（団塊の世代が高校を卒業した後人口は横ばいになり、その後合計特殊出生率が下降傾向になった時期）に置き、世帯数が五割を割り、高齢化率が五〇％を超えた集落を「発達余地集落」として名付け、対策を考慮することが大切である。安易に限界集落なる言葉を論じるべきではない。理由については、次次項「特徴ある集落の世帯数・人口の推移」で論述する。

表４　年少人口と老年人口割合等　単位：人・％

	1980年	1990年	2000年	2010年	2020年
瀬戸内町人口	14309	12566	11649	9874	8328
年少人口	3199	2533	1927	1249	979
老年人口	2580	3018	3573	3356	3278
後期老年者人口	1099	1241	1723	2185	1805
老年人口割合	18.0%	24.0%	30.7%	34.0%	39.4%

出典：鹿児島県瀬戸内町―市町村別の５歳年齢階級別人口の推移・統計メモ帳

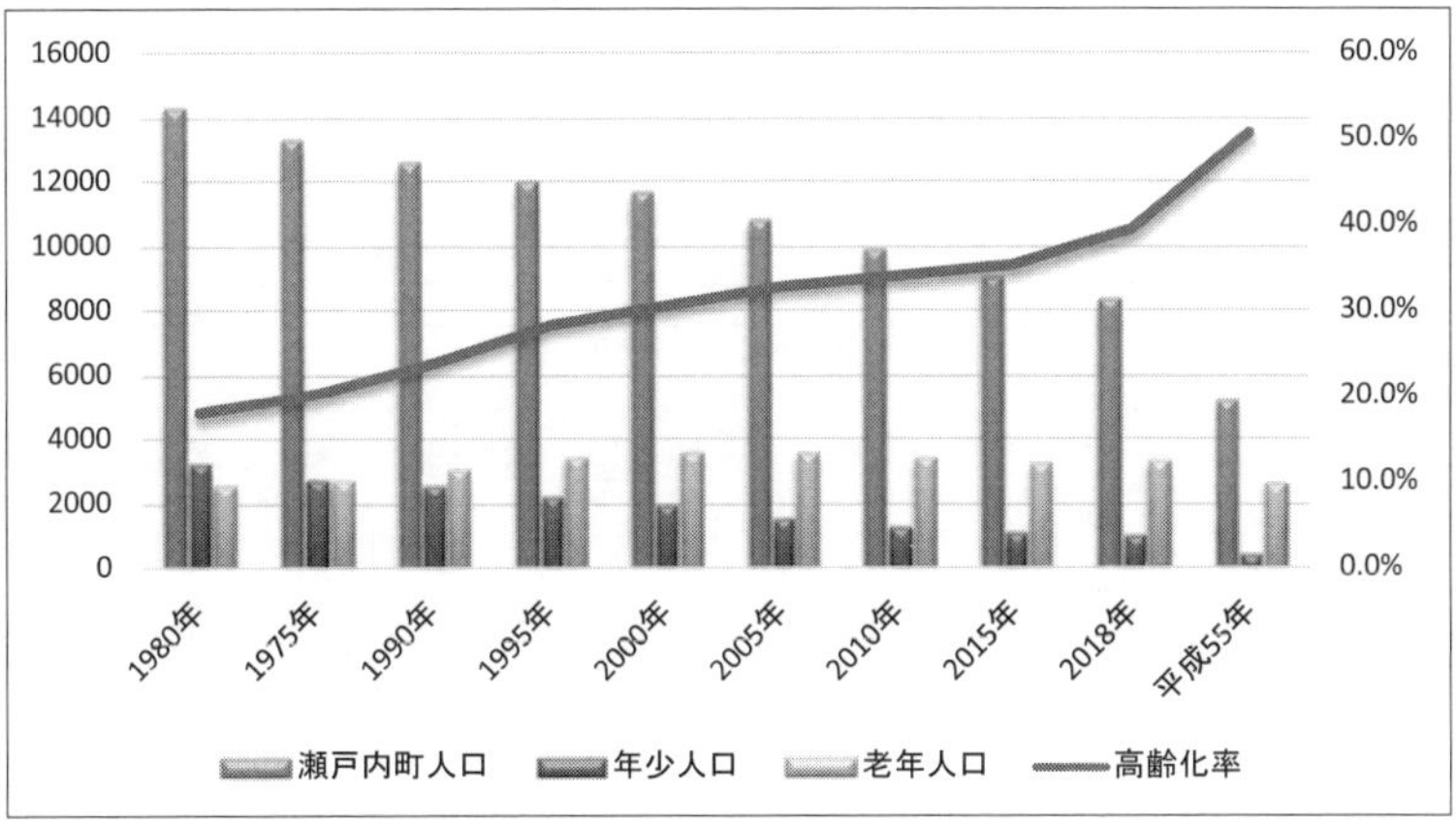

図１　全人口・年少人口・老年人口・高齢化率の推移

三、年少人口と高齢化率推移

瀬戸内町全体における人口・年少人口（〇～一四歳）・老年人口（六五歳以上）・後期老年者人口（七五歳以上）・老年人口割合（高齢化率）の推移を一九八〇年以降一〇年ごとに見ていくと表４のようになる。

一九八〇年以降の全人口・年少人口・老年人口・高齢化率の推移を調べると図１のようになる。図１より、人口の増減と高齢化率に直接的に大きな影響を与えるのが年少人口の増減であることが分かる。年少人口と人口は比例し、年少人口と高齢化率は反比例している。

四、特徴ある集落の状況

１世帯数・人口の推移

加計呂麻諸島において、二〇〇六年七月時点で世帯数が一ケタの集落と、二〇一八年において二〇〇

表5　特徴ある集落ごとの世帯数・人口推移の経年比較

		2006年	2012年	2018年			2006年	2012年	2018年
呑之浦	世帯数	4	4	4	生間	世帯数	35	40	42
	人口	8	6	7		人口	57	64	63
安脚場	世帯数	10	8	9	渡連	世帯数	22	27	28
	人口	17	13	13		人口	44	50	46
徳浜	世帯数	6	7	6	嘉入	世帯数	10	12	13
	人口	12	13	12		人口	16	13	21
勢里	世帯数	5	7	8	於斉	世帯数	32	30	36
	人口	10	12	10		人口	61	52	51
木慈	世帯数	7	7	6	野見山	世帯数	25	27	27
	人口	15	12	8		人口	44	37	33
武名	世帯数	5	7	6	西阿室	世帯数	64	68	65
	人口	7	8	7		人口	108	114	96
知之浦	世帯数	8	8	8	勝能	世帯数	80	73	62
	人口	17	14	12		人口	116	97	76
阿多地	世帯数	8	5	2	諸鈍	世帯数	120	110	107
	人口	11	6	3		人口	223	195	183

出典：瀬戸内町町勢状況より筆者修正

六年に比べ人口・世帯数が大きく減少した集落、世帯数は増えたが人口が減少した集落、逆の世帯数は減少したが人口が増加した集落に関して経年比較をしてみる（表5参照）。

世帯数の最も少ない呑之浦において、二〇〇六年から二〇一八年までの一二年間、世帯数四に変化はなく、人口も八人から七人に一人減少しているだけである。勢里は世帯数が五から八に増加し、途中人口の増減はあったが、同じ人数一〇となっている。このような一般的にいわれる超限界集落のうち呑之浦・安脚場・徳浜・勢里・木慈・武名・知之浦においては、当面現状の推移をたどると思われる。

生間・渡連・嘉入集落は、世帯数においてそれぞれ（三五→四〇→四二、二二→二七→二八、一〇→一二→一三）と、人口においても（五七→六四→六三、四四→五〇→四六、一六→一三→二一）と、ともに増加している。

於斉・野見山・西阿室においては世帯数ではそれぞれ（三二→三〇→三六、二五→二七→二七、六四→六八→六五）と増加しているが、人口においては（六一→五二→五一、四四→三七→三三、一〇八→一一四→九六）と減少している。

勝能・諸鈍においては、世帯数でそれぞれ（八〇→七三→六二、一二〇→一一〇→一〇七）と減少しており、人口においても（一一六→九七→七六、二二三→一九五→一八三）と大幅に減少しているが、早急な対応が待たれるのは阿多地集落である。世帯数において八→五→二と大幅に減少するとともに、人口においても一一→六→三と減少率が高くなっている。歯止めがかかっていないのである。

危機的状況の劇的な変化が見られない中、阿多地集落を除いてなぜこのようなことが可能だったのであろうか。それが奄美大島特有の郷友会[25]の存在である。奄美では、県人会的な集落ごとのつながりとしての郷友会が存在し、豊年祭、運動会、年の祝い等に帰郷するという習慣があり、常に故郷（生まれ在所）との結びつきが保たれているのである。

また、集落に在住する人々の意識性も忘れてはならない要因の一つである。この点も後述する。

2 住民の意識性

ア 生活への不安等

請島・与路島の地域住民に対し、二〇〇四年と二〇一二年の調査で「あなたは将来の生活全般のことを考えるとき、何らかの不安を感じますか」と、質問した。

両者を比較すると、男女ともに、「とても不安」は減少（男：一七・二％→一六・七％、女：二七・六％→一三・六％）しているが、「多少不安」が増加（男：六九・〇％→七〇・〇％、女：五八・六％→七五・九％）しており、不安感を感じているのが分かった。

しかし、「あなたが感じる生活に関する不安」にたいして具体的に質問した項目の中で、「一人暮らしになること」に関しては、二〇一二年は二〇〇四年より男性で四・八ポイント減少し、女性は二〇・三ポイントも減少していた。「人（近隣・親戚）との付き合い」では、女性は三一・〇％から〇％へと大幅に減少していた。

二〇〇四年と二〇一二年の順位で見ると、男性では一位から四位まで変化がなかったが、女性では、二〇〇四年で一位だった「生活のための収入」が四位に、二〇〇四年に同率二位だった「健康や病気のこと」が一位になっていた。

---

25 奄美諸島では「ごうゆうかい」と称し、八重山諸島では「きょうゆうかい」と呼んでいる集落単位の集まりで、地縁・人的結びつきの強い組織である。

表6　今住んでいる集落・地域に住みたいか

	2004年		2012年	
	男	女	男	女
ぜひいつまでも住みたい	32.0%(8)	22.2%(6)	18.5%(5)	32.0%(8)
なるべく住んでいたい	28.0%(7)	33.3%(9)	44.4%(12)	36.0%(9)
出来れば移りたい	32.0%(8)	25.9%(7)	33.3%(9)	20.0%(5)
ぜひ早く移りたい	8.0%(2)	18.5%(5)	3.7%(1)	12.0%(3)
合　計	100%(25)	100%(27)	100%(27)	100%(25)

このような生活環境の中で、事情が許せば今住んでいる集落・地域に住みたいと思うかと質問した結果が、表6のようになる。

イ　現在の集落への居住意思

「できれば移りたい」「ぜひ早く移りたい」と答えた割合は、男性の場合二〇〇四年に四〇・〇%、二〇一二年に三七・〇%と少し減少しているが、女性の場合、二〇〇四年に四四・四%であったのが、二〇一二年には三二・〇%と一二・四ポイントも減少している。特徴として、「ぜひいつまでも住みたい」という積極的な意見では、男性が一三・五ポイントも減少しているのに対し、女性では逆に九・八ポイントも増加している。要因としては、女性による「生活のための収入」の場の確保が可能になった（「仕事をしていない」と回答した人が二〇一二年には二二・六ポイントも減少していた）ためだと思われる。

3　役割・生き甲斐等について

役割・生き甲斐等が持てない中で、限界集落といわれる集落で生活の継続を維持することは難しいものである。

役割・生き甲斐等について、「次のそれぞれの質問項目に対して、『はい』『どちらでもない』『いいえ』のうち、該当すると思う欄を一つ選んで〇をつけてください」と質問した。

二〇〇四年より二〇一二年になって「いいえ」が大幅に増えた項目は、「空しいと思うことがある（四一・三ポイント増）」、「今日何をしようかと困る（一二・〇ポイント増）」の二項目であり、役割・生き甲斐感が高くなっているのがわかる（表7）。

二〇一二年になって「いいえ」が減った項目は、「他人から評価されたと思える（一一・八

表7　役割・生き甲斐等（複数回答）

	2004年			2012年		
	はい	どちらでもない	いいえ	はい	どちらでもない	いいえ
家庭内外の役割がある	73.2%(41)	12.5%(7)	14.3%(8)	13.8%(8)	74.1%(43)	12.1%(7)
毎日を惰性で過ごす	22.2%(12)	29.6%(17)	48.1%（27）	21.8%(12)	27.3%(15)	50.9%(28)
心の拠りどころがある	72.2%(39)	16.7%(9)	11.1%(6)	19.0%(11)	72.4%(42)	8.6%(5)
空しいと思うことがある	22.2%(12)	25.9%(15)	25.9%(15)	20.7%(12)	12.1%(7)	67.2%(39)
やりたいことがある	87.3%(48)	10.9%(6)	1.8%(1)	11.9%(7)	84.7%(50)	3.4%(2)
向上したと思える	55.4%(31)	33.9%(19)	10.7%(6)	42.9%(24)	53.6%(30)	3.6%(2)
私がいなければと思う	65.5%(37)	25.5%(14)	9.1%(5)	27.6%(16)	62.1%(36)	10.3%(6)
生活の張りを感じる	46.4%(26)	35.1%(20)	17.5%(10)	40.7%(24)	52.5%(31)	6.8%(4)
何のために生きているか分からないと思う	16.1%(9)	23.2%(13)	60.7%(34)	24.1%(14)	13.8%(8)	62.1%(36)
世の中や家族の役に立つ	80.0%(45)	18.2%.(10)	1.8%(1)	28.1%(16)	71.9%(41)	0%(0)
世の行く末を見たい	75.0%(42)	19.6%(11)	5.4%(3)	25.9%(15)	65.5%(38)	8.6%(5)
今日何をしようかと困る	28.6%(16)	19.6%(11)	51.8%(29)	19.0%(11)	17.2%(10)	63.8%(37)
まだ死ねない	92.7%(52)	3.6%(2)	3.6%(2)	20.3%(12)	79.7%(47)	0%(0)
他人から評価されたと思える	51.8%(28)	27.8%(15)	20.4%(11)	37.9%(22)	53.4%(31)	8.6%(5)
何か成し遂げたと思う	46.4%(26)	33.9%(19)	19.6%(11)	29.3%(17)	62.1%(36)	8.6%(5)
家族や他人から期待され頼りにされている	71.4%(40)	26.8%(15)	1.8%(1)	27.6%(16)	67.2%(39)	5.2%(3)
回答者数	56			59		

＊システム欠損値の差異により、2012年の項目ごとの回答者数は一定ではなく、55～59人になっている。

ポイント減）」「何か成し遂げたと思える（一一・〇ポイント減）」「生活の張りを感じる（一〇・七ポイント減）」の三項目で、自己肯定感が有意に高くなっているのが分かる。

二〇一二年には、六八・八％（一六分の一一）の項目において役割・生き甲斐感、自己肯定感が高くなっている。住めば都というように、人々はどのような僻地であっても集落に対する愛着感を持っているのである。

おわりに

二〇〇五年の加計呂麻諸島における区長調査では、当時の区長のうち一八人（五四・五％）がUターン者であった。多くは高齢の両親と同居するための帰郷であったが、先祖の墓を守るためにUターンしてきたという人もいた。このような循環が限界集落と呼ばれる状況を幾年も保ち続け、消滅を免れてきた要因の一つである。

しかし、「四七年ぶりのUターン者です。買い物とか病院とか船で渡らなければならないのでとても不便です。歳をとった人にはもっと大変だと感じました。村にぜひリハビリセンターを作ってほしいと切に願っています」という調査時の訴えにもあるように、「排泄の自立、食の自立。何はともあれ、この両者の自立が不可能になった時、人は自宅での生活が困難になる。ましてや、独居の場合、困難はより一層の深刻度が増すことになる。請島・与路島・加計呂麻島の諸地域においては、そのような状況になると、シマを離れざるをえなくなる。このことは、一般成人の多くが老親の現実的対応の中で具体的に遭遇してきているところである」（田中二〇〇五）

表5に見てきたように、消滅しても不思議ではないような集落における存続のエネルギーは、郷友会・Uターン者の存続とともに、Iターン者の存在が大きな比重を占めている。Iターン者の移住の意思決定は、単身者の場合本人の自由意思に基づくが、家族世帯の場合、子供をはじめとした他の家族構成員の年齢やライフイベントなどに依存することにはなる（高橋二〇一七）が、この対策として、「瀬戸内町社協、もしくは加計呂麻島の特養が指導する形で、請島・与路島・加計呂麻島の地区にNPO法人を設立し得る手助けをして欲しい。手助けの方法としては、次のことが考えられる。

①加計呂麻諸島に必要なサービスの種類と内容

・配食、通所、ショートステイ

・民宿活用、学校給食活用、公民館活用

②NPO法人設立希望者の選任

③法人代表者の指導・教育

④ボランティアの啓蒙指導の援助

⑤「看取りの家」としての位置付け

⑥保険者である瀬戸内町への働きかけ（離島等相当のサービス事業所）」（田中二〇〇五）

この点では、加計呂麻諸島においてIターン者やUターン者による介護保険事業所が立ち上がり、人口減の歯止めや人口増に繋がっている。これらのことが多くの集落で実践されるとき、限界集落は「発達余地集落」として生まれ変わることができるのである。

（田中安平）

第Ⅸ章　シマ・アイデンティティと復帰運動におけるアイデンティティの変動に関する一考察―社会的アイデンティティ・アプローチの視点から―

奄美では集落のことをシマと呼ぶ時代が長く続いた。時代の流れとともに、生産活動や生活形態が大きく変わり現実のシマは衰退してしまったが、人々の意識や行動の中でシマは生き続けているといわれる。奄美の人々の心を理解する手がかりとしてシマについて考えることが本稿の目的である。その際、社会心理学の理論の一つである社会的アイデンティティ・アプローチの視点から奄美のシマ・アイデンティティについてと日本復帰運動におけるアイデンティティの変動について考察を試みる。

一、社会的アイデンティティ・アプローチ

自己定義は個人特性に基づく個人的アイデンティティと社会集団やカテゴリーへの所属意識に基づく社会的アイデンティティに分けることができる。社会的アイデンティティは、社会集団（たとえば、ジェンダー（性）、エスニシティ（人種・民族）、宗教、職業、支持政党など）の成員性についての知識とその成員性に付与された価値的・感情的意味から成る自己概念の一部である（Tajfel 1978）。社会的アイデンティティと人の認知・行動の関係を理論化したのが社会的

アイデンティティ理論（Tajfel 1978）であり、それを補完的に発展させたのが自己カテゴリー化理論（たとえば、Turner 1999）である。この両理論を包括して社会的アイデンティティ・パースペクティブ、社会的アイデンティティ・アプローチ、あるいは社会的アイデンティティ伝統という呼び方があるが、本論では社会的アイデンティティ・アプローチと呼ぶ（Haslam 2004：小窪二〇一八）。

社会的アイデンティティ理論の研究動機は、この理論の創始者であるHenri Tajfelのポーランド系ユダヤ人としての差別体験がもとになったといわれる。彼は集団間差別が起こる最小の条件を調べるために最小集団パラダイム実験を行った。そのために黒点の数の判断や抽象画の好みなどをもとにして取るに足りない口実で二つの集団に分けた。たとえば、提示した黒点の数よりも多く答えたか少なく答えたかで二つの集団に分けた。黒点の数を多く答えた人にとっては、黒点の数を多く答えた集団は自分が属する内集団になり、黒点を少なく答えた集団は自分が属さない外集団になる。このようにして内集団と外集団の二つに分けて、それぞれの集団成員に対する得点の分配をしてもらった。分配の対象となる成員との事前の相互作用もなく、分配の結果が分配者に影響を及ぼすこともなかった。あるのは内集団と外集団に機械的に分けられたことだけだった。その結果、分配者が内集団の成員に対して多くの分配をする「内集団ひいき」が起こることが確認された。

Tajfelは、人をただ単純に「我々（内集団）」と「彼ら（外集団）」にカテゴリー化するだけで内集団と外集団の社会的比較が起こり、肯定的な社会的アイデンティティを求める動機から身びいき行動が起こったと説明した。社会的アイデンティティ理論では、自己をある集団の一員として意識すると、個性を持った個人としてではなく、内集団成員と共通の特性を持った成員としての認知や行動を取り、内集団ひいきが起こりうることを示唆する。その際、肯定的な社会的アイデンティティへの動機が内集団ひいきなどの認知（偏見）や行動（差別）を起こす心理学的原因になっているというのである。

Tajfelは、個人間―集団間連続体モデルを提唱して、個人的行動と集団的行動を区別した。人はその人独自の特性の観点から自己定義される個人的アイデンティティに基づいて行動する場合は個人的行動を取り、一方、社会的カテゴリーの観点から自己定義される社会的アイデンティティに基づいて行動する場合は集団的行動を取るという。「どのようにして特定の社会的アイデンティティが採択されるのか?」「どのようにして社会的アイデンティティが始まるのか?」を説明しようという試みから始まったのが、Turnerの自己カテゴリー化理論（Turner 一九八二、一九九九）である。この理論は認知のメカニズムに依拠して社会的アイデンティティが集団行動を生じさせるプロセスを説明した。

人は、さまざまな個人的アイデンティティあるいは社会的アイデンティティの観点から自己を定義（自己カテゴリー化）することができる。そして人は置かれた状況によって特定の社会的アイデンティティが顕現的になる。そうすると人は個人的アイデンティティではなく社会的アイデンティティに基づく行動をするようになる。ただし、Hogg（二〇一八）が述べるように、所与の状況において顕現化される社会的アイデンティティは一つに限られる。従って、状況が変われば顕現的な社会的アイデンティティも変わる。

社会的アイデンティティの顕現性（salience）は、接近可能性（accessibility）と適合性（fit）の絡み合いで決定される（Oakes 1987 : Turner 1999に引用）。どの社会的アイデンティティが選択される（顕現性）かは、特定の社会的カテゴリーがどれだけ意識化されやすいか（接近可能性）と、カテゴリー内の類似性と特定のカテゴリーと他のカテゴリーとの差異性が大きく（比較適合性）て特定のカテゴリーの意味するものが現実に合致している（規範適合性）か、という二つの要因が関与している（接近可能性×適合性→顕現性）というのである。

特定のアイデンティティが顕現的になると、内集団および外集団の成員に対する脱個人化（depersonalization）が起こる。内集団の成員に対しては自己ステレオタイプ化（self-stereotyping）が、内集団の成員に対してはいわゆるステレオタイプ化（stereotyping）が起こる。脱個人化が起こると人をその人独自の特性（個性）で見ることがなくなり、内集団の原型（prototype）あるいは外集団の原型を通して認識し、それに合わせて行動するようになる。たとえば、外集団の成員を外集団の原型に合致した共通の特性を持つ人として見るようになる(ステレオタイプ化)。原型とはその集団の平均的な特性ではなくその集団を最も特徴づけるものであり、外集団との違いを際立たせる特性の集まりを指す。内集団の成員についても同様に脱個人化の結果、内集団の成員を他の成員と交換可能な共通性の高い成員として見るようになる。また、脱個人化により内集団の成員の間の類似性を強く認知し、内集団と外集団の間の差異性を強く認知するようになる。

社会的アイデンティティ・アプローチが示唆することをまとめると次のようになる。人は事象をカテゴリー化して理解している。ある社会的状況において特定の社会的カテゴリー（社会集団）が顕現化して、そのカテゴリーの一員として自己定義をする。そうすると、自分がその一員である社会的カテゴリーである内集団が肯定的な社会的アイデンティティを持つように内集団を外集団よりも優れているあるいは優れていてほしいと思う気持ちが生まれる。社会的アイデンティティが顕現化する過程で脱個人化が起こり、自他をステレオタイプで見るような認知の変化も起こる。そして、内集団の中の類似性を強調する傾向と、内集団と外集団の間の差異化を強調する傾向が起こる。

このように、人の行動を集団間関係の中で見ていこうとするのが社会的アイデンティティ・アプローチである。奄美のシマも社会集団すなわち社会的カテゴリーである。したがって、シマの人はシマ・アイデンティティを潜在的に持つと見なすことができる。そして状況によってはそのシマ・アイデンティティが顕現化することがあり、それに従って認知や行動が起こると考えられる。本稿は社会的アイデンティティ・アプローチの視点でシマの人の心理を考えることを目的とする。また、社会的状況により特定の社会的アイデンティティが顕現化されたケースとして日本復帰運動期の奄美の人々の日本人・アイデンティティについても検討する。

二、シマ

ここでは、シマについての筆者の個人的経験、シマ＝集落の由来と奄美の人にとってシマが意味するもの、それとシマの現在について述べる。

1 シマについての個人的経験

筆者が奄美大島において初めて社会調査に関わったのは一九九九年のことである（小窪・田畑二〇〇一）。その際、奄美の予備知識として集落のことを「シマ」と呼ぶ習わしがあると聞いた。しかし、その後の聞き取り調査や島の方々との話の中で「シマ」ということばを聞くことはなかった。日常生活で使うことが少なくなっているせいかもしれないし、島外から来た者の前ではなじみがないだろうからという理由で使われなかったのかもしれない。

二〇〇五年に加計呂麻諸島において集落区長への聴き取り調査を実施した。加計呂麻島のある集落で定年退職後にUターンして区長をされている方にインタビューした時に「シマにお世話になったのでシマのために役立てればと思って区長を引き受けた（小窪・田中・越田二〇〇六：一一六）」という話が出た。その際、筆者の頭の中で「島というのは奄美大島だろうか？　加計呂麻島のことだろうか？　奄美に特別な奨学金があるのだろうか？　いずれにしても島にお世話になったとか島のために役に立ちたいと言うのは少し大げさな話のような気がする」という誤解が生じ、「どの島からどのような世話を受けたのですか？」と聞き直したことがあった。そしてシマというのは集落のことであることを改めて実感した。

次にシマ＝集落を再認識したのは、それからかなり後になって二〇一三年の地域支えあい活動に関する聞き取り調査であった。地域支えあい活動担当の自治体職員へのインタビューの際、「シマ（集落）を思う気持ちを口に出される方が多いなと思いますね。『自分たちのシマじゃがね』というシマへの愛情というか、一回出てUターンされた方とかもやっぱりその思いが強いですよね。『育ったこのシマを』とか、交流会の中で、『この活動ってなんだろうね』と言いながら、『シマを愛する気持ちじゃない』とか言ったり、そんな会話が聞かれるから面白いんですけど（小窪・岩崎二〇一四：九五）」という話を聞いた。少なくとも年配の方々の心の中にはシマへの愛着が今でも生きていることに気づいた。

そして、つい先日のことであるが、加計呂麻諸島の調査で長年お世話になってきた方に、「今でもシマということばを使いますか？」と確認したところ「使うことはあります」という答えだった。また、その方の二〇歳代の娘さんに同じ質問をしたところ「（出身集落を聞くときなどに）使うことがありますよ」と教えてくれた。

上述した筆者の経験は、現在でもシマということばが奄美の人々、特に中高年者の間で普通に使われていること、そして状況によっては人々の意識の中にシマの一員であるという意識が顕在化して、それが人々のシマを愛する感情やシマのためにという行動に影響を及ぼすことを示していると思われる。

2 シマ＝集落の由来とシマの意味

奄美や沖縄においては古来、集落のことをシマと呼んでいた。たとえば、仲松（一九七二）によると古代沖縄においてもシマということばが使われていた。「村落に対しての一般的呼称を『村』といっているのであるが、しかし古代沖縄では、このような『村』という呼称はなかったといわれている。何と言っていたかというと、『思ゆらば里御前《さとめ》、島とめてい参れ、島や中城《なかぐすく》、花の伊舎堂』の琉歌の一句でもわかると思うのであるが、『シマ』と呼んでいたといわれている。シマという呼称は、故郷、あるいは自分の村の意であり、また水に囲まれた陸地の呼称の島と同じ『島』と当字されていることも周知のとおりである（仲松一九七二：五二）」

奄美のシマについて、山下（一九七七）は「小宇宙」「一つの完結した世界」として、須山（二〇一四）も「自己完結的な小宇宙」とたとえている。また、山下はシマが「安らぎを」与えるところと述べている。同様に、津波（二〇一〇）

は、シマは「共属意識を感じる」「郷愁や親しみのこもった」言葉であると述べている。

奄美の人がシマというときそれは「私のシマ」あるいは「私たちのシマ」を指す。このことを中原（一九九七）は次のように述べている。「ところで、シマが個人の故郷である限り、シマが具体的にどこの村落をさすのかは、シマを語る個人の立場や見方によって異なってくる。たとえば、奄美と何ら関わりのない人の目で奄美と見る時、奄美の中には奄美大島の北から佐仁、屋仁、用、大笠利……といったシマジマが無数に存在しているように見える。しかし、奄美の者がシマと言えば、佐仁の人にとっては佐仁をさし、用の人にとっては用のことを意味することになる（中原一九九七：四）」。同様に、自分の集落を「私のシマ」あるいは「私たちのシマ」と呼んでいる例として、瀬戸内町立図書館に収蔵されている郷土誌の表題に見られる「吾等（わーきゃしま）の郷土於斉（うすえ）（斎藤一九九四）」「わぁきゃ島スィッコ（節子）（森山一九九六）」などがある。このように、シマは単なる場所を示すだけでなく、奄美の人々にとっては「私のシマ」あるいは「私たちのシマ」というように帰属先を示す。この場合、社会的アイデンティティ・アプローチによると、「私のシマ」が内集団になり、他のシマあるいは他のシマジマが外集団になる。

さらに、中原は、「奄美では、一人の人間が個人であるばかりでなく、それぞれのシマの人として理解される（中原一九九七：四）」と述べ、奄美の人々は個人的な特性ばかりでなく出身のシマの特性からもその人がどのような人であるかがわかることを示唆している。たとえば、加計呂麻島では「押角の人は畑仕事にいく時は普通の服装で行き、畑について仕事をする時に野良着に着替える」というようなステレオタイプが残っている（鹿児島民俗学会一九七〇）。これは集落の歴史にその理由を求めることもできるが、社会的アイデンティティ・アプローチが指摘しているように、「私のシマ」というシマ・アイデンティティが顕現化すると、脱個人化が起こり、他のシマの成員をステレオタイプ化して見るようになる例としてみなすこともできる。

3 シマの現在

今から四〇年ぐらい前に安齋（一九八二）は、加計呂麻島の西阿室集落について「西阿室という南国の樹木は各方面に枝を伸ばし、美しい花を咲かせ、実を結ばせたが、いまその根元は細くなったという危機感が生じ、根を絶やさぬようにという暗中模索が地元でも郷愛会でもなされている（五五九）」と形容している。この集落は戦前の一九三三年に一〇七人の人口があったが（安斎一九八二）、一九六八年には三七一人になり（鹿児島民俗学会一九七〇）、二〇一九年四月には九六人（瀬戸内町役場、二〇一九）にまで減少している。奄美のシマは長らく伝統的なシマ社会を誇っていたが、生業の変化や人口流出により大きく衰退してきた。それは奄美のほとんどのシマにあてはまる。安齋はそのことを上記のようにシマを「弱った樹木」にたとえたのである。

最近の奄美のシマについて、筆者らが二〇一二年に瀬戸内町で実施したアンケート調査の結果を見てみる（小窪・岩崎・田中・大山・田畑・高山・玉木二〇一四）。調査地の瀬戸内町には五六の集落があるが、一つの集落を区分けしているところもあるので六四人の区長（町嘱託員）を対象に集落の現状を質問した。まず、集落の維持の見通しについて質問したところ四〇人から回答を得た。内訳をみると「このまま集落を維持できるだろう」と答えたのは六〇・〇％（二四人）、「維持が難しく消滅するだろう」と答えたのは二五・〇％（一〇人）、「近隣集落との統合になるだろう」と答えたのは一〇・〇％（四人）、「その他」は五・〇％（二人）であった。集落の維持の見通しがあるのは六割に過ぎない。シマの力が衰退していることを示している。また、集落の祭りや伝統芸能の存続の見通しについて質問したところ三七人から回答を得た。その結果、「将来も存続していける」と答えたのは二九・七％（一一人）、「しばらくしたら存続できなくなる」と答えたのは五四・一％（二〇人）、「今存続の瀬戸際にある」と答えたのは一六・二％（六人）であった。将来の存続が見通せるのは三割に過ぎない。シマの衰えによりシマの伝統文化の存続も危うくなってきていることを示している。

奄美ではシマから都市部に転出した同じシマの出身者が集まって郷友会を組織し、相互の親睦や出身のシマとの交流を続けてきた。一時は出身のシマよりも活況を呈した郷友会もあったといわれるが、高齢化と世代交代が進むとともにその組織力も低下してきている。郷友会の有無について質問したところ三九人の区長から回答があった。「郷友会がある」と答えたのは四六・二％（一八人）、「郷友会がない」と答えたのは五三・八％（二一人）であった。このように郷友会も減少している。なお、郷友会の所在について答えた一七集落の内訳をみると、瀬戸内町の中心地である古仁屋にあると答えたのは七集落、奄美大島の中心地である名瀬にあると答えたのは三集落、関西にあると答えたのが八集落、東京にあると答えたのが七集落であった。郷友会とシマとの交流の内容は、集落の祭り、運動会、清掃作業などの集落行事への参加が最も多かった。なかには郷友会在所でシマの祭りをしたり、郷友会の会にシマから参加するところもあった。

現実のシマは維持がむつかしくなっているところが増えている。そして転出先でシマとの交流を維持してきた郷友会も数が少なくなり組織力も希薄化してきている。しかし、シマの祭りや歌などに触れる際、シマの人としての意識が顕在化してくると思われる。

今から三〇年ほど前に山下（一九九〇）は、すでにシマ共同体が歴史の中のものとなっている現実を指摘しながら「シマ自体はそのまま幻のシマ共同体になっていますけれども、シマの原型というのは私たちの体の中に生きている、ということになります（山下一九九〇：二六八）」と述べている。弱体化したとはいえ、シマの伝統文化や行動規範が今でも奄美の人々や郷友会の人々の心の中に残り続けていることを示唆している。

三、社会的アイデンティティ・アプローチから見たシマ・アイデンティティ

ここでは奄美の人々が自分たちのことをシマの一員であると認識することをシマ・アイデンティティと呼ぶことにする。そして、シマ・アイデンティティの観点から交際費支出とシマ歌について考察を試みる。

1 交際費とシマ・アイデンティティ

田畑（一九九六）は、奄美大島の高齢者調査から、高齢者の半数以上が生活にゆとりがない状態でありながら「冠婚葬祭やつき合い等の交際費」が支出のうちで大きな比重を占めることを指摘している。そして、このような交際費がかかる理由として「一面では無駄な出費のように考えられるが、他面では高齢者の暮らし向きの安定を図るための一種の必要経費（田畑一九九六：二四二）」あるいは「病気などの備えとしての貯金（前掲二四二）」の役割を果たしていると述べている。ちなみに、筆者らが二〇〇四年に瀬戸内町で実施した高齢者調査でも交際費への支出の多さが指摘されている（小窪・田中・田畑・大山・恒吉二〇〇六）。主な支出を二つまであげてもらったところ、二八九人の回答者のうち食費をあげたのが最も多く六四・七％（一八七人）であり、二番目に多いのが交際費の五九・五％（一七二人）であった。交際費への支出が生活の中で必需になっていることを示している。

交際費についての田畑の個人的な効用論的な説明に加えて、社会的アイデンティティ・アプローチからは次のような説明が可能であろう。シマの葬祭の例として屋埼（二〇〇四）は「与路では、葬式や法事のことを『講』という。葬式は村人が挙げて行う（二九二）」と述べ、葬祭への全員参加のしきたり＝規範があったことを示唆している。沖永良部の葬式について高橋（二〇〇六）は「葬式は一般に自宅で行われるが、親族はもちろん集落の近隣者がそれぞれ役割を分担し式を遂行する。そして同じ集落内の誰が亡くなっても、弔問と告別式には集落の全ての世帯から代表者が訪れる」と述べ、集落の相互扶助の根強さを指摘している。これらを合わせて考えると、交際費の支出も地域共同体であるシマの全員参加の相互扶助規範に合致した行動として見ることができるだろう。社会的アイデンティティ理論によると、集団規範は集団への同一視を通して内面化された行動標準であるので、自分をシマの一員として自己定義すると、内面化されたシマの相互扶助への全員参加という行動規範が交際費支出の増加という現象に現れているのではないかと推察される。

2 シマ歌とシマ・アイデンティティ

奄美の島唄は「島の歌」ではなく「シマの歌」である。シマごとに口伝えに継承されてきたものなのでいわゆる「正調」はないといわれる（酒井一九九〇）。奄美の人々にとってシマ歌は郷愁や故郷への親しみの感情を呼び起こす。そのことを末岡（二〇一六）は次のように述べている。「奄美の出身者にとっても、自分たちの育った土地に根づいているシマウタは故郷と深く結びついている。古い島言葉の歌詞を聴けば『なつかしや』と口をついて出るし、時には涙を流し故郷で暮らした日々や故郷の人々を思い出す人もいる。シマウタが心の拠り所になっている人も少なくない（一九八）」。社会的アイデンティティ・アプローチの観点から言えば、シマ歌がシマ・アイデンティティを顕在化し、島を懐かしむ感情とともに自分がシマの一員であるという自己定義を生むことを示している。

そしてこの自己定義は肯定的な社会的アイデンティティへの欲求を生むことになる。すなわち、シマ・アイデンティティが顕現化すると、自分の集落（内集団）のシマ歌が他の集落（外集団）のシマ歌よりも良いという身びいき的な評価を生む。たとえば、中原（一九九七）は、「シマの歌という概念のうち、自分たちのシマの歌を理想化するという心の働きまでも含まれる。それは、常に自分たちのシマの歌が奄美の中心に位置し、なおかつ奄美で最も優れているというものである（七）」と述べている。同様の心理はシマの踊りにも見られる。たとえば、酒井（一九九〇）は、「集落が違えば歌や踊り、言葉に至るまで様子が違う。『やっぱり、わきゃシマ（自分たちの集落）の踊りが一番だ』、と確信する一方ではお互いに刺激を受け影響を与える（二五一）」。

さらに、身びいき的な評価を正当化する行動も見られる。たとえば、中原（一九九〇）は、「他のシマの人どうしが、三味線を掛け合って歌による交流を持つ時には、互いの歌の違いを語り、相手のシマの歌の良さをほめながら、自分たちのシマの歌の良さをほのめかしていく（一一）」と述べている。これは婉曲的に自分のシマ（内集団）の歌が良いということを主張する行動例であろう。

また、社会的アイデンティティ・アプローチが指摘するように、シマ・アイデンティティが顕現化すると自分のシマ（内集団）と他のシマ（外集団）との違いを強調する傾向が生まれる。それについて、中原（一九九〇）は、「シマとシマの歌の交流は可能であり、現に行われることもあるが、シマごとにレパートリーや旋律に微妙な差異がみられる。奄美の人々は、歌がそれぞれのシマの歌であるという意識を強く持ち、シマごとの歌の微妙な差異は相当に大きなものとして語られるのが常である（二〇）」と述べている。

シマ歌はシマ共同体の中で伝承されてきたシマごとに独自性をもつ歌である。また、幼いころから慣れ親しんでいて耳の底に残っている歌である。奄美の人々はシマ歌を歌ったり聞いたりするとなつかしいシマを思い出し、シマの一員であるというシマ・アイデンティティを顕現化させる。そうすると、社会的アイデンティティ・アプローチが予想するように、「自分のシマの歌が一番である」というポジティブな社会的アイデンティティを求める見方や行動を取る。そして、自分のシマ（内集団）と他のシマ（外集団）の違いを大きく認識する傾向を持つようになる。

四、日本復帰運動とアイデンティティの変動

一九四六年二月に奄美・沖縄等が日本本土と行政分離されアメリカ軍の施政権下に置かれた。その後、奄美出身者を中心に東京や大阪で日本復帰の運動が開始された。一九五一年には奄美大島日本復帰協議会が結成され、日本復帰請願署名運動が始まった。署名は一四歳以上の住民の九九・八％に達したという（高橋二〇〇六）。

たとえば、森山（一九九六）は、瀬戸内町のシマの一つである節子集落における日本復帰運動の熱気を「その後、日本は一九四五年敗戦、日本は生まれ変わったが、奄美や沖縄は切り捨てられ「信託統治」という名のアメリカ支配にゆだねられるのですが、屈辱的な支配に反対して日本復帰運動が奄美全域で、もちろん節子でも火と燃えて小学生中学生、高校生も授業をやめて、集会やデモに参加し日本復帰の思いを訴えました。そのエネルギーは食糧難、生活困窮のどん

底にあえぎながらも、奄美ルネッサンス期といわれる文化活動昂揚期をも生み出しました（三二）」と述べ、シマジマを挙げての復帰運動として描いている。

高橋（二〇〇六）は、沖永良部島における日本復帰運動が島民のエスニックアイデンティティに及ぼす影響を多くの資料を交えて詳述している。明治以降の奄美を含めた周辺地域への日本化政策により、第二次大戦の頃までに奄美の日本への同化は完成していた。ところが、日本復帰運動が始まると奄美の側から積極的に「日本人」「大和民族」「鹿児島県大島郡島民」というアイデンティティが主張された。特に、復帰終盤には奄美群島だけの日本復帰を目指す方向性が明確になり、沖縄の復帰とは切り離して「鹿児島県大島郡復活」が目標とされた。その過程で沖縄文化と距離を置く運動も見られるようになった。その一つが、沖縄風の前結びをやめて大和風の後ろ結びにしようというものであった。

復帰運動の過程で起こった「日本人」アイデンティティの自発的採択や帯の後ろ結びを琉球風ではなく和風に改める運動は、日本復帰早期実現のための戦略として見ることができる。しかし、社会的アイデンティティ・アプローチの視点からは、復帰運動という社会状況において「日本人」という社会的カテゴリーが顕現化して「日本人」アイデンティティが採択され、その結果内集団である「日本人」との類似性が強調され、復帰運動から切り離された沖縄（外集団）との差異化が強調されていった例として見ることができる。

なお、高橋はアイデンティティの特性について「本研究により導き出された認識として提示できることは、アイデンティティは、統一されたものではなく、ミラーボールのように多面的であり、状況によってその部分的側面がスポットライトをあびて照らし出され、しかも、その多面体は、時間の流れの中で、常に変化と生成のプロセスにあり、固定されない、ということである（高橋二〇〇六：三二四）」と述べている。これは高橋がエスニックアイデンティティに限定して分析していることと、歴史的な影響を重視している点を除けば、おおよそ社会的アイデンティティ理論と同様の見解であるといえる。

五、むすび

共同研究（鹿児島国際大学地域総合研究所プロジェクト研究と三回の科学研究費補助金による研究）で奄美大島の調査を始めて二〇年近くが過ぎた。社会福祉領域の研究テーマを目的にして、主としてアンケート調査と聞き取り調査を実施してきた。もともとシマを研究テーマにしたわけではなかった。ほんのたまに調査の過程でシマについて見聞きすることがあり、シマへの関心を継続させてきた。今回、奄美調査の締めくくりという思いで、社会心理学の理論である社会的アイデンティティ・アプローチの視点からシマの人の心理を説明することを試みた。

今の奄美の集落にシマと呼ばれた面影はないに等しいぐらいになっている。しかし奄美に住んでいる中高年者、あるいは郷友会の人々にとってシマはすぐ頭に浮かんでくるキーワードである。シマの歌や伝統行事もシマを意識化させる働きをしている。そして、シマ・アイデンティティが顕現化する状況ではシマへの帰属意識と愛着を強く感じる。その結果、シマの原型を通して認識し行動をすることになる。その意味で奄美の人々は自分の一部にシマを取り込んで生活しているともいえる。奄美の人々の心を理解する手がかりとしてシマ・アイデンティティに注目した試みについて一定の意義を認めることができるのではないだろうか。

（小窪輝吉）

第X章　介護効力感の測定と島嶼の地域医療福祉
―島嶼地域における介護資源の地域化―

はじめに

わが国は、二〇二五年にいわゆる「団塊の世代」が全て七五歳以上となる超高齢社会を迎える。この現実を背景に、これまでの施設中心の医療・介護から、医療や介護が必要な状態となっても、誰もが可能な限り住み慣れた地域で安心して生活を継続し、その地域で人生の最期を迎えることができる環境を整備していく方向へと舵が切られている。

わが国の医療および介護の提供体制においては、国民皆保険を実現した医療保険制度および介護保険制度のもとで整備されてきたものの、一方では、人口構成の変化に伴い、高齢化の進展に伴う老人慢性疾患の増加により疾病構造が変化し、医療ニーズにおいては、病気と共存しながら生活の質（ＱＯＬ）の維持・向上を図っていく必要性が高まってきている。また、介護ニーズにおいても、医療ニーズを併せ持つ重度の要介護者や認知症高齢者が増加するなど、医療および介護の連携強化の必要性はこれまで以上に高まってきている。特に、認知症への対応については、地域ごとに、認知症の状態に応じた適切なサービス提供の流れを確立するとともに、早期からの適切な診断や対応等を行うことが求められている。さらに、医療保険制度および介護保険制度については、給付と負担のバランスを図りつつ、両制度の持続可能性を確保していくことも重要な課題となっている。

こうした変化のなかで地方自治体は、医療および介護の提供体制について、サービスを利用する地域住民の視点に立って、ニーズに見合ったサービスが切れ目なく、かつ、効率的に提供されているかどうかという観点から再点検していく必要がある。また、高齢化が急速に進む都市部や人口が減少する島嶼・過疎地等といった、それぞれの地域の高齢化の実状に応じて、安心して暮らせる住まいの確保や自立を支える生活支援、疾病予防・介護予防等との連携もより一層重要となっている。

とりわけ島嶼・過疎地は、超高齢化、地域で支える人材や医療・介護資源の不足など、今後多くの自治体が直面する医療・介護問題を抱えている。しかし一方では、地域互助システムが機能し、地域住民は独自で多様な文化(価値観、生活様式等)を発展・保持している。その点では、看取りまでを住み慣れた地域で支える土壌としては適している地域でもあると言えるが、山下ら(二〇〇七:二四〇)が述べているように、「島嶼地域では、その地理的環境によって、健康状態の悪化が島内での生活継続を困難な状態に陥る大きな要因の一つとなっており、社会資源によらない健康の維持・増進方法を模索することが喫緊の課題と考えられる」という実情があり、特に離島村部や二次離島部などの超高齢地域においては、地域互助システム機能にも限界があることや医療・介護資源の不足から、重度の疾病や頻回な受診やリハビリの必要性が増したり、要介護状態になると、本人が望んでも地域(島)を離れざるを得ないという、地域包括ケアシステムと逆行した切実な実情が存在している。

そこで本研究は、医療・介護資源の乏しい島嶼地域(奄美大島)の一村および二カ所の二次離島部の地域を選定し、地域の人的資源である介護職員および地域住民に対しアンケート調査を実施し、そのデータより介護効力感を把握したうえで、介護資源の地域化の可能性を検討するとともに、島嶼型地域医療・福祉のモデル開発への示唆を得ることを目的とした。

一、対象地域と医療・福祉の概要

調査対象地域は、奄美大島にある医療および介護資源が乏しい地域のうち、本島にあるA村、本島から海を隔てた二次離島にあたるB島、B島からさらに海を隔てたC島の計三地域である。

A村の人口は一五〇七人、高齢化率四〇・一%である（二〇一七年四月一日現在）。A村にある医療機関は、村立診療所が一カ所と村立へき地診療所が一カ所あり、これらの診療所を一名の常勤医師が担当している。診療科は、外科・内科・小児科・在宅診療である。村内には入院施設はなく、外来・在宅診療を行っている。診療業務の詳細については、平日の午前は外来診療で、火・木曜日はマイクロバス運行による送迎がなされている。午後は、月・金曜日はへき地診療所、月・火・金曜日は在宅診療、木曜日は特別養護老人ホーム回診、水曜日の午後は休診となっている。一方、A村の福祉は、村役場保健福祉課内に設置されている地域包括支援センターの主任ケアマネジャーおよび保健師等が、高齢者に関する介護等の総合相談や、成年後見制度・虐待等の権利譲渡に関すること、介護予防におけるケアマネジメント等を行っている。村内唯一の介護保険事業は、社会福祉協議会が担っており、通所介護（デイサービス）、居宅介護（訪問介護）を行っている。入所施設は、特別養護老人ホームが一カ所（定員五〇名）ある。

B島の人口は一二六二人、高齢化率約五〇%である（二〇一七年八月末現在）。B島の医療機関は、民間診療所（無床）が一カ所ある。診療所は医師一名が担当しており、建物の一階に診療所と介護センター（デイサービス）、二階は有料老人ホーム（定員二五名）となっている。また、近隣の建物にて訪問看護を行っている。診療科は、内科・外科・眼科である。外来は月~金曜日の午前のみで、眼科は土曜日のみである。その他、本島にある町立へき地診療所から医師が船舶で出向し、特別養護老人ホームに週一回の回診が行われている。B島の福祉は、特別養護老人ホーム（定員五五名）一カ所、小規模多機能ホーム二カ所がある。町から特別養護老人ホームに地域包括支援センター業務が委託されている。また、同特別養護老人ホームでは、ショートステイ、デイサービス、訪問介護、訪問給食宅配サービスが行われている。

C島の人口は一〇二人、高齢化率は六〇%を超える（二〇一七年八月末現在）。C島の医療機関は、へき地診療所が一カ所あり、看護師一名が常駐している。町立へき地診療所から医師が月に二回巡回診療に船舶で出向する体制がとられている。C島には福祉施設はなく、B島にある特別養護老人ホームの福祉サービスを利用することになる。

二、調査対象と方法

調査対象者は、調査対象地域（A・B地域）にある特別養護老人ホームに勤務する介護職員とA・B・C地域の住民である。

調査方法は、A・B地域は特別養護老人ホームに集まってもらい、アンケート調査（介護職員用、地域住民用）を実施、その場で直接回収した。また、C地域では、集落の公民館に集まってもらい、アンケート調査（地域住民用）を実施し、その場で直接回収した。なお、介護職員および地域住民へのアンケート調査協力依頼の広報については、A・B・C地域それぞれの対象地域を管轄する地域包括支援センター職員の方の協力を得た。

アンケート内容は、介護職員用は、①回答者の属性（性別、年齢）、②介護職としての経験年数、③介護福祉士資格の有無、④資格取得方法、⑤訪問介護員資格の有無、⑥施設内の役割、⑦仕事へのやりがい、⑧介護技術への自信、⑨ヒヤリハットの経験、⑩アクシデントの経験、⑪家族介護の経験、⑫現在の家族介護、⑬近所の方の介護の経験、⑭介護を受けたい場所、⑮介護技術等に関する質問（認知症への理解、認知症の対応への理解、立位の取り方、座位の取り方、側臥位の取り方、安楽な姿勢、関節拘縮予防、歩行介助、食事介助、排泄の介助、認知症のある人とのコミュニケーション、移動時の介助の留意点、体位変換の留意点、歩行介助の留意点、食事介助の留意点、排泄介助の留意点、認知症のある人への接し方、家族が介護が必要な状態になった場合に自宅介護が可能か、家族が認知症になった場合に自宅介護が可能か、地域に介護が必要な人がいる場合に介護への協力は可能か、地域に認知症の方がいる場合に介護への協力が可能か、これからの介護施設や介護職の役割についての理解）で構成した。

一方、地域住民用については、①回答者の属性（性別、年齢）、②地域での役割、③家族介護の経験、④現在の家族介護、⑤近所の方の介護の経験、⑥介護を受けたい場所、⑦介護技術等に関する質問（認知症への理解、認知症の対応への理解、立位の取り方、座位の取り方、側臥位の取り方、安楽な姿勢、関節拘縮予防、歩行介助、食事介助、排泄の介助、認知症のある人とのコミュニケーション、家族が介護が必要な状態になった場合に自宅介護が可能か、家族が認知症になった場合に自宅介護が可能か、地域に介護が必要な人がいる場合に介護への協力は可能か、地域に認知症の方がいる場合に介護への協力が可能か）で構成した。

設問の方法は、介護職員用の⑮および地域住民用の⑦の介護技術等に関する質問については、介護を行わなければならないときに、それぞれの質問に対し何割ぐらいの力を発揮できる自信があるかというものであり、その自信度の尺度（六段階）のうち、最も近い選択肢の番号を選んで回答してもらうものである。

調査は、介護職員二七名、地域住民三四名、計六一名を対象とし、全員からの回答を得た（回収率一〇〇％）。調査日は、A村が二〇一五年一一月二五日、B島が二〇一八年一月一〇日一二月七日、C島が二〇一八年一月一〇日であった。調査結果の集計は、IBM SPSS Statistics22を用いた。なお、集計結果においては、質問項目への無回答が含まれるため、回答者数は質問項目とは異なる。

倫理的配慮については、調査票に調査の趣旨とともに、回答は自由意志であり、拒否しても不利益を被ることがないこと、個人が特定できないよう統計処理することを説明した文書を添付した。また、本研究の研究対象者に対する倫理的配慮について、鹿児島国際大学教育研究倫理委員会の承認を得た上で実施した。

三、結果

1 対象者の属性

対象者は、特別養護老人ホームに勤務する介護職員二七名（男性九名、女性一八名）と地域住民三四名（男性六名、女性二八名）である。平均年齢は、介護職員が四四・四歳（SD＝9.374）で、最年少者が一八歳、最年長者が五六歳であった。

一方、地域住民は六六・九七歳（SD＝9.389）で、最年少者が三八歳、最年長者が八五歳であった。なお、そのうち一八名（五二・九％）が地域内で役員等の役割を持っていた（複数回答：婦人会一一名、在宅福祉アドバイザー五名、健康づくり推進員四名、世話焼きさん三名、区長三名、その他三名）。

2 介護職員のみのデータ

ア 介護職員の内訳

介護福祉士の有資格者は一一名（四〇・七％、男性三名・女性八名）、無資格者は一六名（五九・三％、男性六名・女性一〇名）であった。また、経験年数については、平均七・四年（SD＝6.9200）であった。

イ 介護技術の自信

全体では、「ややある」が一一名（四一・三％、男性二名・女性九名）、「あまりない」が一一名（四一・三％、男性六名・女性五名）、「ほとんどない」が三名（一一・五％、男性一名・女性二名）、「全くない」が一名（三・九％、男性〇名、女性一名）で、「とてもある」「かなりある」については、どちらも〇名であった。また、「介護技術の自信」と「介護福祉士の資格の有無」についてみると、有資格者では、「ややある」「あまりない」がそれぞれ五名（五〇・〇％）で

図表１　「介護福祉士資格の有無」と「介護技術の自信」

	介護技術の自信						合計
	1. とてもある	2. かなりある	3. ややある	4. あまりない	5. ほとんどない	6. 全くない	
介護福祉士資格（ある）	0	0	5(50.0%)	5(50.0%)	0	0	10
介護福祉士資格（ない）	0	0	6(37.5%)	6(37.5%)	3(18.8%)	1(6.3%)	16
合計	0	0	11(42.3%)	11(42.3%)	3(11.5%)	1(3.9%)	26

図表２　「介護福祉士資格の有無」と「仕事のやりがい」

	仕事のやりがい						合計
	1. とても感じている	2. かなり感じている	3. やや感じている	4. あまり感じてない	5. ほとんど感じてない	6. 全く感じていない	
介護福祉士資格（ある）	3(30.0%)	3(30.0%)	4(40.0%)	0	0	0	10
介護福祉士資格（ない）	5(33.3%)	1(6.7%)	9(60.0%)	0	0	0	15
合計	8(32.0%)	4(16.0%)	13(52.0%)	0	0	0	25

図表３　「介護福祉士資格の有無」と「ヒヤリハットの経験の有無」

	ヒヤリハットの経験の有無		合計
	ある	ない	
介護福祉士資格（ある）	10(90.9%)	1(9.1%)	11
介護福祉士資格（ない）	12(75.0%)	4(25.0%)	16
合計	22(81.5%)	5(18.5%)	27

あり、無資格者では、「ややある」「あまりない」がそれぞれ六名（三七・五％）、「ほとんどない」が三名（一八・八％）、「全くない」が一名（六・三％）であった（図表1）。さらに、「介護福祉士の資格の有無」が「介護技術の自信」に影響を及ぼすか、その関連性をみるためにt検定を行ったが、有意差はみられなかった（p＝.189 p>0.05）。

ウ　介護の仕事へのやりがい

「とても感じている」が八名（三二・〇％、男性二名・女性六名）、「かなり感じている」が四名（一六％、男性二名・女性二名）、「やや感じている」が一三名（五二％、男性五名・女性八名）であり、「あまり感じていない」「ほとんど感じていない」「全く感じていない」は〇名であった（図表2）。さらに、「介護福祉士の資格の有無」が「仕事のやりがい」に影響を及ぼすか、その関連性をみるためにt検定を行ったが、有意差はみられなかった（p＝.292 p>0.05）。

エ　ヒヤリハットおよびアクシデントの経験の有無

ヒヤリハットの経験が「ある」介護職員は二二名（八一・五％）、経験の「ない」介護職員は五名（一八・五％）であった。また、「介護福祉士の資格の有無」についてみると、有資格者では、「ある」が一〇名（九〇・九％）、「ない」が一名（九・一％）であり、無資格者では、「ある」が一二名（七五・〇％）、「ない」が四名（二五・〇％）であった（図表3）。

一方、アクシデントの経験が「ある」介護職員は一一名（四二・三％）、経

図表４　「介護福祉士資格の有無」と「アクシデントの経験の有無」

	アクシデントの経験の有無		合計
	ある	ない	
介護福祉士資格（ある）	6（60.0%）	4（40.0%）	10
介護福祉士資格（ない）	5（31.3%）	11（68.8%）	16
合計	11（42.3%）	15（57.7%）	26

図表５　過去の家族介護の経験の有無

	過去の家族介護の経験		合計
	ある	ない	
介護職員	11（40.7%）	16（59.3%）	27
地域住民	26（78.8%）	7（21.2%）	33
合計	37（61.7%）	23（38.3%）	60

図表６　現在、家族介護をしているか

	現在、家族介護をしているか		合計
	している	していない	
介護職員	4（14.8%）	23（85.2%）	27
地域住民	5（15.2%）	28（84.8%）	33
合計	9（15.3%）	51（85.0%）	60

験の「ない」介護職員は一五名（五七・七％）であった。また、「介護福祉士の資格の有無」についてみると、有資格者では、「ある」が六名（六〇・〇％）、「ない」が四名（四〇・〇％）であった（図表4）。

3　家族介護および近所の人の介護経験

ア　過去の家族介護経験

全体では、過去に家族介護の経験が「ある」が三七名（六一・七％）、「ない」が二三名（三八・三％）であった。介護職員では、過去に家族介護の経験が「ある」が一一名（四〇・七％）、「ない」が一六名（五九・三％）であった。また、地域住民では、「ある」が二六名（七八・八％）、「ない」が七名（二一・二％）であった（図表5）。

イ　現在の家族介護

全体では、現在、家族介護を「している」が九名（一五・三％）、「していない」が五一名（八五・〇％）であった。介護職員では、現在、家族介護を「している」が四名（一四・八％）、「していない」が二三名（八五・二％）であった。また、地域住民では、「している」が五名（一五・二％）、「していない」が二八名（八四・八％）であった（図表6）。

ウ　過去の近所の人の介護経験

全体では、過去に近所の人の介護の経験が「ある」が一七名（二八・

図表7　過去の近所の人の介護の経験

	過去の近所の人の介護の経験		合計
	ある	ない	
介護職員	9(33.3%)	18(66.7%)	27
地域住民	8(25.0%)	24(75.0%)	32
合計	17(28.8%)	42(71.2%)	59

図表8　現在、地域の人の介護をしているか

	現在、近所の人の介護をしているか		合計
	している	していない	
介護職員	3(11.1%)	24(88.9%)	27
地域住民	2(6.3%)	30(93.8%)	32
合計	5(8.5%)	54(91.5%)	59

図表9　介護を受けたい場所

	介護を受けたい場所					合計
	1.自宅	2.医療機関	3.介護施設	4.子どもの家	5.その他	
介護職員	19(70.4%)	2(7.4%)	4(14.8%)	1(3.7%)	1(3.7%)	27
地域住民	17(53.1%)	3(9.4%)	9(28.1%)	1(3.1%)	2(6.3%)	32
合計	36(61.0%)	5(8.5%)	13(22.0%)	2(3.4%)	3(5.1%)	59

八%）、「ない」が四二名（七一・二%）であった。介護職員では、過去に近所の人の介護の経験が「ある」が九名（三三・三%）、「ない」が一八名（六六・七%）であった。また、地域住民では、「ある」が八名（二五・〇%）、「ない」が二四名（七五・〇%）であった（図表7）。

エ　現在の近所の人の介護

全体では、現在、近所の人の介護を「している」が五名（八・五%）、「していない」が五四名（九一・五%）であった。介護職員では、現在、近所の人の介護を「している」が三名（一一・一%）、「していない」が二四名（八八・九%）であった。また、地域住民では、「している」が二名（六・三%）、「していない」が三〇名（九三・八%）であった（図表8）。

4　介護を受けたい場所

全体では、「自宅」が三六名（六一・〇%）と最も多く、「介護施設」が一三名（二二・〇%）、「医療機関」五名（八・五%）、「その他」三名（五・一%）、「子どもの家」二名（三・四%）の順であった。介護職員では、「自宅」が一九名（七〇・四%）と最も多く、「介護施設」四名（一四・八%）、「医療機関」二名（七・四%）、「子どもの家」「その他」がそれぞれ一名（三・七%）であった。また、地域住民では、「自宅」が一七名（五三・一%）、「介護施設」が九名（二八・一%）、

図表10　介護職員と地域住民の平均値（標準偏差）とｔ検定の結果

	平均値（標準偏差）		t値	df	p値
	介護職員	地域住民			
1. 認知症のことを理解している	3.50(.855)	2.97(1.015)	1.711	45	.094
2. 認知症の人の対応を理解している	3.36(1.277)	2.88(1.166)	1.250	45	.218
3. ベッドに寝ている足腰の弱い高齢者の方を立たせることができる	3.74(1.130)	2.55(1.063)	4.212	58	.000**
4. 畳に寝ている足腰の弱い高齢者の方を起き上がらせ、立たせることができる	3.19(1.039)	2.19(1.061)	3.633	57	.001**
5. 立っている足腰の弱い高齢者の方を椅子に座らせることができる	3.93(.917)	2.79(1.193)	4.177	57.804	.000**
6. 仰向けになったまま寝返りのうてない高齢者を横向きにすることができる	3.78(1.219)	2.79(1.083)	3.328	58	.002**
7. ベッドに仰向けで寝ている高齢者をベッドの端に座らせることができる	3.74(.944)	2.62(1.045)	4.349	59	.000**
8. 寝たきりの高齢者に楽な体位（姿勢）を整えることができる	3.48(.975)	2.61(.998)	3.414	58	.001**
9. 寝たきりの高齢者の関節が硬くならないよう体位（姿勢）を整えることができる	2.93(.829)	2.47(.992)	1.953	58.825	.056
10. 足腰の弱い高齢者の歩行の介助ができる	3.63(.884)	2.82(1.141)	3.021	59	.004**
11. 半身まひのある人の歩行の介助ができる	3.31(1.123)	2.18(.917)	4.240	57	.000**
12. 視力の弱い人（目の見えない人）の歩行の介助ができる	3.33(1.000)	2.41(1.104)	3.374	59	.001**
13. むせやすい高齢者の食事の介助ができる	3.22(1.050)	2.24(.955)	3.836	59	.000**
14. 半身まひのある人の食事の介助ができる	3.19(1.039)	2.32(1.065)	3.172	59	.002**
15. 寝たきりの人の食事の介助ができる	3.07(1.072)	2.29(1.115)	2.760	59	.008**
16. 寝たきりの人の便器を使用した排泄の介助ができる	3.00(1.038)	2.21(1.139)	2.800	57.291	.007**
17. オムツを使用している人のオムツ交換の介助ができる	3.93(1.072)	2.76(1.394)	3.569	59	.001**
18. 認知症の人とコミュニケーションをとることができる	3.59(1.279)	2.68(1.121)	2.979	59	.004**
19. 家族が介護の必要な状態になった場合は、自宅で介護を行うことができる	3.27(1.218)	2.71(.970)	1.994	58	.051
20. 家族が認知症になった場合には、自宅で介護を行うことができる	3.12(1.275)	2.53(1.134)	1.879	58	.065
21. 地域に介護が必要な状態になった人がいらっしゃる場合には、自分にできる範囲で介護の協力ができる	3.69(.928)	2.88(1.250)	2.770	58	.008**
22. 地域に認知症の方がいらっしゃる場合に、自分のできる範囲で介護の協力ができる	3.65(.892)	3.00(1.435)	2.165	55.917	.035*

注）**:$p<0.01$　、*$p<0.05$

「医療機関」三名（九・四％）、「その他」二名（六・三％）、「子どもの家」一名（三・一％）であった（図表9）。

四、介護効力感

介護職員と地域住民の介護効力感に関する二二項目についてt検定を行った結果、一七項目に有意差がみられたが、「認知症のことを理解している」（p＝.094）、「認知症の人の対応を理解している」（p＝.218）、「寝たきりの高齢者の関節が硬くならないよう体位（姿勢）を整えることができる」（p＝.056）、「家族が介護が必要になった場合は、自宅で介護を行うことができる」（p＝.051）、「家族が認知症になった場合は、自宅で介護を行うことができる」（p＝.065）、以上五項目については有意差はみられなかった（図表10）。

また、それぞれの平均値に着目すると、介護職員で最も高かった項目は、「立っている足腰の弱い高齢者の方を椅子に座らせることができる」と「オムツを使用している人のオムツ交換の介助ができる」（平均値＝3.93の二項目であり、最も低かった項目は、寝たきりの高齢者の関節が硬くならないよう体位（姿勢）を整えることができる」（平均値＝2.93）であった。一方、地域住民で最も高かった項目は、「地域に認知症の人がいらっしゃる場合に、自分のできる範囲で介護の協力ができる」（平均値＝3.00）であり、最も低かった項目は、「半身まひのある人の歩行の介助ができる」（平均値＝2.18）であった。

五、考察

奄美大島にある医療および介護資源の乏しい地域の介護職員および地域住民を対象に介護効力感に関するアンケート調査を行った。その結果、介護職員と地域住民の介護効力感の指標となる介護技術二二項目のうち一七項目に有意差がみられ、以下、「認知症のことを理解している」「認知症の人の対応を理解している」「寝たきりの高齢者の関節が硬くならないよう体位（姿勢）を整えることができる」「家族が介護が必要になった場合は、自宅で介護を行うことができる」「家族が認知症になった場合は、自宅で介護を行うことができる」の五項目に関しては、介護職員と地域住民の間に有意差はみられなかった。このことは、専門的な技術を必要とする身体介護技術に関しては、介護職員の介護効力感が高いと言うことができ、それほど専門的な身体介護技術や体力を必要としない、認知症の理解と対応の理解、寝たきり高齢者の関節拘縮予防に関する介護効力感と、家族が認知症や介護が必要になった場合の自宅介護の可能性については、両者間に関連性はみられないということを意味する。

さらに、それぞれの項目の平均値に着目すると、当然のことながら、介護効力感の高い介護職員の方が全項目の平均値が高かった。地域住民においては、認知症の理解とその対応への理解が高く、認知症への関心の高さが窺えた。また、介護職員、地域住民ともに、「家族が認知症や介護が必要になった場合の自宅での介護の可能性」よりも、「地域に認知症のある人や介護が必要になった人に対する介護への協力の可能性」の平均値の方が高いという結果が得られている。このことの背景には、在宅介護の可能性に関しては、介護職員は日々の介護業務、地域住民はこれまでの家族介護の経験などから、在宅介護の大変さを自覚していることや、医療・介護資源の不足から在宅介護から生じる生活への影響や体力的な問題、または、独居のため家族介護の必要性がないことなどが考えられる。また、地域住民の介護の可能性に関しては、これまで小さなコミュニティで生活し、厳しい自然環境に直面する島嶼地域において、永年にわたって培われてきた互助機能（結の精神）がその根底にあるのではないかと考えられる。

これらの結果をふまえて、改めて島嶼地域における介護資源の地域化の可能性について考察する。

医療・介護資源の乏しい島嶼地域の住民は、健康状態の悪化が地域（島）を離れる要因となっているという現実があるものの、今回の「介護を受けたい場所」に関するアンケート結果においては、約六割以上の人が「自宅で介護を受けたい」と答えている。地域包括ケアシステムにおける医療および介護の最大の意義は、住民の視点に立って切れ目のない医療および介護の提供体制を構築し、一人ひとりの自立と尊厳を支えるケアを将来にわたって持続的に実現していくことである。島嶼地域住民が直面せざるを得ない現実と理想との乖離を埋め、「自宅で介護を受けたい」という思いを叶えるためには、行政による医療・福祉サービスの地域基盤整備がその前提条件として必要不可欠である。このような、自宅で介護を受けたいという住民ニーズに対して、既存の医療・福祉サービスを有効に活用できるよう、地域の保健・医療・福祉サービス提供者および住民の互助力などを含めた人的サービスの連携等によりシステムを構築させていくことや、地域で実現可能なサービスを検討することは重要であると考える。

今回の介護職員を含めた地域住民の介護効力感に関するアンケート調査結果からは、地域に認知症のある人や介護が必要な人がいる場合に、自分のできる範囲で介護に協力しようとする意識が高いという結果が得られている。この互助意識は地域資源として大いにその活用が期待できる。しかしながら、対象地域は高齢化率四〇％〜六〇％以上と超高齢化の進行と人口減少が加速し、地域の支え手となる若い世代のマンパワー不足が顕著な地域である。そのため、地域住民のエンパワメントを期待し、要介護者等を地域で介護するという互助意識を形成する過程においては、容易に限界点に達するという側面があることも念頭に置きながら進めていく必要がある。とはいえ、一方では島嶼地域で生活する住民は、医療・介護資源が乏しいがゆえに、地域（島）を離れたくないという意識が、健康意識やセルフケア能力（自助力）の向上につながっており、健康な高齢者も多く存在する。このような健康な高齢者の自助力と互助意識の高さは、介護の地域化において重要な人的資源となり得ると考える。

また、地域住民の介護資源の地域化とともに、島嶼地域においては、医療・介護職員のマンパワーの活用も不可欠であると考える。医療・介護職員の連携強化と医療・介護資源としての専門職の地域化が必要である。つまり、医療・介護職員がともに、健康や疾病、介護・栄養、在宅医療・在宅介護等の勉強会を定期的に開催し、更なる知識・技術の向上を図っていくと同時に、医療・介護職員が施設内から地域に赴き、住民を対象に勉強会等を開催していくことも、地域住民個人および地域全体の自助力、互助力の向上につながるのではないかと考える。

なお、本稿の今後の課題として、本研究では、医療・介護資源に乏しい島嶼地域の介護職員および地域住民を対象としたデータを得たが、本データを比較・分析するための指標が得られていない。他の島嶼・過疎地域や都市部等の地域を対象とした調査を実施し、各地域の特徴を踏まえた分析が必要である。

おわりに

わが国の高齢化率は二七・三％（二〇一六年八月現在）であり、今後も増加していくことは必至である。なかでも、島嶼地域の高齢化率はすでに三〇％を超え、特に調査対象地域は四〇～六〇％を超え、今後わが国が迎える超高齢社会の先取り地域でもある。今回、島嶼地域で暮らす高齢者等の住み慣れた地域（島）で住み続けたいというニーズに対し、介護資源の地域化に向けた示唆を得るために介護効力感に関する調査を実施した。全国の島嶼地域の約八割が一〇〇〇人未満の島であり、現実的には病院や介護施設などを新たに整備することは難しい。そのため、島嶼地域、とりわけ奄美群島の医療・介護ニーズに対応していくためには、既存の医療・福祉サービスを有効に活用できるよう、集落＝シマで実現可能なサービスの検討と、保健・医療・福祉サービス提供者および住民の互助力を活用した人的サービスのシステムの充実を図ることが重要であると考える。

謝辞

本調査にご回答いただきました奄美大島のA村、B島、C島の住民のみなさま、調査実施にご協力をいただいたA村およびB島の地域包括支援センター職員のみなさま、また、調査に対しご指導をいただいた鹿児島国際大学小窪輝吉教授に書面を借りて感謝申し上げる。

付記

本研究は、日本学術振興会科学研究費助成事業基盤研究（B）「琉球弧型互助形成にみる島嶼防災と地域再生実践モデルの開発評価に関する研究」（課題番号：二六二八五一四二、研究代表者：田畑洋一）の一部として助成を受けた。

（岩崎房子）

第Ⅺ章　奄美大島における島嶼集落の互助の現状と課題
―地域支え合い活動による地域づくりの可能性―

はじめに

ここ数年、地域における活動が注目されている。それは地方分権改革が推進されるなか、生活の場としての地域コミュニティ[26]を基礎とした住民自治のシステムが模索されているためである。従来の地域づくりは、官による地域政策によるもので、地域社会に関わる経済的利益に偏重し、しかも物的・施設中心の地域政策が中心であり、そのため住民が直接的に関わる範囲を最小限にすることが一般的であった。その結果、行政に依存した地域づくりが進められ、住民活動や地域文化の持続的継承等により蓄積されてきた生活文化が軽視されてきた。

しかし、その後の人口の減少や高齢化等による財政難と新自由主義的政策推進のなかで、多くの自治体では官による画一的な公共サービスの質を維持することが困難となり、その結果、自治体は「協働」という名の下で、公共サービス

26　ここでは、「コミュニティ」を、「(生活地域、特定の目標、特定の趣味など）何らかの共通の属性及び仲間意識を持ち、相互にコミュニケーションを行っているような集団（人びとや団体）」を指すものとして用いる。さらに、このなかで、共通の生活地域の集団によるコミュニティを特に「地域コミュニティ」と呼ぶこととする。

の一部を地域コミュニティに委ねるという政策に転じた。多くの基礎自治体が、小学校区レベルで地域組織を一体化し地域でその課題に取り組む「自治的協議会」の設立を進めているのはそのためである。

そもそも地域づくりとは、地域政策とそれを支える地域コミュニティの支援を指し、政策を実現させるためには、住民の生活の場としての地域コミュニティとそこにかかわる多様な住民組織が必要である。地域政策といえば、従来は普遍的かつ場所を超越した概念としてとらえられる傾向が強かった。しかし、例えば、都市部においては、人口が多く経済活動は活発であるが、長期定着人口や居住地の昼間人口は少なく、地縁的なつながりや共通の価値観は希薄であるが、特定の目的を有したコミュニティは生起しやすい。一方、過疎地においては地縁的なつながりは比較的強いが、地域経済の縮小、人口減少・高齢化によりコミュニティの維持が困難であるなど、その課題の中身は場所や土地の性格によって大きく異なるため、今後は地域政策にも地理的・空間的な視点を導入することが必要不可欠であると考える。

そこで、本稿では他の地域コミュニティに先んじて過疎高齢化が進行しつつも、互助システムが機能していると言われている奄美大島の島嶼集落を取り上げ、集落に存在する地縁団体である自治会と地域支え合い活動グループによる活動の現状を分析し、互助[27]の現状と課題を明らかにすることで、島嶼集落における地域づくりの可能性を探る手がかりとしたい。

27　相互扶助としての互助行為は、地域や集団における恒常的な生活過程のなかで、一定の生活目的のために特定の機会に行われるという特殊性をもっている慣行であったが、近年は、ボランティア活動や住民組織の活動等としてとらえている自治体もある（後藤・東内二〇一六：二〇）。

一、調査の概要

1 調査対象地域の概要

調査対象地域である鹿児島県奄美大島大和村は、北緯二八度二〇分、東経一二九度二〇分、鹿児島市と沖縄本島の間にある、奄美大島の南西部に位置し、北は東シナ海に面し、背後は山々が連なる海岸線に点在する一一の集落から構成される。気候は亜熱帯海洋性気候で気温が温暖で降水量が多く、台風の襲来も頻繁にある。主な産業は農業であり、「果樹の村」として知られている。

2 調査対象者の属性

対象者は大和村の集落の自治会代表者である区長[28]（以下「区長」）一一人（五〇～六〇歳代の男性九人、女性二人）、集落の地域支え合い活動グループの代表者もしくは副代表者一一人（五〇～六〇歳代の男性四人、女性七人）である。なお、地域支え合い活動グループの代表者もしくは副代表者は、区長経験者（元・現）、民生委員経験者（元・現）、村議会議員、公務員（元・現）、介護支援事業所職員の方々であった。

3 調査方法

本研究では、大和村の集落の区長一一人（男性九人、女性二人）および集落の地域支え合い活動グループの代表者もしくは副代表者一一人（五〇～六〇歳代の男性四人、女性七人）に対し行った聞き取り調査のデータを分析対象とした。

28 区長は集落ごとに行う事業および活動のまとめ役、さらに村の事務嘱託員としての役割（行政の業務として、月に一回、固定資産や健康保険料、水道料金等を役場まで支払いに行けない年寄りの方たちの家を訪問・集金し、役場に納める）を担っている。

調査時期は二〇一四（平成二六）年九月～一一月、調査方法は半構造化面接であり、一回につき約一時間の聞き取り調査を実施した。

4 調査内容

集落区長への質問事項として、以下の項目を設定した。集落の現状に関しては、①高齢者の日常生活について、次に集落内の互助慣行に関しては、②日常的な互助慣行、③災害に対する互助慣行についてである。

地域支え合い活動の代表者等への質問事項として、以下の項目を設定した。①活動体制（構成員の人数・性別・年齢など）、②現在の活動内容（場所・活動日・活動回数・運営資金・具体的な内容）、③活動グループ形成から活動開始までの経緯、④活動の課題および今後の展望についてである。

二、倫理的配慮

本研究は調査対象者に対する倫理的配慮について、鹿児島国際大学教育研究倫理委員会の承認を得た上で実施した。具体的には、面接の際に調査の趣旨とともに、①回答は自由意志であり、回答したくない場合は回答しなくても構わないこと、を説明しインタビューの逐語録を調査対象者に見てもらい了承を得た上で、その内容を分析した。

三、結果

1 集落における人口

大和村の総人口は、二〇一九（令和元）年五月三一日現在で一、四八二人である。各集落の人口は一集落を除いて一〇〇人前後から二五〇人、世帯数は五〇世帯前後から一五〇世帯であり、集落の維持が可能な状態にある。集落のうち湾に面しているウラウチ地域では集落が隣り合って位置し、東シナ海に面しているアラバ地域は集落同士が離れ点在しているが、各集落ともに比較的狭い面積に住宅が密集している。鹿児島県の統計による二〇一七（平成二九）年一〇月一日現在の生産人口は四〇・九％、高齢化率は四〇・六％となっている。

2 自治会代表者である区長への聞き取り調査

ア 高齢者の日常生活

比較的元気な高齢者の方たちについては、「元気なお年寄りは買い物して自分の畑に行ったり」と畑へ出かけて自家用の野菜を収穫するために農作業を行い、それ以外の人たちは、「家の掃除をしたり、井戸端会議をしたり」と家事を行い、その合間に集落の人びとと立ち話をしたり、お互いの家を行き来するなどの交流をしていた。しかし、健康状態の良し悪しに関わらず、一日中自宅でテレビを視聴して過ごしている高齢者も少なくなかった。[29]

買い物については、「集落内の店で日常的な買い物は間にあっている」「日常的に必要な物は集落の店で買う」等、集落内の小売店で購入する高齢者が多く、集落に小売店がないところでは、「ほかの集落の店で買ったり、電話で注文をして持ってきてもらっている」と隣接する集落の小売店を利用したり、移動販売車を利用したりしていた。なかでも、村営の診療所のある集落の共同売店[30]の惣菜を買い求めているという人が多くおり、評判も高かった。そのほか「親戚に頼んで奄美市などへ買い物に行く」等、買い物を頼む高齢者もいた。医療サービスに関しては、「診察は巡回バスで村の診療所に通院する人が多いが、村以外のかかり付けの病院（名瀬）に行く人もいる」と多くの方が集落を定期的に巡回す

29　しかし、外出されない高齢者の中には豊年祭など伝統的な行事の時には顔を出す人がおり、日頃外出しないお年寄りの人たちも、集落の祭り・行事を通して、集落の人びととのつながりがかろうじて維持されていることが確認されている（大山二〇一九a：一七）。

30　一九一四年に集落の住民の共同出資により設立された売店。奄美が米軍施政下に置かれた時代は、配給品の缶詰などが並んだ。一九五三年の復帰を経て、一九六一年に株式会社化された（南日本新聞二〇一三年一二月三日）。

るマイクロバスを利用し、村営の診療所で診察を受けていたが、なかには村外の医療機関を受診している高齢者もいた。なお、「村の診療所から週二回（午後から半日）医師が来られ、僻地診療が行われている」という集落があったが、その行き帰りで、何軒かの家に寄り在宅診療を行っていることにふれ、「もっと在宅医療が盛んになればいいと思う」と診療所の訪問診療に対し一層の拡充を希望する声があった。

イ 日常的な互助慣行

ほとんどの集落において、「青壮年団の人たちが、一軒ずつ回って、手伝いが必要ないか声をかけている」と青壮年団により日常的に隣家同士の戸締まりとか声かけなどが行われていること、また青壮年団組織がない集落においても、「日常的な声かけが隣近所でなされている」ことが確認できた。なかには、「婦人会を退会し、老人クラブにまだ入らない女性の方達が、二週間ごとに独居の高齢者世帯を訪問し、声かけをしている（ともしび活動）」「隣同士の声かけが一番大事だと思い、以前あった隣組の組織を復活させた」等、社会福祉協議会主導で始まったともしびグループによる見守り活動や[31]集落における班に該当する隣組[32]という組織を存続または復活させて、互助に準じた形で日常的・意識的に声かけを行っている集落もあった。また、住民の互助の補完として、「民生委員さんも集落内を回って、困っている高齢者とかに声かけなどをされている」「支え合い活動から手伝いに来てもらったりしている」等、民生委員および支え合い活動グループによる一人暮らしの高齢者世帯に対する、日常的な声かけが行われている集落もあった。

ウ 災害に対する互助慣行

災害に際しては、「防災組織の避難班のメンバー同士で声をかけ合い行動している」「消防団の人達が中心になって動

31 各基礎自治体では、ひとり暮らしや寝たきりなどの高齢者の数が増加する中で、住み慣れた我が家で生活したいと希望する高齢者に声かけをして安否確認を行うとともに、在宅福祉サービス等に関する情報提供や利用希望を掘り起こしていくことを「ともしび活動」と呼び、地域支え合い活動の一つとして位置付けている。

32 異なる機能組織ではあるが、同じ名称の組織として、戦時下の大政翼賛政治の下、一九四〇年に町内会・自治会が行政の末端機関として位置づけられ、その後ＧＨＱに解散させられたものがあった。

くが、自主防災組織で分担は決めてある。普段からみんな、近所に住んでいる人たちの状況を把握している」等と集落の住民同士で互いに声を掛け合って避難をして助け合っていた。さらにそれを補完する形で「消防団は警報が出たらすぐ避難場所の公民館に待機し、見回りをする。区長・民生委員も独居の高齢者世帯を回る」と区長、消防団、青・壮年団および民生委員などがサポートしていた。とくに消防団による活動は緊急時の互助の要となっており、今後も安心・安全な集落での生活を維持するには、消防団の存在は不可欠であることがうかがえる。[33] その他、災害発生後の被災者に対する互助[34]を行っている集落やかつて大火に見舞われた集落ではその後、毎年火災に対する自主集団訓練を実施している。

3 地域支え合い活動グループの代表者への聞き取り調査

ア 活動の組織体制（役職者および構成員の人数・性別・年齢など）の概要

組織体制には、会長・副会長・会計等の役職者がおり、それを補完する形で世話役や協力者を配置している団体がほとんどであった。活動への毎回の参加者数は各団体により異なるが、およそ一五〜二五名ほどである。なお、役職における性別の偏重はないが、女性が会長である場合は、そのすべてが民生委員および民生委員経験者であった。

イ 現在の活動概要（場所・運営資金・具体的な内容）

活動場所については、独自に設置した活動拠点が六グループ、公民館や共同売店など集落の既存の施設を活動拠点としている四グループとなっており、活動の開始に合わせ独自に拠点を設置した団体が半数以上を占めた。

独自に設置した活動拠点を持つ団体では、「土日は青壮年団もボランティアで手伝って作った形です」「小屋自体がそ

---

33 二〇一六年四月に発生した熊本地震の際も、地震発生直後の混乱状態の中、地元を熟知している消防団が小回りを利かせ、初期活動で底力を発揮したとの報道があった（朝日新聞二〇一六年四月二七日）。

34 従来の家普請《ウブシン》に類似する互助と思われ、琉球弧型互助の残存を確認することができる。

の青壮年でつくり上げたものですから、やっぱりその青壮年にとったら自分達の秘密基地みたいな感じのイメージはきっとあると思うんです」「食器なんかも少しは買ったんですけど、後は自分の家にあるのを使ってとかで、だから嬉しいと思うんですよ、お年寄りなんかも」というように、自力での活動拠点の建造や備品の調達等の協同作業による仲間意識の醸成がみられた。

運営資金には、グループメンバーによる活動（食事会・サロン）への参加費、活動拠点の使用料、公共施設清掃の委託料、農作物販売、惣菜販売、散髪、草払いなどの活動から生じた利益の一部、活動参加者の懇親会の会費の一部等が充当されていた。

活動内容としては、各集落に共通するサロン活動を通じた見守り活動、食事会のほか、農作物販売（花の苗など含む）[35]、惣菜販売、[36]健康教室、グラウンドゴルフ、料理教室、手芸、日帰り旅行、カラオケ、誕生会、伝統芸能の継承活動、[37]清掃活動（集落・公共施設）、見守りおよび庭の草取り作業のボランティア活動など、保健福祉的な活動に加え、集落ごとに多彩な活動が展開されていた。

ウ　活動団体形成から活動開始までの経緯

活動団体形成に至る契機は、大きく二つに分けられる。二〇一一年四〜八月に行政により集落ごとに開催されたマッ

35　農作物販売をしている集落には、無人販売所があり、それは二四年前余った作物を売るためにできた（南日本新聞社「幸いのシマ　大和村の挑戦（三）」二〇一五年三月二七日）。

36　総菜を販売している集落では、集落住民が出資して運営する共同売店「大棚商店」を拠点に、一人暮らしの高齢者の要望や相談に応じるというボランティア団体が支え合い活動団体の前身として発足していた（南日本新聞社「高齢者の生活集落サポート『買い物代行、一人向け惣菜も販売』大和村大棚　結の会」二〇一二年一月二二日）。

37　名音小学校（児童八人）は地域と一体となって島唄学習に取り組んでいる。島内外で活躍する唄者を招いた学習もあり、生唄の迫力に触れた児童らは、島の伝統を継承することをあらためて誓ったと報じられ、地域と教育現場での一体的な伝統的芸能の継承活動の価値が報じられている（南日本新聞社「島唄伝承　地域と一丸　大和・名音小」二〇一五年一月三一日）。

プ作りに参加し、[38]「マップづくりで支え合いの必要性を知った」「身近でできることからやってみようと思った」「何かできるんじゃないか」と集落の現状を目の当たりにし、自分達の力でできることをやろうと集落の人たちに声をかけ活動を始めた六グループと「役場から話があって、集落を活気づかせるきっかけになると思って声をかけたら、賛同者がいたので始めた」等、マップ作りの後にさらなる行政からの声かけで活動を開始した四グループである。前者に該当する団体では、マップ作りを通じて、地域の現状、例えば「男性の寄り合い場の存在を知る」等、地域に潜在的に存在する資源に気づくことが活動のきっかけになっていた。[39]なかには、「他集落の活動を見て『この集落でも何かしないと』と考えた」グループ、マップ作りへの参加からしばらく（二年ほど）してから、グループの立ち上げに取りかかった等、集落によりさまざまな経緯が見受けられた。

エ　活動の課題および今後の展望

活動の結果、「高齢者が畑仕事に精を出し元気になった。荒れ地が畑にもどった。共通話題ができた。集落全体が明るくなった感じがする」「サロンにおしゃれをして来る」「ミニサロンも人数が増えた。ミニサロン参加者に笑顔を取り戻した人がいる」と、半数以上の集落で参加者の変化として、相互作用によるプラスの影響などが確認できた。また、活動拠点についても「誰でもいつでも使っていい。子ども達が勉強をしてもいいし、サロンではなくてちょっと使いたくなった時はそこで鍵を自由に開けて使っても良い」「一時から五時までここは開いていますから、その間は集落の老人の方々とかあるいは小学生の子供達とかが帰宅中にこっちに寄る」と、支え合い活動グループメンバーだけではなく、集

38　木原孝久氏（住民流福祉総合研究所）による「めざすは『助け合いができる絆』作り」の講座における支え合いマップづくり入門をさす。木原氏はこの講座で「新しいおつき合いの提案」として、まず近所の住民の支え合いの実態を把握することを推奨している。
　同集落では、一住民のお宅が集落の社交場になっていることが明らかになり、その後の活動のきっかけのヒントとなった（南日本新聞社「幸いのシマ　大和村の挑戦（二）」二〇一五年三月二六日）。

39　同集落では、一住民のお宅が集落の社交場になっていることが明らかになり、その後の活動のきっかけのヒントとなった（南日本新聞社「幸いのシマ　大和村の挑戦（二）」二〇一五年三月二六日）。

落の他の住民との交流の場として活用されたり、「お年寄りの喜ぶ顔が生きがいになっていて、支え支えられの関係が作られてきた」等、活動におけるサポートメンバー側への二次的な効果も確認できた。

今後の展望としては、「八月踊りの唄の継承を会の活動に入れたい」「引きこもり高齢者にも参加してもらうよう声かけをする。バス旅行など集落内の交流を図る行事を入れる」「作った惣菜を集落内で販売する」「惣菜の移動販売をする」「病人の付き添いや服薬管理を支援する」等、活動範囲を拡大しようとする声が聞かれた。

課題としては、「会長主導なので世話役さんたちに会の運営に積極的に関わってもらう」「男性と若い世代の人の参加を促す」等、参加者の偏重に関するものや「運営資金を作る」「ポイント制度[40]を利用して運営資金を確保する」というような運営資金の安定的確保の必要性があげられていた。また、婦人会と老人会が、中心になる方が亡くなられたり、また長になる人に負担がかかるということで解散したままとなっている集落等からは、「現在の活動を無理しないように続けていきたい」「無理をしないで各人ができることをしてこの会を継続していく」「負担にならないように続けていきたい」等と活動を継続することで参加者への負担が過重にならないようにしたいという声も聞かれた。[41]

四、考察

1 地縁組織を基盤とした互助の現状と課題

大和村一一集落の区長（男性九人、女性二人）に対し実施した調査結果を整理してみたい。

まず、高齢者の日常生活については、比較的元気な高齢者の方たちは、自分の体力に見合った農作業を行い、その際

40 鹿児島県が実施している高齢者元気度アップ・ポイント事業。六五歳以上の高齢者の健康づくりや社会参加活動に対して、地域商品券等に交換できるポイントを給付することにより、高齢者の方々の健康維持や介護予防、社会参加の促進を図る事業。平成三〇年四月現在三六市町村（四三市町村のうち）が実施している。

41 婦人会と老人会が中心になる方が亡くなられたり、また長になる人に負担がかかるということで解散したままとなっている集落もある。

に出会う集落の人たちと立ち話をしたり、その他の高齢者も近所の方たちとの日常的な交流があった。また、健康状態の良し悪しに関わらず、自宅で一日中一人でテレビを視聴して、過ごされている高齢者が多いこともわかった。

日常的な買い物については、集落内の小売店で購入する高齢者が多かった。集落に小売店がない高齢者は、隣接する集落の小売店を利用したり、移動販売車を利用したりしていたが、身内（子ども）や近所の人に買い物を頼む高齢者もいた。

医療サービスに関しては、村内を定期的に巡回するマイクロバスを利用し、村営の診療所で診察を受けている人が多かった。しかし、なかには村外の医療機関を受診している高齢者もいた。その他、在宅における訪問診療を望む声も聞かれ、今後は病気になっても集落での生活を継続することが可能となるような、在宅医療サービスの拡充についても検討すべきであると思われた。

日常的な互助慣行においては、ほとんどの集落で日頃から隣家同士でお互い声をかけ合い、安否確認が行われていた。なかには、社会福祉協議会主導で始まったともしびグループによる見守り活動や集落の班に該当する隣組という組織を活用して、互助に準じた形で日常的・意識的に声かけを行ったり、民生委員や支え合い活動グループが見守りを行っている集落があった。とくにともしびグループのメンバーが自治会の年齢集団[42]に属していない人たちで構成されていた。今後はこのような人的資源の活用の検討も必要であろう。

災害に対する互助慣行については、集落の住民同士で互いに声を掛け合って戸締まりや避難をするようにしており、二〇一〇年一〇月に発生した奄美豪雨の際も同様の互助がなされていた。集落では、日常生活や集落の行事を通し住民同士が顔見知りであるため、それらで培われたネットワークが災害時に発揮されたといえる。また、それを補完する形で、区長、消防団、青・壮年団、民生委員などによるサポート体制がとられており、なかでも集落の消防団（青壮年団

42　年齢階梯制の社会において、年齢または世代によって構成員の資格が規定される社会集団を年齢集団という（中山一九八〇：五四八―五四九）。

を中心に組織）による活動が緊急時の互助の要となっていた。

2　地域支え合い活動グループによる活動の現状と課題

大和村の一一集落における地域支え合い活動グループの代表者もしくは副代表者一一人（男性九人、女性二人）に対し実施した、調査結果について整理してみたい。

組織体制としては、会長・副会長・会計等の役職者がおり、ほとんどのグループで役職者を補完する形で世話役や協力者を配置していた。活動への毎回の参加者数は各グループにより異なるが、一五〜二五名程度であった。役職における性別の偏重はないが、女性が会長である場合は、そのすべてが民生委員および民生委員経験者であるという特徴があり、やはり地域活動における民生委員の存在は不可欠であった。

活動場所としては、既存の施設である公民館・共同売店を拠点にするグループと独自に活動拠点を設置したグループが半々であった。後者では、既存の施設とは別に自分達の活動拠点を作るという行為を通し、集団の力を結集する共同意識が生起したといえる。なお、前者のうち共同売店については、他の都道府県でも多様な活動交流の場として活用されており、[43]その存在意義が再認識されている。

運営資金には、グループメンバーによる活動への参加費、活動拠点の利用料、農作物販売、惣菜販売、公共施設の清掃委託費、散髪代、草払い代など活動のなかで生じた利益の一部が充てられていた。なお、活動開始時の拠点整備や備品等の購入については、すべて行政から初期費用として補助されており、活動開始に際しては、行政によるきめ細やか

43　沖縄県にある共同店（共同売店）では、商品を販売するだけでなく、自動車による移動販売も行い、住民への配当や集落の各種行事への寄付、電話の取り次ぎ、冠婚葬祭費の援助を行うところもあり、住民の生活全般の利便を確保しつつ、行政情報の伝達などの役割も果たしている（川村二〇一六：一六七）。

な支援が行われていた。[44]しかし、その後の行政の対応は活動を見守り、交流会等でグループ間の相互学習を促進することに注力しており、[45]必ずしも助成金の交付イコール行政主導ということを意味してはいなかった。

具体的な活動内容としては、農作物販売、惣菜販売、健康教室、グランドゴルフ、サロン、食事会、料理教室、手芸活動、日帰り旅行、カラオケ、誕生会、伝統芸能の継承活動、清掃活動（集落・公共施設）、見守りや庭の草取り作業のボランティア活動など、集落ごとに地域の特性を活かしたさまざまな活動が展開されていた。なかには農作物販売で少額ながら経済的に利益を上げている高齢者の方々もおられ、地域支え合い活動に参加することで社会における存在意義を認識し、生きがい感を獲得するというプラスの循環が生まれ、その意義が大きいことも確認できた。

活動団体形成に至る契機は、行政によるマップ作りへの参加となっていたが、マップ作りが直接的な要因となり、その後自発的にグループが形成され、地域支え合い活動が開始されたというグループだけではなく、受動的に立ち上げられたグループにおいても活発な活動が行われていた。前者においては、福祉課題の掘り起こしを行い、住民の取り組みを探るということを目的とするマップ作りへの参加であったため、当然住民主体による活動が誘発されやすかったといえる。しかし、活動開始の経緯の相違による両者の活動状況の温度差は感じられなかった。背景には、前述した交流会等におけるグループ間での相互学習の与える影響が関係していると考えられ、地域支え合い活動は行政の支援によるところが大であり、公的機関と地域住民の協働があってこのような自主的な活動が可能となっている。

効果としては、半数以上の集落で高齢者の方々が活動に積極的に参加されることで表情が活き活きとされ元気になる等、参加者や集落の人びとにプラスの変化があったことが確認できた。例えば、野菜作りを主な活動にしているグルー

44　大和村地域包括支援センター早川理恵氏は、聞き取り調査逐語録で「そのお金がないことでやめてしまうよりは、そのお金さえあれば動くのであれば必要経費という考えで、立ち上げの費用ですね。初年度に限ってということで、平成二三、二四、二五と今三年ですね、やってみています」と述べている（小窪他二〇一三：九〇）。

45　毎年、地域包括支援センターが主催する「大和まほろば福祉まつり」を、支え合い活動団体が後援し、会場に支え合い商店街を設置し、支え合い活動団体の活動紹介を行う等、交流の場を設けている。

プでは、高齢者が自転車で自宅と畑、無人販売所を行き来するなどして身体機能を維持し、日常生活に気持ちの張りといった生きがい感が生じていた。また、同じグループ内で中年のメンバーが高齢者にとって体への負担が大きい畝作りを支援するなど住民相互間の互助活動も生まれてきている。

さらに注目したいのは、副産物を得た集落の存在である。例えばある集落では、活動拠点が子どもたちの集まる場所としても活用される等、参加者以外の集落住民もその活動拠点である建物を活用し交流する等の変化が生じたグループや、活動が休止している自治会の婦人会や老人クラブの代替機能を果たすようになったグループが存在していた。

以上のように大和村における地域支え合い活動は、新たなコミュニティとして注目を集めている「共生型ケア」[46]そのものであり、その活動には、福祉課題への即時的・直接的な対策を志向するだけでなく、地域の望ましい状態を模索する解決志向的な取り組みも確認できる。

他方では、今後の活動の実施に向けて、参加者（男性・若者を含む）・活動内容の偏重の是正や運営資金の安定的確保の必要性など、活動の安定的な継続への不安感があげられている。[47]これらの課題を早急に解決することは難しいかもしれないが、グループのなかには、自分達の参加費や活動で得た資金を運営に充てながら、さらに活動内容を充実・拡大しようとする活動の活発化への志向性もあり、このような変化は注目に値する。

---

46 共生型ケアとは、①地域のなかで当たり前に暮らすための小規模な居場所を提供し、②利用の求めに対しては高齢者、子ども、障害者という対象上の制約を与えることなく、③その場で展開される多様な人間関係を、共に生きるという新たなコミュニティとして形づくる営みである。

47 農山村の地域づくりの核として成果を上げている地域運営組織（ＲＭＯ）においても、二〇一八年度の総務庁の調査で活動の課題として、活動の担い手の確保八二・六％（複数回答）、リーダーとなる人材の確保五六・五％、事務局スタッフの確保五二・〇％、資金不足四九・一％等となっている（山浦二〇一九：六五）。

おわりに

本研究では、離島自治体の島嶼集落の現状について、まず地縁組織を基盤とした互助慣行を分析したが、離島自治体における島嶼集落には過疎高齢化という厳しい現実はあるものの、お互いのつながりを持ちつつ、それぞれのスタイルで生活される集落の人びとの姿があった。

一方、地域支え合い活動の取り組みには、マップづくりが多くの活動団体形成に至る契機となった点、参加者以外の集落住民も活動拠点を活用・交流するなどの変化が生じたり、活動が休止している婦人会と老人クラブの代替的機能を果たすなどの副産物を得たグループがあった点などの特徴があげられる。なお、後方支援としての行政のかかわり方についても、支え合い活動団体の活動紹介を行う交流の場を設ける工夫などが見られた。従来の地縁団体を補完する形で後発した地域支え合い活動ではあるが、参加者全員でアイディアを出し合い、保健福祉的活動を含む多岐にわたる活動を展開している。今後は参加者や財源確保に関する課題を検討しながら、活動のさらなる展開のためにどのようなアイディアが生み出されるのか期待したい。

近年、地域コミュニティに第一に求められているのは、人口減少が続くなかでも住民が共属意識をもち、かつ課題や利害を共有しうる範囲（集落単位）において、「自治機能」を再構築し、地域マネジメントに関わる主体性の回復を図ることである（坂本二〇一七:四三）。例えば地域におけるテーマが、誰かから「与えられた」ものではなく、地域自らが地域内のニーズや課題をふまえて選択したテーマであるかどうか、地域内の合意にもとづいて地域の意思として対応が図られているか、ということである。そういった視点からみて、地縁組織と地域支え合い活動グループを持つ大和村の一一集落は、「自治機能」を有しているととらえてもよいのではないだろうか。

かつて国家や自治体が行いうる公的事業の範囲は極めて限定的であり、自分たちの問題は自分たちで解決することは当然のことであり、地域におけるつながりは強かった。その後、近代福祉国家の枠組みの中で地域コミュニティが解体し、「相互扶助的な力」すなわち「地域力（地域の持つ力）」は衰退したといわれてきたが、住民組織の仕組みや性格、必要性は、時代の要請にあわせ大きく変化し、公共の力が及ばない事態になれば、再びそれが回復するということを、多くの自然災害の経験も証明している。

「地元学」の提唱者である結城登美雄は、地域について「①自然環境、②インフラ、③雇用、④教育、⑤伝統や文化」の五つのファクターで成り立ち、そのうち一つでも崩れると、地域が崩壊し、再生には何十年もかかると言う（上野谷他二〇〇九：五〇）。なかでも自然環境、伝統や文化などアイデンティティに関わるものは、重要不可欠なものであろう。過疎に悩む島嶼地域とはいえ、本稿で取り上げた集落では引き継がれている互助や伝統芸能が存在し、地域支え合い活動では集落＝シマの自然環境を生かした農作物の栽培や伝統芸能の継承活動などアイデンティティに関わるものも多い。このように地域の特性を生かしたさまざまな活動は、住民の意識の向上、ひいてはこれまで引き継がれてきた住民の自助・互助の再認識につながり、地域コミュニティの互助システムの新たな基盤となりうるだろう。

謝辞

本調査にご回答いただいた大和村の区長の皆様、地域支え合い活動の代表者および副代表者の皆様、調査実施にご協力いただいた関係機関の皆様に感謝申し上げる。

付記

本研究は日本学術振興会科学研究費助成事業基盤研究（B）「琉球弧型互助形成にみる島嶼防災と地域再生実践モデルの開発評価に関する研究」（研究代表者田畑洋一、課題番号：二六二八五一四二）の一部として助成を受けた。

なお、本論文は二〇一九年三月にＮＰＯ法人かごしま福祉開発研究所（『福祉開発研究第一一号』）に受理された論文「島嶼集落における互助の現状と課題―自治会代表者への聞き取り調査をもとに―」および二〇一九年七月に鹿児島国際大学福祉社会学部（『福祉社会学部論集第三八巻第一号』）に受理された論文「島嶼集落における地域支え合い活動の現状と課題―地域支え合い活動の代表者への聞き取り調査をもとに―」に、加筆・修正を加えたものである。

（大山朝子）

■コラム

奄美で生きるものの宿命と「なつかしさ」

離島で生まれたことは宿命である。台風や低気圧の時には船も飛行機も欠航することが度々おこる。台風の接近を告げる予報がでると、漁師は舟を陸にあげ避難させる。農家は作物を守る対策をする。生活物資を運ぶ大型フェリーは三～七日は入港しない。しかし、それでも奄美人は強く生きる知恵を自然から与えてもらっていると考えている。常に危機と向き合いながら、したたかに生きている。宿命をポジティブに捉えるのである。

奄美に初めて来た人でも島唄を聞いて「なつかしくて涙が出た」と言っていた。方言の意味は分からなくても、うたや三味線の豊かな調べが自らの過去と結びつくからだと思う。奄美は分断され暗く苦しかった軍政の時代が八年も続いた。それを乗り越えた日本復帰こそが今日の良き時代を勝ち取ったのだ。

島人が一丸となって取り組んだ復帰運動には学ぶべきものがたくさんある。このことを後世に語り継がなくてはならない。そうした強い思いから「泉芳朗先生を偲ぶ会」ができた。これは奄美の日本復帰運動のリーダーだった泉芳朗先生から多くの薫陶を受けた父（楠田豊春）が往時を偲び、先生の偉業を讃えるためにつくった組織である。

毎年、復帰の日の一二月二五日に①聖地おがみ山にある泉芳朗先生の胸像への献花、復帰の歌斉唱、断食悲願の詩朗読等、②名瀬小学校の石段の上にある「奄美群島日本復帰運動発祥之地」石碑の作製、③自治体に「奄美群島日本復帰記念日」の制定のお願い、などに取り組んでいる。皆さんの参加をぜひお願いしたい。

（楠田哲久）

あとがき

奄美群島は一九五三年一二月二五日、悲願の日本復帰が実現した。それは、群島民をはじめ、全国各地の奄美出身者が一丸となった組織的な署名活動や断食活動等、非暴力運動の高まりにより成し得たものである。武器ではなく、言葉による平和闘争であって、極限の困窮状態と異民族支配を脱するための根源的な人間としての抵抗であり、起こるべくして起こった民族運動であった。奄美復帰運動の基本的精神には、平和と人権という世界の恒久課題が内在しており、それは単に過去の出来事ではなく、世界に通用する今日的響きを有している。奄美の復帰運動は、その意味で他に類例がない。したがって、私どもは恒久平和の希求と人権擁護の立場から「この響きを仕上げる」不断の努力を惜しんではならない。

復帰記念日となる一二月二五日には、奄美群島各地でイベントが開催されている。これが単なる記念行事に終わることなく、この機会に復帰運動の原点に立ち返り、今を生きる指針とし、現在および将来の奄美の在り方を問う必要がある。復帰から六五年余を経た今日、奄美では新たな時代を切り拓く取り組みが始まっているが、本書は復帰運動に邁進した先人たちの情熱や連帯の基軸に学び、奄美の地域再生、ひいては福祉を基本とする地域づくりの運動、すなわち「シマおこし」の可能性を検討してきた。地域力の源泉を公共事業ではなく、「結い」・「絆」の地域文化に求め、復帰運動で学んだ縦横無尽の連携・協働を糧にした奄美の地域再生・保健福祉の充実化を意図してきた。その結果、少なくとも地域づくりに対する問題提起やヒントは示すことができたであろうが、本書は狙い通り体系的になっているであろうか。その評価は読者の皆さんに委ねたいと思う。

筆者が奄美を中心とする島嶼集落の保健福祉の調査研究に関わるようになったのは、鹿児島経済大学地域総合研究所の一九九二―九三年度機関研究プロジェクト「九〇年代の鹿児島経済・社会に関する総合研究」のチームに参加したときからである。この成果は鹿児島経済大学地域総合研究所編（一九九六）『分権時代の経済と福祉』として日本経済評論社より上梓されている。同時に、社会福祉学科の教員と大学院生で鹿児島国際大学社会保障研究会を立ち上げ、島嶼地域の集落の保健福祉について調査研究を行い、その成果についても学会や学内紀要で報告してきた。その後、二〇〇三年度の日本学術振興会科学研究費補助金基盤研究（B）「離島の離島における高齢者の自立生活と地域の役割に関する研究」（二〇〇三年度、研究代表：田畑洋一、二〇〇四年度―二〇〇五年度、研究代表：小窪輝吉、課題番号一五三三〇一三〇）により、調査研究を継続することとなった。さらに、日本学術振興会科学研究費補助金基盤研究（B）「琉球弧における地域文化の再考と地域再生プランおよび実践モデル化に関する研究」（二〇一一年度―二〇一三年度、研究代表：田畑洋一、課題番号二三三三〇一九〇）、続く日本学術振興会科学研究費補助金基盤研究（B）「琉球弧型互助形成にみる島嶼防災と地域再生実践モデルの開発評価に関する研究」（二〇一四年度―二〇一六年度、研究代表：田畑洋一、課題番号二六二八五一四二）と、約一〇年にわたる科研費による調査研究を行う機会に恵まれ、島嶼地域の不利性を有利性に転換し、地域文化である「絆」を再構築し、安全・安心な地域づくりの取り組み、したがって内発的な「シマおこし」の研究を継続することができた。これら調査研究は、現地奄美や沖縄の方々や関係諸機関のご協力を得ながら行われ、その成果は既に田畑洋一編著（二〇一七）『琉球弧の島嶼集落における保健福祉と地域再生』として南方新社より上梓させていただいた。

本書はこれらの調査研究に関わってきた鹿児島国際大学科研費チームと奄美現地や本土・沖縄郷友会の方々の手による成果である。まさに本書は現地奄美や郷友会の方々と私どもとの共同作品であり、ここに本書の特徴がある。

本書が完成するまで一年余の期間を要したが、その間に何度となく会合を重ね、原稿の見直しを行ってきた。本書の企画に賛同し執筆していただいた皆さまと、資料の提供・執筆者の紹介などで大変お世話になった「奄美群島の日本復帰運動を伝承する会」の事務局長の花井恒三さんに厚く御礼を申し上げたい。

至極残念なことに、復帰運動の伝承に熱心に取り組み、当初から本書の編集会議に出席されていた岡登美江さんが、そして教育界の語り部であった泉一郎さんが原稿執筆後にお亡くなりになった。また、泉芳朗議長の下で復帰運動を牽引し語り部としてご活躍だった楠田豊春さん（病院でインタビーをさせていただいた）もお亡くなりになった。ここに心からお悔やみを申し上げ、本書を捧げご冥福をお祈り申し上げたい。

最後になったが、奄美市、奄美市立博物館、鹿児島県大島支庁、奄美群島広域事務組合、県立奄美図書館、国立療養所奄美和光園、瀬戸内町、大和村、吉良写真館など、多くの機関・団体から貴重な資料や写真の提供をいただいたことに感謝している。この場を借りて、本書の刊行に関わってくださったすべての方々に改めて敬意と感謝の意を表したい。本書により、読者の皆さんが復帰運動の精神を感受し、福祉を拓く地域づくりの取り組みにその知見を活かしていただくことができれば幸いである。

編著者　田畑洋一

二〇一九年一〇月七日

奄美復帰運動史年表

西暦年	月	日	場所	内容
1944	8	22	奄美	学童疎開船対馬丸、米潜水艦ボーフィン号の攻撃を受け沈没。約1500人が死亡
1945	4	20	奄美	名瀬空襲（市の約9割を焼失）
1945	8	15	東京	玉音放送。日本、無条件降伏
1946	1	29	奄美	沖縄基地司令官兼軍政府長官プライス少将・副長官ムレー大佐一行(6名)来島、池田保吉支庁長に対し、分離を内示(プライス通告。これを公にするために、2月2日に連合軍最高司令部は「若干の外郭地域を政治上行政上日本から分離することに関する覚書」を日本政府に通告。日本政府に伝達されたのが2月2日であったため、「二・二宣言」と称されることになる)
1946	2	2	琉球	二・二分離宣言（ＳＣＡＰＩＮ677号）は1946年1月29日付で出されていた）。その後、約1カ月にわたって、日本から分離されたものの米軍政も施行されないという「行政空白期」となる
1946	2	4	琉球	本土・奄美間の海上を封鎖。「本土への渡航者は永住者に限る」と通達。本土の奄美・沖縄出身者は非日本人となる
1946	3	14	奄美	米国海軍軍政府特別布告第2号、同布告第1号のＡ号、米国海軍軍政府南西諸島命令第1号および第2号を公布（これ以降、アメリカの軍政下に置かれることとなった）
1946	10	3	奄美	軍政府長官のロス・Ｈ・セントクレアは大島支庁を臨時北部南西諸島政庁と改称また大島支庁長は臨時北部南西諸島知事、次長を副知事と改称（知事：豊島至、副知事：中江実孝）
1946	12	7	奄美	ラブリー長官、市町村会でメッセージ(①行政府は軍政府、恒久的な民政府設置まで軍政府が統治、②知事は軍政府が任命)——民主化政策からの転換
1946	12	8	東京	全国奄美連合総本部設立総会（兵庫から重野栄蔵、大阪から平次郎・嘉納英恒、京都から平川宮秀らが出席）。委員長：奥山八郎、副委員長：伊東隆治・里嘉栄則・橋口良秋、事務局長：蘇我四郎。全国各地方から団体代表約40名が出席。東京奄美会も奄美連合東京本部となる。初代委員長に伊東隆治、事務局長に岩切登を選任
1947	3	2	大阪	奄美連合大阪本部結成大会(委員長:平次郎、 副委員長:前田村清、吉田美英、森岡繁次)、 早期復帰を宣言、綱領を採択宣言:講和条約に之が完全復帰を要求し且期待する。 綱領:①奄美大島の分離を拒否する。②万難を排して復帰の早期実現を期す。③奄美連合に結集し目的完遂に敢闘を誓う)
1947	4	10	奄美	奄美共産党創立（非公然、久留義三が徳田球一の命を受けて組織。中村安太郎、島本忠雄、栄枝賢利、畑豊志、西忠重らが参加）（「奄美社会運動史」は共産党の創設を2月のこととしている）
1947	9	8	奄美	熱風座第4回公演「犬田布騒動記」（於：文化劇場、演出：伊集田実）好評をおさめる
1947	9	20	奄美	豊島知事の急死（於：沖永良部島）
1947	9	26	奄美	ジョセフ中佐により、中江実孝が臨時北部南西諸島政庁知事に任命された（副知事：笠井純一）

1947	9	27	奄美	ジョセフ声明「講和条約が調印されるまで軍政上の管轄下に置かれている」
1947	10	月	東京	奄美青年同盟結成（於：旧日産館、委員長：久留義三、副委員長：宗前清輝、事務局長：沖成中一、中央委員：松田清・小西文雄・三界実・小西テル子）。事務所を日産館沖縄青年同盟内におき、奄美の民主化、ポツダム宣言の実施、平和日本の建設などを綱領とした。（右田昭進の「復帰運動年表」ではこれを11月のこととしている）
1948	3	2	大阪	奄美連合大阪本部結成（会長：平次郎、副会長：吉田美英・前田村清）。奄美群島の分離反対、祖国復帰を決議（「奄美復帰史」ではこれを1947年のこととしている）
1948	4	1	奄美	六・三・三制スタート（国民学校を小学校に改称。名中を名瀬市立実業高校に併設）
1948	6	月	奄美	名瀬市連合青年団の結成（団長：大山光二、　副団長：崎田実芳）
1948	6	19	奄美	教科書密航出発（深佐源藏・森田忠光ら、金十丸で本土へ。新教育関係図書購入のため）（「うらみの北緯30度線」ではこれを6月28日のこととしている）
1948	11	16	奄美	低物価政策廃止、自由経済へ特別布告33号を施行。(10月26日に公布。公布文書には11月1日より施行とあるが、特別布告33号に関する政庁令の施行されたのが11月16日。低物価政策により生産意欲が減退し、勤労者の生活が危機的状況に陥ったため、自由企業令を施行し、免許制で民間の自由企業の復活を認めた。奄美・沖縄・宮古・八重山の群島間交易を企業免許制によって許可した。但し、食糧品・家畜(牛・豚・山羊・鶏)等の重要物資を除く島内生産品が対象
1949	4	1	奄美	新学制による高等学校制スタート(大島中学は大島高校の第一部、奄美高女は第二部、農学校は第三部となる。校長は泉有平)。但し、2年後の1951年に廃止され大島高校・大島女子高校・大島農業高校として分離独立
1949	6	16	奄美	婦人生活擁護会結成（会長：松岡百代　100名）
1949	6	25	奄美	名瀬市連合青年団の再建（団長：大山光二、副団長：崎田実芳）
1949	6	25	奄美	教育基準法公布
1949	6	28	奄美	米国軍政府特別布告32号（刑法並びに訴訟手続法典）公布（日の丸掲揚を禁止）
1949	9	月	兵庫	神戸奄美連合会開催。兵庫県奄美大島祖国復帰協議会を結成
1950	1	31	東京	川上嘉（龍郷村出身）、参院本会議で奄美の帰属問題を質す
1950	2	13	東京	伊東隆治、参院外交委員会で質問（奄美大島の帰属及び交通問題）。吉田の答弁（①日本に帰属すべきもの。②帰属問題に対して意思表示の自由がある）
1950	2	17	宮崎	宮崎市大島町青年団(団長:為山道則)の復帰アピール(2／17付)が各青年団・市町村長などに送られてくる
1950	3	27	奄美	ジンミンセンセン事件（奄美共産党事件）。米軍および警察が小宿部落に乗り込み、徳田豊巳ほか数名の家宅を捜索し、同党の機関誌「人民戦線」の押収。（翌日党員10数名を逮捕）
1950	8	17	奄美	軍政府により奄美大島社会民主党の認可（委員長：豊蔵朝秀）
1950	8	23	奄美	奄美大島社会民主党結党大会「奄美の日本復帰を党是として確立」。委員長、泉芳朗就任
1950	9	27	奄美	中江知事の辞職に伴い、吉田嘉政が北部南西諸島政庁臨時知事に就任

1950	11	23	奄美	婦人会大会（各区代議員大会、　会長：基八重、副会長：財部つきゑ・中村みつゑ　総務・生活・文化の3部設置　）
1950	11	25	奄美	奄美群島政府開庁（知事：中江実孝）。公選知事・議員の就任式。吉田臨時知事は退任。減刑令公布
1950		年	奄美	この年より復帰運動のはじまり
1950	4	14	東京	奄美連合東京本部委員長に金井正夫を選任
1951	4	25	奄美	署名13万9348名（14歳以上の99．8%）、拒否者56名
1951	5	26	東京	奄美連合東京都本部は集会を開き、東京復帰対策委員会を結成（委員長：金井正夫）
1951	7	12	奄美	奄連青が声明を発表「信託統治反対」
1951	7	16	奄美	復帰協議会,天皇へ打電（「奄美復帰を講和会議の参加国に申し入れてほしい」旨）
1951	7	19	奄美	第1回日本復帰郡民総決起大会。「日本復帰の歌」発表
1951	7	25	奄美	奄美大島婦人連合会結成（会長：基八重）
1951	8	月	奄美	東京の金井正夫氏から復帰協に来信（2、3年内に復帰実現か？　信託統治を問題にしない復帰運動をすすめるべきとのこと）
1951	8	1	奄美	復帰断食（泉復協議長ら、午前1時より、高千穂神社にて、5日まで。6日までに三方・古仁屋・住用・西方・宇検・早町など各町村でも実施）。児童生徒は運動献金をおこなう
1951	8	4	奄美	断食闘争1万人集会（於：名瀬小、午後11時から。5日も）。各団体や一般市民が断食に入る。市議会も”各自の自由意志”で参加。飲食店組合も一斉休業。
1951	8	5	奄美	復帰陳情団12名、高千穂神社境内で団を編成。密航渡日の日が出典により異なるが、ここでは調べた結果5日とする
1951	8	10	東京	奄美群島日本復帰要望、出身者全国大会（新橋駅西口広場、2000人。信託統治絶対反対・日本への完全復帰を決議）。この前後、神戸・京都・宮崎も呼応
1951	8	24	東京	陳情密航団は英国大使館や仏国大使館を訪問。復帰を陳情
1951	8	25	奄美	第3回郡民総決起大会（名瀬小校庭、夜間、数千人）　決議:①条約調印の場合は信託統治絶対反対、日本復帰貫徹のスローガンをつけた弔旗掲揚。②各国全権に打電を。③比嘉中央政府主席暴言に弾劾文を
1951	9	5	奄美	第3次断食。14歳以上の全島民が各職場各家庭で1日断食を決行。復協本部、各国全権団に電報請願
1951	9	7	奄美	密航陳情団一行が名瀬に帰着。復帰協議会へ陳情報告
1951	9	9	米	49カ国を相手にサンフランシスコ講和条約の調印（第三条の南西諸島の領土処理は未決定）。日米安全保障条約調印。郡民戸毎に弔旗掲揚。
1951	9	9	奄美	金井東京対策委員長書簡（「信託統治は絶対的なものではない。」「安保条約さえ強化せられたら信託統治の必要もない。」）
1951	9	9	奄美	東京奄美連合本部から復帰協へ激励電（①早期の日本復帰。②共通の教育制度確立。③国籍の保有の運動を推進する）

1951	10	12	奄美	復帰協事務局宛に東京の金井正夫より来信「復帰運動に第3条撤廃を掲げる必要はなく、早期日本復帰要望だけでよい」
1951	12	25	東京	復帰問題懇談会結成(於:参議院会館、会長:牧野周吉)。革新系の人々が参加(川上嘉・平休助・龍野定一・麓健一・永田正ら)。(「牧野周吉哲学碑建立趣意書」「牧野周吉人生談『つれづれなるままに』下巻」参照)。政府の反動的な領土政策に反対し、復帰運動を広範な国民運動へ前進させることを目的とした革新派の同志的組織
1951	3	2	琉球	布令第五十七号による立法院議員選挙実施
1951	4	1	琉球	布告第十三号により、群島政府解消。琉球政府発足。琉球政府設立式典(於：琉球大学)。式典で人民党の瀬長亀次郎議員が宣誓を拒否
1952	7	19	奄美	奄美大島母国政府連絡会結成(会長:大津鉄治、副会長:村山家國)。実質復帰促進が主な事業(「奄美復帰史」)
1952	9	7	奄美	泉、名瀬市長に当選。(泉芳朗6613票、山元直樹4403票、土岐直家588票)。泉のコメント(市民大衆の知性と社会正義の勝利、①完全日本復帰への民族感情、ボス政治への反感、公明選挙への自覚)
1952	9	22	奄美	地方庁設置法が公布され、琉球政府奄美地方庁を設置。開庁式(於：名瀬小学校、地方庁長：沖野友栄(復帰協顧問・元奄美群島政府経済委員が就任)
1952	10	15	奄美	二島分離抗議郡民大会(名瀬小校庭、18時半から。1万人)。激励電:本土15、郡内18、沖縄1。大会終了後、悲願達成断食を決行。沖永良部・与論ではこの大会に呼応して各校区ごとに断食祈願と総決起大会をひらく。このころから沖永良部・与論の小・中・高校生のあいだに血書による寄せ書きがはじまる
1952	10	19	兵庫	神戸復帰促進協議会第1回総決起大会(於：神戸市葺合区筒井八幡神社境内)。約1千人が参加。(「奄美復帰四十周年に想う」では、「奄美全諸島完全日本復帰促進関西協議会主催」としている)
1952	10	19	奄美	日本復帰促進関係協会主催郡民大会
1952	10	26	兵庫	尼崎沖州会主催第2回奄美大島完全復帰永良部・与論2島分離絶対反対大会を開催(尼崎遊園地、5千人)。東京から全国連合復帰促進協議会本部副会長川上嘉氏が参加(「奄美復帰四十周年に想う」では場所を阪神武庫川畔としている)
1952	11	1	奄美	奄美地方庁開庁式(於：名瀬小)において沖野地方庁長が復帰運動は自粛すべしと談話
1952	11	17	奄美	第3条撤廃の第2次署名者93178人、署名率99.9%、署名拒否11人
1952	11	30	東京	鹿児島県大島郡全諸島完全日本復帰国民大会開催(於:戸板女子短期大学講堂)。奄美大島復帰青年会(会長:山本忠義)提出の条約3条撤廃動議否決し、実質復帰をめざすことを決議,。対策委員会は信託統治反対のスローガンは堅持。沖縄との共闘については「独自性を打ち出すべき」と結論。沖縄学生会代表国場幸太郎は途中退場する。鹿児島県と奄美連合全国復帰対策委員会共催。参加者約1千名。(松田清著「日本復帰運動史料」には、「講和条約第3条の撤廃をめぐり、現地代表や青年会などと本土側保守派の対策委員が対立」とある
1952	12	15	奄美	第14回郡民大会(於：名瀬小学校)。条約3条撤廃・占領法規の廃止・完全日本復帰を決議
1952	12	17	奄美	革新同志会が旗揚げ(於：料亭「喜楽」)。復帰協の政党色偏重を批判

1952	12	24	奄美	復帰協議会代議員大会。（出席者総数31名、内19名が代理者）、友野義国・福島武安らが「政党色排除」動議提出。紛糾。復帰協議会の改組を可決。
1952	12	25	東京	陳情団は衆院を傍聴、「奄美大島に関する決議案」（鹿児島県大島郡に特別の配慮要請）が満場一致で採択－－－沖縄・小笠原と切り離した奄美のみの返還『旧鹿児島県大島郡の復活』論（奄美ではこの決議が採択されたことで、実質復帰論に拍車がかかるようになる）
1952	1	8	奄美	革新同志会総会（喜楽亭）、最後の目標は3条撤廃、二段構えの運動方針確認
1952	1	10	奄美	復帰協名瀬支部代議員大会。政党色排除を決定（～11日）
1952	1	15	奄美	復帰協全郡代議員会議。当面の運動方針としては、「条約第三条撤廃」と「鹿児島県大島郡の即時復帰」の二本建てでいくことに決定
1953	2	26	奄美	高校生代表、鹿児島から帰島
1953	6	10	福岡	奄美婦人代表（会長：基八重子、副会長：橋口初枝）、福岡でルーズベルト夫人に陳情
1953	8	8	東京	ダレス長官、吉田首相・岡崎外相と会談。その後、ダレス声明を発表（奄美大島を復帰させる用意がある）
1953	9	13	奄美	母国政府調査団歓迎郡民大会、 桜の旗で歓迎
1953	12	24	東京	国会に於いて、奄美返還の日米協定案を承認（午後5時）。奄美返還日米協定調印（午後6時半、於：外務省）。　米側：アリソン大使・パーソンズ参事官、　日側：岡崎外相・奥村外務次官・下田条約局長、在京中の復帰協副議長文英吉がオブザーバーとして出席
1953	12	25	奄美	大島支庁開庁式、午後から祝賀式典。重成知事・上田太郎支庁長来島
1953	12	25	奄美	復帰発効、祝賀式典（於：名瀬小学校）、提灯行列、花火大会
1953	12	25	奄美	泉芳朗議長は高千穂神社に参拝、おがみ山から慶祝のメッセージ
1953	12	25	奄美	全島で通貨の切り替えを実施（ほぼ1週間で完了。B円1に対し日本円3で交換）
1953	12	25	奄美	大島教育事務局開設
1953	12	27	奄美	復帰祝賀式典（於：名瀬小、政府代表として安藤正純国務大臣が出席）、復帰祝賀演説会、　奄美復興民主化同盟結成
1953	12	28	奄美	復帰対策常任委員会、解散決定
1954	1	16	奄美	復帰協議会解散式（於：奄美文化会館）
1954	10	30	東京	奄美群島復興五カ年計画が決定

作成：森 紘道（2019.5.1）

参考文献

奄美地方庁（一九五三）「奄美大島経済の窮状」『自由』5月号 10–12

奄美群島島別人口と高齢化率（二〇一七年四月一日現在）
(http://tokushukai-amami-area.com/shoukai/jinkou/H29/H29_amami_area_population.pdf#` 2017.11.25)

荒木博之・山下欣一「秩序を位置づけるための天人女房譚」福田晃・岩瀬博・山下欣一・小川学夫（一九八二）『南島説話の伝承』三弥井書店 81–82

朝日新聞「消防団が底力発揮」（二〇一六年四月二七日）

「奄美学」刊行委員会編（二〇〇五）『奄美学　その地平と彼方』南方新社

Ellemers, N., & Haslam, S. A. (2012) Social identity theory. In P.A.M. van Lange, A.W. Kruglansky, and E.T. Higgins. (eds), Handbook of Theories of Social Psychology, Volume2. pp.379–398. SAGE Publications.

恵原義盛（二〇〇九）『復刻奄美生活誌』南方新社

福地曠昭（一九八六）『糸満売り―実録・沖縄の人身売買―』那覇出版社

本田碩孝（二〇〇七）『奄美のむかし話』奄美文化財団

藤田陽子・渡久地健他（二〇一四）『島嶼地域の新たな展望―自然・文化・社会の融合体としての島々―』九州大学出版会

麓純雄（二〇一一）『奄美の歴史入門―奄美子たちに贈る―』南方新社

後藤千恵・東内京一（二〇一六）「地域力を高める」『月刊福祉』九九（一）、全国社会福祉協議会 20–27

Haslam, S. A. (2004) Psychology in Organizations: The social identity Approach. 2nd ed. SAGE Publications.

Hogg, M. A. (2018) Social identity theory. In P. J. Burke (ed), Contemporary Social Psychological Theories, 2nd Edition. Pp.112-138. Stanford University Press.

橋口タカ（一九八三）「悲哀つつんだ北緯29度線」奄美郷土研究会編『軍政下の奄美―日本復帰30周年記念誌―』95–104

橋口護（二〇一一）「闘ってこそ青春―軍政に追われて―」芝慶輔編著『密航・命がけの進学』五月書房 245–256

間弘志（二〇〇三）『全記録　分離期・軍政下時代の奄美復帰運動・文化運動』南方新社

花井恒三（二〇一四）「これからの夢のある地域づくり」鹿児島県地方自治研究所『自治研かごしま』第一〇八号 1–10

久岡学他（二〇〇三）『田舎の町村を消せ　市町村合併に抗うムラの論理』南方新社

林蘇喜男（二〇〇四）「復帰運動と『奄美ルネッサンス』」松本泰丈・田畑千秋編集『奄美復帰50年―ヤマトとナハのはざまで―』（別冊・現代のエスプリ）至文堂 81–90

岩崎房子他（二〇一八）「介護効力感の測定と島嶼型地域医療・福祉―請島における地域住民を対象とした〝介護教室〟を踏まえて―」『九

州社会福祉学年報』第九号
国立療養所奄美和光園（二〇一三）『創立70周年記念誌』奄美和光園
伊集田實（一九八七）『犬田布騒動記』海風社
泉俊義（一九七六）『名瀬物語』春苑堂書店
泉芳朗（二〇一三）『泉芳朗詩集』南方新社
稲野慎（二〇〇八）『揺れる奄美その光と陰』南方新社
鹿児島県大島支庁『奄美群島の概況』各年版
鹿児島県（二〇一八）『奄美群島振興開発総合調査』
鹿児島県ホームページ（https://www.pref.kagoshima.jp/ac09/tokei/bunya/jinko/jinkouidoutyousa/nempou/h29.html, 2019.6.11）
鹿児島奄美会誌編集委員会編（二〇〇九）『鹿児島奄美会誌』中央印刷
鹿児島県瀬戸内町「地域医療情報システム」（http://jmap.jp/cities/detail/city/46525, 2017.11.25）
亀井フミ（一九七三）「終戦より祖国復帰まで」名瀬市誌編纂委員会（一九七三）『名瀬市誌』下巻 246–261
鹿児島民俗学会編（一九七〇）『かけろまの民俗』第一法規
金井正夫編（一九六六）『奄美大島復帰運動回顧録』三元社
楠田豊春（二〇〇三）『奄美群島日本復帰50年の回顧』楠田書店
喜界町誌編纂委員会編（二〇〇〇）『喜界町誌』喜界町
寿富一郎（一九八三）『奄美教育―占領行政下における復帰運動と教育』海風社
平野隆之（二〇〇五）『共生ケアの営みと支援―富山型「このゆびとーまれ」調査から―』ＣＬＣ
広井良典（二〇〇九）『コミュニティを問い直す』ちくま新書
川村匡由（二〇一六）『脱・限界集落はスイスに学べ　住民生活を支えるインフラと自治』農山漁村文化協会
加藤晴信・寺岡伸吾共著（二〇一七）『奄美文化の近現代史―生成・発展の地域メディア学―』南方新社
厚生労働省「地域包括ケアシステム」
(http://www.mhlw.go.jp/stf/seisakunitsuite/bunya/hukushi_kaigo/kaigo_koureisha/chiiki-houkatsu/, 2017.11.25)
小窪輝吉（二〇一八）「社会的努力に関する一考察―社会的アイデンティティ・アプローチに基づく研究のレビューを通して―」『鹿児島国際大学福祉社会学部論集』第三七巻第三号 50–64
小窪輝吉・岩崎房子（二〇一三）「大和村における地域支え合い活動の現状と課題―大和村地域包括支援センター早川理恵氏へのインタビューを中心に―」田畑洋一編著『島嶼地域の保健福祉と地域再生―奄美・八重山の調査から―』二〇一一―二〇一五年度日本学術振興科学研究費補助金基盤研究（Ｂ）「琉球弧における地域文化の再考と地域再生プランおよび実践モデル化に関する研究」（二〇一一年度―二

〇一三年度、研究代表者：田畑洋一、課題番号23330190）研究成果報告書 80-96
小窪輝吉・岩崎房子他（二〇一五）「島嶼集落における社会的かかわり状況と見守り、防災、医療体制について」『鹿児島国際大学福祉社会学部論集』第三四巻第二号45-63
小窪輝吉・岩崎房子・田中安平・大山朝子・田畑洋一・高山忠雄・玉木千賀子（二〇一四）「奄美諸島瀬戸内町と八重山諸島竹富町における集落の現状と課題―集落区長へのアンケート調査から―」『鹿児島国際大学福祉社会学部論集』第三二巻第三号 83-104.
小窪輝吉・田畑洋一（二〇〇二）「加計呂麻島の高齢者のインフォーマル・ネットワークと社会参加」鹿児島国際大学地域総合研究所編『地域文化と福祉サービス―鹿児島・沖縄からの提案』日本経済評論社 147-170.
小窪輝吉・岩崎房子（二〇一四）「大和村における地域支えあい活動の経過と現状―大和村地域包括支援センター早川理恵氏へのインタビューを中心に―」田畑洋一編著『島嶼地域の保健福祉と地域再生―奄美・八重山の調査から―』（二〇一一年度～二〇一三年度日本学術振興会科学研究費補助金基盤研究（Ｂ）課題番号23330190　研究成果報告書）80-96.
小窪輝吉・田中安平・越田明子（二〇〇六）「加計呂麻諸島の集落の現状と課題―区長・民生委員への聴き取り調査から―」小窪輝吉『離島の離島における高齢者の自立生活と地域の役割に関する研究―奄美大島瀬戸内町の加計呂麻島、請島、与路島の高齢者調査を通して―』（科学研究費補助金基盤研究（Ｂ）研究代表者小窪輝吉：課題番号15330130　研究成果報告書）126-202.
小窪輝吉・田中安平・田畑洋一・大山朝子・恒吉理恵子（二〇〇六）「離島の離島における高齢者の生活と福祉ニーズ―二〇〇四年大島郡瀬戸内町高齢者実態調査から―」小窪輝吉『離島の離島における高齢者の自立生活と地域の役割に関する研究―奄美大島瀬戸内町の加計呂麻島、請島、与路島の高齢者調査を通して―』（科学研究費補助金基盤研究（Ｂ）研究代表者小窪輝吉：課題番号15330130　研究成果報告書）64-95.
松田清（一九七九）『奄美社会運動史』ＪＣＡ出版
森山一隆、菊池一郎、石井則久（二〇〇九）「ハンセン病患者から生まれた子供たち」『日本ハンセン病学会雑誌』七八巻三号 231-250
求哲次（二〇〇七）『奄美のシマジマ（村々）の暮らし』広報社
村山家國（一九七一）『奄美復帰史』南海日日新聞社
皆村武一（二〇〇二）「奄美群島振興開発事業と奄美経済社会の変容」『島嶼研究』第三号 17-45
皆村武一（二〇〇三）『戦後奄美経済社会論』日本評論社
森宣雄（二〇〇三）「越境の前衛、林義己と復帰運動の歴史」『複数の沖縄』人文書院 312-316
基俊太郎（一九九三）『島を見直す』南海日日新聞社
南海日日新聞五十年史編纂委員会（一九九七）『南海日日新聞五十年史』南海日日新聞社
南日本新聞社「高齢者の生活集落サポート『買い物代行、一人向け惣菜も販売』大和村大棚　結の会」二〇一二年一月二二日
南日本新聞「奄美はいま―復帰60年―⑤」（二〇一三年一二月三日）

南日本新聞社「島唄伝承　地域と一丸　大和・名音小」（二〇一五年一月三一日）
南日本新聞社「幸いのシマ　大和村の挑戦（三）」（二〇一五年三月二七日）
水野修（一九七四）「奄美の民族」長澤和俊編『奄美文化誌』西日本新聞社 93-102
水野修（一九九三）『炎の航跡　奄美復帰の父・泉芳朗の半生』潮風出版社
三上絢子（二〇一三）『米国軍政下の奄美・沖縄経済』南方新社
森山力蔵編（一九九六）『わぁきゃ島スイッコ（節子）』（瀬戸内町立図書館所蔵確認、二〇一九・三・一二）
内閣府「出生数・出生率の推移」（www8.cao.go.jp/shoushi/shoushika/data/shusshou. 2019.2.8）
内閣府「高齢化の状況」『二〇一七年版高齢社会白書（全体版）（ＰＤＦ版）』
(http://www8.cao.go.jp/kourei/whitepaper/w-2017/zenbun/pdf/1s1s_01.pdf, 2017.12.1)
波平恒男（二〇〇四）「１９５０年前後の沖縄―軍政下の戦後復興―」琉球大学『政策科学・国際関係論集』第七号 103-134
野口才蔵（一九八二）『奄美文化の源流を慕って』道の島社
野間吉男（一九八九）「シマの生活誌」谷川健一編『日本民族文化資料集成第9巻　南東の村落』三一書房 213-330
名瀬市誌編纂委員会（一九七三）『名瀬市誌』下巻
名瀬市大熊壮年団編（一九六四）『大熊誌』
西村富明（一九九三）『奄美群島の近現代史』海風社
中村隆英（一九九五）『昭和史Ⅰ1926-45』東洋経済新報社
中村民朗（一九八三）「軍政下の和光園」奄美郷土研究会編『軍政下の奄美―日本復帰30周年記念誌』56-64
中村安太郎（一九八四）『祖国への道』文理閣
永田浩三（二〇一五）『奄美の奇跡』ＷＡＶＥ出版
日弁連法務研究財団（二〇〇四）『２００３年度ハンセン病問題検証会議報告書』
日本共産党奄美地区委員会編（一九八四）『奄美の烽火』
名瀬市誌編纂委員会編（一九六八）『名瀬市誌上巻』名瀬市
名瀬市誌編纂委員会編（一九八三）『名瀬市誌中巻』名瀬市
名瀬市誌編纂委員会編（一九七三）『名瀬市誌下巻』名瀬市
名瀬市教育委員会（一九九三）『戦後の奄美教育史』名瀬市教育委員会
『名瀬市市勢要覧』（一九五二）名瀬市
中井和久（二〇一七）「復帰運動を振り返る」関西奄美会１００周年記念誌委員会『関西奄美会―創立１００周年記念誌』45-74.
中原ゆかり（一九九七）『奄美の「シマの歌」』弘文堂

仲松弥秀（一九七二、一九八九復刻）「村と生活」『沖縄県史22　民族1』52
中山太郎（一九八〇）『日本民俗学辞典』名著普及会
中久郎・松本通晴訳者代表（一九七五）『コミュニティ』ミネルヴァ書房
昇曙夢（一九七五）『大奄美史』原書房
沖縄人民党史編集刊行委員会（一九八五）『沖縄人民党の歴史』
大橋愛由等（二〇〇五）「阪神の復帰運動に至る奄美出身者の慟哭」鹿児島県地方自治研究所編『奄美戦後史』南方新社 15–40
大山朝子・山下利恵子（二〇一七）「島嶼集落における伝統的互助慣行と生活立地」田畑洋一編著『琉球弧の島嶼集落における保健福祉と地域再生』南方新社 13–28
大山朝子（二〇一九ａ）「島嶼集落における互助の現状と課題―自治会代表者への聞き取り調査をもとに―」『福祉開発研究』２、ＮＰＯ法人かごしま福祉開発研究所 13–27
大山朝子（二〇一九ｂ）「島嶼集落における地域支え合い活動の現状と課題」『鹿児島国際大学福祉社会学部論集』38（1）1–14
大谷藤郎（一九九七）『らい予防法廃止の歴史』勁草書房
大野晃（二〇〇五）『山村環境社会学序説―現代山村の限界集落化と流域共同管理―』農文協
屋崎一（二〇〇四）「与路島―厳しい自然環境の中で築き上げられた歴史と伝統の島」『奄美復帰50年―ヤマトとナハのはざまで―』（別冊・現代のエスプリ）至文堂 288–297
恩田守男（二〇〇六）『互助社会論　ユイ　モヤイ　テツダイの民俗学』世界思想社
ロバート・エルドリッヂ（二〇〇三）『奄美返還と日米関係』南方新社
臨時北部南西諸島政庁（一九四八）『広報』32号 鹿児島県立図書館奄美分館
斎藤赫（一九九四）『吾等《わーきゃ》の郷土《しま》於斉《うすえ》』（瀬戸内町立図書館所蔵）
酒井正子（一九九〇）「六調コンクールをめぐって」山下欣一・小川学夫・松原武実編『奄美六調をめぐって―徳之島から―』海風社 250–274
崎田実芳（一九五一）「復帰・自由・独立・平和のために」『新青年７・８月号』1-3
崎田実芳（一九八三）「完全祖国復帰への道―条約３条撤廃の旗を掲げて」奄美郷土研究会編『軍政下の奄美―日本復帰30周年記念誌』285–300
崎田実芳（一九九七）『米軍政の鉄壁を超えて』奄美瑠璃懸巣の会
実島隆三（一九九六）『あの日あの時』南海日日新聞社
杉原洋（二〇〇五）「『北緯』30度とは何だったか」鹿児島県地方自治研究所編『奄美の戦後史』南方新社 65–96
佐竹京子（二〇〇三）『軍政下奄美の密航・密貿易』南方新社

芝慶輔編著（二〇〇二）『密航・命がけの進学』五月書房
里原昭（一九九四）『琉球弧・奄美の戦後精神史』五月書房
薗博明（二〇〇五）「復帰後の奄美の変容」鹿児島県地方自治研究所編『奄美戦後史』南方新社 274–307
崎原恒新・山下欣一『沖縄・奄美の歳時習俗』（一九七五）明玄書房
瀬戸内町編集委員会編（一九七七）『瀬戸内町誌』民族編、瀬戸内町
瀬戸内町（二〇一七）『瀬戸内町町勢要覧』資料編（www.town.setouchi.lg.jp/…/20170324_setouchitown, 2019.2.28）
瀬戸内町編（二〇一七）『瀬戸内町町制施行60周年記念要覧―絆』瀬戸内町
瀬戸内町図書館・郷土館企画編集（二〇一二）『奄美大島南部瀬戸内町文化財ハンドブックせんとうち―歴史・文化・自然―』瀬戸内町教育委員会
瀬戸内町役場（二〇一九）『瀬戸内町の人口・世帯』（http://www.town.set ouchi.lg.jp/koseki/cho/chosei/jinkou/jinkousetai.html, 2019.6.5）
瀬戸内町ホームページ（https://www.town.setouchi.lg.jp/, 2017.11.25）
末岡三穂子（二〇一六）「絆はシマウタ」植松明石監修　民族文化研究所奄美班編『奄美の人・くらし・文化　―フィールドワークの実践と継続―』論創社 298
須山聡編著（二〇一四）『奄美大島の地域性―大学生が見た島／シマの素顔―』海青社
坂本誠（二〇一七）「中山間地域における地域社会の『空洞化』と地域運営組織の役割」『都市問題』第一〇八巻第一〇号、後藤・安田記念東京都市研究所 36–48
田畑千秋（二〇〇四）「アメリカ軍政下の奄美と復帰運動―楠田豊春氏に聞く」『奄美復帰50年―ヤマトとナハのはざまで―』（別冊・現代のエスプリ）至文堂 73–80
田畑洋一（一九九六）「地域の振興と高齢者福祉」鹿児島経済大学地域総合研究所編『分権時代の経済と福祉』日本経済評論社 227–250
田畑洋一（二〇一九）「奄美の復帰運動の軌跡―占領開始から復帰協議会の設立まで―」ＮＰＯ法人かごしま福祉開発研究所『福祉を拓く―連携と協働の創生―』南方新社 205–218
田畑洋一編著（二〇一七）『琉球弧の島嶼集落における保健福祉と地域再生』南方新社
Tajfel, H. (ed) . (1978) Differentiation Between Social Groups: Studies in the Social Psychology of Intergroup Relations. Academic Press.
Tajfel, H., Billig, M.G., Bundy, R.F. & Flament, C. (1971) Social categorization and intergroup behavior. European Journal of Social Psychology, 1, 149–177
高橋孝代（二〇〇六）『境界性の人類学―重層する沖永良部島民のアイデンティティ―』弘文堂
高橋昂輝（二〇一七）「奄美大島におけるＩターン者の選別・受入を通じた集落の維持―瀬戸内町嘉鉄にみる『限界集落論』の反証―」『E-journal GEO　2018』Vol.13 (1), 50–67

田中安平（二〇一七）「奄美群島瀬戸内町における保健福祉の現状と課題」田畑洋一編著『琉球弧の島嶼集落における保健福祉と地域再生』南方新社 29-36
田中安平他（二〇一四）「奄美諸島と八重山諸島における地域住民の生活と福祉ニーズ」『鹿児島国際大学福祉社会学部論集』第三二巻第四号 57-71
田中安平他（二〇一六）「加計呂麻諸島における地域住民の生活と福祉ニーズ」『鹿児島国際大学福祉社会学部論集』第三四巻第四号 41-49
谷本圭志（二〇一二）「過疎地域の今後と課題解決の戦略」谷本圭志・細井由彦編『過疎地域の戦略』学芸出版社 12-25
平和人（一九八三）「米軍政下の検事」奄美郷土研究会編『軍政下の奄美』262-275
龍郷町誌歴史編編さん委員会編（一九八八）『龍郷町誌』竜郷町
Turner, J. C. (1982) Toward a cognitive redefinition of the group. In H. Tajfel (ed), Social Identity and Interpersonal Relations. Cambridge University Press.
Turner, J. C. (1999) Some current issues in research on social identity and self-categorization theories. In N. Ellemers, R. Spears, & B. Doosje. (eds), Social Identity: Context, Communication, Content. Blackwell Publishers.
津留健二（二〇〇〇）「突然外国人に―奄美復帰―」琉球新報社編『沖縄20世紀の光芒』258-264
津波高志（二〇一〇）大和村誌編纂委員会編（二〇一〇）『大和村誌』大和村 651-666
東京奄美会編（二〇一三）『日本復帰60周年記念東京における日本復帰運動』
当田真延（一九八三）奄美郷土研究会編『軍政下の奄美―日本復帰30周年記念誌』115-148
鳥山淳（二〇一三）『沖縄・基地社会の起源と相克』勁草書房
登山修（二〇〇〇）『かごしま文庫六三　奄美民族雑話』春苑堂出版
徳之島町誌編纂委員会（一九七〇）『徳之島町誌』徳之島町
弓削政己（二〇〇九）「奄美タイムスの果たした役割と性格」（新崎盛暉監修）『復刻版　占領期・琉球諸島新聞集成第一六巻』不二出版
上野景三（一九五二）「復帰運動と『新青年』」新青年復刻版発行委員会『わが青春は炎の中に―アメリカ軍政下における奄美青年の闘いの記録―（下）』21-25
上野谷加代子・姜尚中・竹川正吾（二〇〇九）「Watching 2009これからの日本をみる―地社会の崩壊と再生―」『月刊福祉』九二（2）、全国社会福祉協議会
上野谷加代子他編著（二〇〇六）『松江市の地域福祉計画』ミネルヴァ書房
埋橋孝文編著（二〇〇七）『ワークフェア―排除から包摂へ』法律文化社
大和村（https://www.vill.yamato.lg.jp/fukushimatsuri.html, 2019.6.17）
山下匡将・村山くみ他（二〇〇七）「島嶼地域高齢者の楽観性に関する研究」『名古屋学院大学論集　社会科学編』第四四巻第二号 239-250

大和村ホームページ（https://www.vill.yamato.lg.jp/, 2017.11.25）.
山浦陽一（二〇一九）「地域運営組織と自治体のかかわり方」『都市問題』第一一〇巻第五号、後藤・安田記念東京都市研究所 65-72
大和村誌編纂委員会（二〇一〇）『大和村誌』大和村
山下欣一（一九七九）『南島説話の研究』法政大学出版局
山下欣一（一九九〇）「基調報告—精神の基盤としてのシマ」山下欣一・小川学夫・松原武実編『奄美六調をめぐって—徳之島から』海風社 166-190
山下欣一（一九九八）『南島説話生成の研究』第一書房
山下利恵子（二〇一九）「奄美の復帰運動とシマの暮らし—根瀬部と有良を例として—」福祉開発研究編集委員会『福祉開発研究』第二巻、ＮＰＯ法人かごしま福祉開発研究所 29-39
山本努（二〇一四）「限界集落論への疑問」『広島県立大学経営情報学部論集』第六号 113-123
吉田慶喜（一九九五）『奄美の振興開発—住民からの検証—』本処あまみ庵

■執筆者一覧（所属）［分担箇所］

福崎榮市（元鹿児島奄美会幹事長）［第Ⅲ章四3］
花井恒三（奄美群島の日本復帰運動を伝承する会事務局長）［第Ⅴ章一、三、第Ⅵ章一、二、三、五］
久岡学（南海日日新聞社編集局長）［第Ⅱ章四］
石神京子（元名瀬市地婦連会長）［第Ⅱ章一1エオ、第Ⅲ章三］
泉一郎（元名瀬市教育委員会委員長）［第Ⅱ章二2 3］
岩崎房子（鹿児島国際大学福祉社会学部准教授）［第Ⅹ章］
小窪輝吉（鹿児島国際大学福祉社会学部教授）［第Ⅸ章］
森紘道（奄美郷土研究会会長）［第Ⅱ章一3、年表］
中村保（元国立病院ソーシャルワーカー協議会副会長）［第Ⅰ章四］
中井和久（関西奄美会創立100周年記念誌委員会副委員長）［第Ⅲ章四2］
大津幸夫（奄美群島の日本復帰運動を伝承する会顧問）［第Ⅱ章二1、第Ⅲ章一、第Ⅳ章一、二、三、五、六、第Ⅵ章四］
奥山恒満（元鹿児島県議会議員）［第Ⅱ章一2イ］
奥田末吉（沖縄奄美連合会会長）［第Ⅲ章四4］
大山朝子（鹿児島国際大学福祉社会学部准教授）［第Ⅺ章］
先田光演（和泊町歴史民俗資料館館長）［第Ⅳ章四］
薗博明（自然と文化を守る奄美会議共同代表）［第Ⅱ章一1アイウ、第Ⅴ章二］
佐竹京子（奄美戦後史研究家）［第Ⅱ章一2ア］
田畑洋一（鹿児島国際大学大学院客員教授）［第1章一、二、三、第Ⅲ章二］

田中達三（元東京奄美会会長）［第Ⅲ章四1］
田中安平（鹿児島国際大学福祉社会学部教授）［第Ⅷ章］
当田栄昶（元奄美新聞社企画室長）［第Ⅱ章三］
山下利恵子（鹿児島国際大学福祉社会学部准教授）［第Ⅶ章］

■コラム執筆者

早川理恵（大和村保健福祉課長）
泉宏比古（神奈川県在住会社員）
楠田哲久（泉芳朗先生を偲ぶ会代表）
松夫佐江（名瀬美術協会顧問）
西シガ子（奄美女性サークルゆらおう会代表）
佐竹京子（奄美戦後史研究家）

■編著者紹介

田畑洋一（たばた　よういち）

1945年、鹿児島県奄美市住用町生まれ
東北大学大学院文学研究科人間科学専攻博士後期課程修了、博士（文学）
西九州大学助教授、鹿児島国際大学教授を経て、現在鹿児島国際大学大学院客員教授
ドイツマルティン・ルター大学（ハレ大学）社会人類学研究所客員教授（2004年9月～2005年8月）
主要著書
『琉球弧の島嶼集落における保健福祉と地域再生』（編著、南方新社、2017年）
『少子高齢社会の家族・生活・福祉』（編著、時潮社、2016年）
『社会保障―生活をささえる仕組み』（編著、学文社、2016年）
『現代ドイツ公的扶助序論』（単著、学文社、2014年）
『ドイツの最低生活保障―制度の仕組みと運用』（単著、学文社、2011年）
『ドイツの求職者基礎保障』（監訳、学文社、2009年）

奄美の復帰運動と保健福祉的地域再生

二〇一九年十二月二十五日　第一刷発行

編著者　田畑洋一
発行者　向原祥隆
発行所　株式会社　南方新社
〒八九二－〇八七三　鹿児島市下田町二九二－一
電話　〇九九－二四八－五四五五
振替口座　〇二〇七〇－三－二七九二九
URL　http://www.nanpou.com/
e-mail　info@nanpou.com

印刷・製本　モリモト印刷株式会社
定価はカバーに表示しています
乱丁・落丁はお取り替えします
ISBN978-4-86124-416-2　C0030